汽车市场服务综合实训

主　审　简晓春　斯海林　何义团
主　编　王志洪　刘纯志　田茂盛
副主编　冯　莉　吴胜利　陈原培　方　勇
参　编　胡长龙　郭晓冬

中南大學出版社
www.csupress.com.cn
·长　沙·

内容简介

《汽车市场服务综合实训》主要面向开设汽车服务工程专业的普通本科高校编写，作为汽车服务工程专业相关课程的配套实训教材，内容主要包括汽车营销与策划、汽车服务系统规划、汽车保险与理赔、汽车事故分析与定损、汽车服务企业设计与管理、二手车评估、汽车配件与营销、汽车电子商务、汽车国际贸易等方面的实践与实训。

本书可作为高等院校汽车服务工程专业、交通运输专业以及车辆工程专业本科生实践教材，也可供汽车服务行业相关人员学习和参考。

前 言

为贯彻新时代教育思想，适应科技进步、行业发展、产业转型的新需要，同时为了解决普通本科高校汽车服务工程专业汽车市场服务类专业实训指导书短缺、不系统等问题，特编写本教材，以满足教育改革与发展的需要，为教学和培训提供更加实用、丰富的实践教学资源。

本实训教材根据高等院校培养汽车服务工程高素质应用型工程技术人才的指导思想编写，取材来源于各院校先进的教学方法和实践教学经验，以最大限度地满足教学要求和充分激发学生的兴趣为出发点设置实践项目和内容，使本教材更适合普通本科高校的汽车专业实践教学。

本实践教材在编写上具有如下特点：

(1)针对普通本科高校实践训练综合性、设计性要求，对标学生理论与相关实践知识及技能的综合性训练编写，丰富了普通本科院校汽车服务工程专业汽车市场服务类实践教材。

(2)紧密结合高等院校汽车类专业的教材，内容贴合汽车服务后市场实际，涵盖了汽车服务市场的主要项目内容，以专项能力的培养为单元，即项目可根据具体教学及教材要求，独立开设或综合进行，形式灵活，适用面广。

(3)项目设置合理，理实结合，注重对学生综合能力的培养，突出实践教学的特点。

(4)紧密联系我国现代汽车业的发展现状，以就业为导向，反映新知识、新工艺、新方法、新技术，注重培养学生的实践能力和创新精神。

(5)编写人员来自本科院校从事一线实践教学工作的老师，使得本教材具有更好的可操作性和广泛的适用性。

《汽车市场服务综合实训》主要内容包括汽车营销与策划、汽车服务系统规划、汽车保险与理赔、汽车事故分析与定损、汽车服务企业设计与管理、二手车评估、汽车配件与营销、汽车电子商务、汽车国际贸易等方面的实践与实训，共计12个实践项目，每个实践项目均详细介绍了目的及基本要求、实践内容与方法、相关知识、项目教学建议及实施条件等方面的内容，学生需完成的成果根据具体项目性质而定，可为课程设计、报告、方案等多种形式，突出了实践指导书的可操作性。本书实用性强，内容丰富，通俗易懂。

本书由重庆交通大学王志洪、刘纯志、田茂盛任主编，冯莉编写第1章、第2章，吴胜利编写第3章，田茂盛编写第4章、第5章，王志洪、胡长龙(中华联合财产保险股份有限公司)编写第6章、第7章，刘纯志编写第8章、第11章，王志洪、郭晓冬(重庆市环宇二手车经纪有限公司)编写第9章，方勇编写第10章，陈原培编写第12章，全书由简晓春、斯海林、何义团主审。本书在编写过程中，参考并引用了国内很多相关的著作成果，同时得到了重庆市交通运输工程实验教学示范中心、中华联合财产保险股份有限公司重庆分公司、重庆市环宇二手车经纪有限公司的大力支持，在此，谨向有关学者、专家和企业表示真诚的感谢！

由于编者水平有限，加之时间仓促，书中不足和错误之处在所难免，敬请广大读者批评指正。

编　者

2019年4月

目 录

项目 1　汽车市场调研实践 ………………………………………………………… (1)
1.1　目的和基本要求 ………………………………………………………… (1)
1.2　学习目标 ………………………………………………………… (1)
1.3　课题设计及内容 ………………………………………………………… (2)
1.4　相关知识 ………………………………………………………… (4)
1.5　课程实施 ………………………………………………………… (18)
1.6　参考资料 ………………………………………………………… (18)
1.7　报告 ………………………………………………………… (18)
项目 2　汽车营销策划实践 ………………………………………………………… (21)
2.1　目的和基本要求 ………………………………………………………… (21)
2.2　学习目标 ………………………………………………………… (21)
2.3　课题设计及内容 ………………………………………………………… (22)
2.4　相关知识 ………………………………………………………… (24)
2.5　课程实施 ………………………………………………………… (36)
2.6　参考资料 ………………………………………………………… (36)
2.7　报告 ………………………………………………………… (37)
项目 3　汽车服务系统规划实践 ………………………………………………………… (38)
3.1　目的和基本要求 ………………………………………………………… (38)
3.2　学习目标 ………………………………………………………… (38)
3.3　课题设计及内容 ………………………………………………………… (39)
3.4　课程实施 ………………………………………………………… (44)
3.5　参考资料 ………………………………………………………… (44)
3.6　报告 ………………………………………………………… (45)
项目 4　汽车 4S 店销售服务流程实践 ………………………………………………………… (55)
4.1　目的和基本要求 ………………………………………………………… (55)
4.2　学习目标 ………………………………………………………… (55)
4.3　课题设计及内容 ………………………………………………………… (56)
4.4　相关知识 ………………………………………………………… (57)
4.5　课程实施 ………………………………………………………… (72)
4.6　参考资料 ………………………………………………………… (72)

4.7 报告 …………………………………………………………………… (72)

项目5 汽车维修服务流程实践 …………………………………………… (82)

5.1 目的和基本要求 …………………………………………………… (82)
5.2 学习目标 …………………………………………………………… (82)
5.3 课题设计及内容 …………………………………………………… (83)
5.4 相关知识 …………………………………………………………… (84)
5.5 课程实施 …………………………………………………………… (102)
5.6 参考资料 …………………………………………………………… (102)
5.7 报告 ………………………………………………………………… (103)

项目6 汽车保险与理赔实践 …………………………………………… (104)

6.1 目的和基本要求 …………………………………………………… (104)
6.2 学习目标 …………………………………………………………… (104)
6.3 课题设计及内容 …………………………………………………… (105)
6.4 相关知识 …………………………………………………………… (106)
6.5 课程实施 …………………………………………………………… (120)
6.6 参考资料 …………………………………………………………… (120)
6.7 报告 ………………………………………………………………… (121)

项目7 汽车保险查勘定损实践 ………………………………………… (127)

7.1 目的和基本要求 …………………………………………………… (127)
7.2 学习目标 …………………………………………………………… (127)
7.3 课题设计及内容 …………………………………………………… (128)
7.4 相关知识 …………………………………………………………… (129)
7.5 课程实施 …………………………………………………………… (136)
7.6 参考资料 …………………………………………………………… (136)
7.7 报告 ………………………………………………………………… (137)

项目8 汽车修理企业设计实践 ………………………………………… (148)

8.1 目的和基本要求 …………………………………………………… (148)
8.2 学习目标 …………………………………………………………… (148)
8.3 课题设计及内容 …………………………………………………… (149)
8.4 相关知识 …………………………………………………………… (149)
8.5 课程实施 …………………………………………………………… (163)
8.6 参考资料 …………………………………………………………… (164)
8.7 报告 ………………………………………………………………… (164)

项目 9　二手车评估实践 ………………………………………… (166)
9.1　目的和基本要求 ………………………………………… (166)
9.2　学习目标 ………………………………………… (166)
9.3　课题设计及内容 ………………………………………… (167)
9.4　相关知识 ………………………………………… (168)
9.5　课程实施 ………………………………………… (185)
9.6　参考资料 ………………………………………… (185)
9.7　报告 ………………………………………… (186)
项目 10　汽车配件供应管理实践 ………………………………………… (190)
10.1　目的和基本要求 ………………………………………… (190)
10.2　学习目标 ………………………………………… (190)
10.3　课题设计及内容 ………………………………………… (191)
10.4　相关知识 ………………………………………… (192)
10.5　课程实施 ………………………………………… (206)
10.6　参考资料 ………………………………………… (207)
10.7　报告 ………………………………………… (207)
项目 11　汽车电子商务实践 ………………………………………… (213)
11.1　目的和基本要求 ………………………………………… (213)
11.2　学习目标 ………………………………………… (213)
11.3　课题设计及内容 ………………………………………… (214)
11.4　相关知识 ………………………………………… (214)
11.5　课程实施 ………………………………………… (229)
11.6　参考资料 ………………………………………… (229)
11.7　报告 ………………………………………… (230)
项目 12　汽车国际贸易实践 ………………………………………… (231)
12.1　目的和基本要求 ………………………………………… (231)
12.2　学习目标 ………………………………………… (231)
12.3　课题设计及内容 ………………………………………… (232)
12.4　相关知识 ………………………………………… (232)
12.5　课程实施 ………………………………………… (238)
12.6　参考资料 ………………………………………… (238)
12.7　报告 ………………………………………… (239)

项目1　汽车市场调研实践

1.1　目的和基本要求

汽车市场调研是汽车服务工程专业汽车营销与策划的实践项目之一，是基于市场调研工作过程开发的一门集调研业务知识与实践技能于一身的专业实践项目。通过本次实践学习，学生能比较全面系统地了解市场调研的工作流程，掌握市场调研的基本理论与方法，培养起较好地开展市场调研、分析、预测和解决企业相关市场问题的能力，以满足我国汽车企业经济活动开展时对于市场信息的收集和分析的需要。

本章主要掌握各种调查方法的定义、特点、功能、优缺点和适用范围。在市场调查实践中熟悉并能够熟练运用各种调查技术。

1.2　学习目标

总体目标：

根据汽车服务工程专业人才培养目标、岗位(群)需求和前后续课程的衔接，统筹考虑和选取教学内容；根据技术领域和职业岗位(群)的任职要求，参照相关的职业资格标准，构建课程体系和教学内容，使课程更加符合专业技术教育的特点和规律。重视实践教学在高技能人才培养过程中的作用，体现教学过程的实践性、开放性和职业性。在教学方法、手段运用及教学情景设计上，基于行动导向的教学和技能实践的一体化，注重学习与实际工作的一致性。

1.2.1　知识目标

(1)掌握市场调研的相关概念、市场调研的内容、市场调研方案的构成；

(2)理解掌握问卷设计的基本结构与内容；

(3)掌握市场调研的四种基本方式：重点调查、全面调查、典型调查、抽样调查；掌握市场调研的方法：观察法、采访法、实践调研法等；

(4)理解掌握对所收集资料作定量、定性分析的整理步骤；掌握几种常见的资料整理技术；

(5)理解掌握定性分析(归纳分析、类比分析、推理分析、对应分析)法与定量分析(描述性分析和解析性分析)法等内容;

(6)理解掌握市场调研报告的结构和内容。

1.2.2 能力目标

(1)设计市场调研方案的能力;

(2)问卷设计的能力;

(3)市场信息收集的能力;

(4)市场信息整理的能力;

(5)市场信息分析的能力;

(6)撰写市场调研报告的能力。

1.2.3 素质目标

(1)培养在实际工作中刻苦钻研、实事求是的职业品质和职业道德;

(2)培养诚实正直、专业自信等方面的基本品性;

(3)培养持之以恒、积极进取、自强不息的向上精神;

(4)培养团队合作精神;

(5)培养敏锐的洞察力、应变思维、创新力;

(6)培养自我管理、自我发展能力。

1.3 课题设计及内容

1.3.1 市场调查问卷表设计

市场调查问卷表就是调查人员事先根据调查目的与要求设计出的由一系列问题、答案和解释说明组合而成的搜集必要数据的一种工具,又称调查表。它是收集被调查者市场信息的一种表格。

市场调查问卷是为了达到调查目的和收集必要信息而设计好的一系列的问题。问卷为收集信息提供了标准化和统一化的程序,将调查目的转化成具体的问题,使所得的数据具有可比性,更好地进行统计分析和整理。

1. 情景设计

(1)实践目的:通过实践,要求学生在掌握市场调研基本知识的基础上,收集汽车企业调研案例,提炼汽车市场变化的影响因素,设计出汽车市场调查问卷,使学生生动而深刻地理解市场调查问卷设计的原理、步骤和方法。

(2)情景设计:假设某公司即将上市一款新车或是现有的汽车后续生产,通过走访和收集资料,从不同的角度出发,设计出汽车市场现状和变化趋势调查问卷,为后续调查访问奠定基础。

(3)学生分组,并进行情景预设。要求:小组交流,选择一款新车或设计一款新车(包括新车性能、外观等)，确定小组名称、设计理念、组织结构等问题。

(4)学生以组为单位开展问卷设计。根据小组情况进行设计，不同的部门设计出相应的调查问题。(调查问题不能凭空想象，应该根据资料收集整理进行确定)

2. 课题内容

(1)团队公司组建。

通过查阅资料，确定本团队的名称、经营理念、部门构成，并安排相关的人员负责。

(2)调查问卷设计。

确定本团队的调查目的，通过走访周边的4S店，不同的部门收集不同的资料，设计出相关的问卷问题。

(3)问卷的检验。

用制定的问卷，对消费者进行抽样调查，检查问卷设计的合理性。

(4)问卷的实施。

将设计的问卷整理并装订。

3. 要求

(1)知识要求。

能够为企业确定市场调查目标；学会与企业管理人员沟通交流；培养市场调查的基本认知。

(2)能力要求。

具备初步设计市场调查方案的能力；能对给出的市场调查方案设计的可行性进行分析。

(3)素质要求。

具备敏锐的观察能力；培养社会责任心、合作意识；培养沟通协调能力。

(4)实践报告要求。

实践报告应包括：①实践项目；②实践目的；③实践本人承担任务及完成情况；④实践过程；⑤实践小结。

1.3.2　汽车市场调研与预测

近几年来，新能源汽车行业在国家产业政策和市场竞争的作用下，迎来了新的发展机遇，潜在的市场空间不断扩大，行业整体水平在日益激烈的竞争中有了较大幅度的提高。为配合某品牌新能源汽车扩大在某地的市场占有率，评估某地某品牌新能源汽车的行销环境，制订相应的营销策略，预先进行某地某品牌微型汽车市场调研大有必要。

1. 情景设计

(1)实践目的：通过实践，要求学生在已有的调查问卷的基础上，选择某一片区进行实地调研，并对调研结果进行分析和预测，为某品牌新能源汽车提供营销方案。

(2)情景设计：假设某公司即将上市一款新能源汽车，请采用实践一设计的调查问卷在某一片区进行调研，并分析预测这款新车的销售状况和销售环境，给出营销建议。

(3)学生分组，并进行情景预设。要求：小组交流，选择一款新车或设计一款新车(包括新车性能、外观等)，确定调查的范围和消费市场，进而进行实地调研。人员必须有调研督导1名；调研人员10名(其中7名对消费者进行问卷调研，3名对经销商进行深度访谈)；复核员1~2名(可由督导兼职)；如有必要还将配备辅助督导1名，协助进行访谈、收发和检查问卷与礼品。

(4)学生以组为单位开展问卷调查。根据调查的统计结果，实现对现有消费市场情况的分析和对未来变化趋势的预测。最后为该公司新能源汽车营销提供建议和策略。

2.课题内容

(1)调查范围的确定。

不同的小组选择不同的调查范围，如根据地区进行划分或根据年龄进行划分，调查范围尽量不重复。

(2)实地调查的展开。

通过现场问卷调查和网络问卷调查两种方式进行访问，收集可信范围内的有效调查问卷，并统计问卷发放数量和回收数量。

(3)调查结果的分析。

使用统计软件或其他数学软件对调查结果进行分析，包括消费者市场现状和市场变化趋势预测。

(4)调研报告的撰写。

将调查分析结果形成文字报告，并为该汽车公司提出新能源汽车的销售策略。

3.要求

1)调研人员要求

(1)仪表端正大方。

(2)举止谈吐得体，态度亲切热情。

(3)具有认真负责、积极向上的工作精神及职业热情。

(4)访员要具有把握谈话气氛的能力。

(5)访员要经过专门的市场调研培训，具备较好的专业素质。

2)消费者样本要求

(1)家庭成员中没有人在某品牌新能源汽车生产单位或经销单位工作。

(2)家庭成员中没有人在市场调研公司或广告公司工作。

(3)消费者在最近半年没有接受过类似产品的市场调研测试。

(4)消费者所学专业或从事的工作不能为市场营销、调研或广告类。

3)问卷复核要求

问卷的复核比例为全部问卷数量，全部采用电话复核方式，复核时间为问卷回收的24小时内。

1.4 相关知识

1.4.1 市场营销调研概述

1.汽车营销市场调研的概念和作用

1)汽车营销市场调研的概念

汽车营销市场调研是指汽车企业对用户及其购买力、购买对象、购买习惯、未来购买动向和同行业的情况等方面进行全部或局部的了解。

2)汽车营销市场调研的作用

(1)掌握市场的供需状况;

(2)有利于企业顺利进入市场;

(3)提高企业的竞争能力;

(4)提高经济效益;

(5)提高科技和经营管理水平。

2. 市场营销调查的方法

市场营销调查的方法主要包括调查程序、调查表格、问卷设计和实地调查获得信息资料的具体方法。(例如抽样调查中的抽样方法、整理分析资料方法、撰写调查报告的方法)

3. 汽车营销市场调研的内容

1)市场需求调研

在一定时间内对某种车型的需求量、需求时间等的调研。

2)市场经营条件调研

了解资源状况、市场环境、技术发展状况、竞争对手。

3)市场产品调研

了解产品状况、汽车销售、流通渠道、汽车市场竞争程度。

4. 汽车市场调研步骤

1)确定问题及调研目标

(1)探索性调研;

(2)描述性调研;

(3)因果性调研。

2)制订调研计划

(1)确定需要信息;

(2)信息资料收集;

(3)递交调研计划。

3)实施调研计划

(1)培训人员执行调研计划;

(2)排除干扰整理资料。

4)解释并报告调研结果

(1)分析资料,回答问题;

(2)撰写调研报告。

5. 市场调研的方式和方法

1)市场调研方式

(1)全面调研;

(2)重点调研;

(3)典型调研;

(4)抽样调研。

2)市场调研方法

(1)观察法；

(2)采访法；

(3)实践调研法。

1.4.2 市场调查问卷设计

问卷又叫调查表或询问表，是调查人员依据调查目的和要求，以一定的理论假设为基础提出来的，它由一系列“问题”和备选“答案”以及其他辅助内容组成。

问卷是市场调查不可缺少的工具；合理的问卷设计有利于全面准确地收集资料；使用问卷可以节省调查时间。

1. 问卷的类型

1)根据调查者对问卷的控制程度分类

(1)结构型问卷。

①封闭式问卷。

封闭式问卷也称结构式问卷，是指问卷中不仅设计了各种问题，还事先设计出一系列各种可能的答案，让被调查者按要求从中进行选择。适合于规模较大、内容较多的调查。

②开放式问卷。

开放式问卷也称无结构式问卷，是指问卷中只设计了询问的问题，不设置固定的答案，被调查者可以自由地用自己的语言来回答和解释有关想法。适合于小规模的深层访谈或试验性调查。

③半封闭式问卷。

(2)非结构型问卷。

非结构型问卷，是指事先不准备标准表格、提问方式和标准化备选答案，只是规定调查方向和询问内容，由调查者和被调查者自由交谈的问卷。

2)根据填写方式的不同分类

(1)自填式问卷。

自填式问卷是指向被调查者发放，并由被调查者自己填写答案的问卷。适用于面谈调查、邮寄调查、网络调查及媒体发放的问卷调查。

(2)代填式问卷。

代填式问卷是指向被调查者进行询问，由调查人员根据被调查者的回答代为填写答案的问卷。适用于面谈调查、座谈会调查、电话调查。

3)根据展现形式的不同分类

传统问卷是指在一些用传统方式进行的调查中仍在大量使用的纸质问卷。

网络问卷是随着电子计算机和互联网技术的发展而出现的、网上调查所用的无纸化问卷。

2. 问卷的结构

一份完整的问卷一般由封面、甄别问卷、主体问卷、背景问卷等几个部分组成。

1)封面

(1)问卷标题：概括说明调查研究的主题。如“大学生牙膏消费状况调查”“我与广告——公众广告意识调查”“住房消费问卷调查”。

问卷标题设计的三个要求：简明扼要；引起消费者的兴趣；不要简单采用“问卷调查”这样的标题。

(2)介绍语(问卷说明)。

说明调查的目的和意义，说明填答问卷(表)须知、交表时间、地点及其他说明事项。问卷说明的形式可采取比较简洁、开门见山的方式，也可进行一定的宣传，引起重视，提出谢意。

(3)访问情况记录。

表明任务完成，便于审核和继续跟踪，主要记录包括调查员的姓名，访问日期、时间和地点，被调查者的姓名、单位或家庭住址、电话。

(4)指导语。

指导语又称填表说明，主要说明问卷如何填写，应该注意什么问题，一般用于自填问卷。

2)甄别问卷

甄别问卷主要用来将不符合项目访问要求的被访者剔掉，找出真正符合项目要求的合格的被访者。

可以作为甄别被访者的内容包括：

(1)被访者所在行业的要求；

(2)被访者年龄的要求；

(3)被访者对某类产品有特定的经验要求；

(4)被访者收入的要求；

(5)被访者职务的要求；

(6)被访者对某类产品有决策权的要求。

3)主体问卷

主体问卷是整个问卷的核心，所有要调查的内容都可以转化为经过精心设计的问题与答案，有逻辑地排列在主体问卷中。

调查的核心问题在这部分提出，是访问所需时间最长的部分。

为便于数据处理，有时要将问题与备选答案统一编码。

问卷设计是否合理，能否达到调查目的，关键就在于主体问卷的设计水平和质量高低。

4)背景问卷

(1)被访者的职业；

(2)被访者的年龄；

(3)被访者的家庭成员数量；

(4)被访者的个人及家庭收入；

(5)被访者的教育程度；

(6)被访者的职位。

3. 市场调查问卷设计的流程

1)问卷设计的原则

方便被调查者作答，方便调查者整理分析解决问题。

(1)目的性原则：问卷调查是通过向被调查者询问问题来进行调查的，所以，询问的问题必须是与调查主题密切相关的问题。

(2)顺序性原则。

容易回答的问题(如行为性问题)放在前面;难以回答的问题(如态度性问题)放在中间;敏感性问题(如动机性、涉及隐私的问题)放在后面;同类问题放在一起;热点问题放在前面;关于个人情况的事实性问题放在末尾;封闭性问题放在前面;开放性问题放在后面。

(3)简明性原则。

调查内容要简明。调查时间要简短,问题和整个问卷都不宜过长。问卷设计的形式要简明、易懂、易读。

(4)匹配性原则。

匹配性原则是指要使被调查者的回答便于进行检查、数据处理和分析。所提问题都应事先考虑到能对问题结果作适当分类和解释,使所得资料便于作交叉分析。

(5)可接受性原则。

调查表的设计要比较容易让被调查者接受。

2)问卷设计的步骤

问卷设计的步骤如图 1.1 所示。

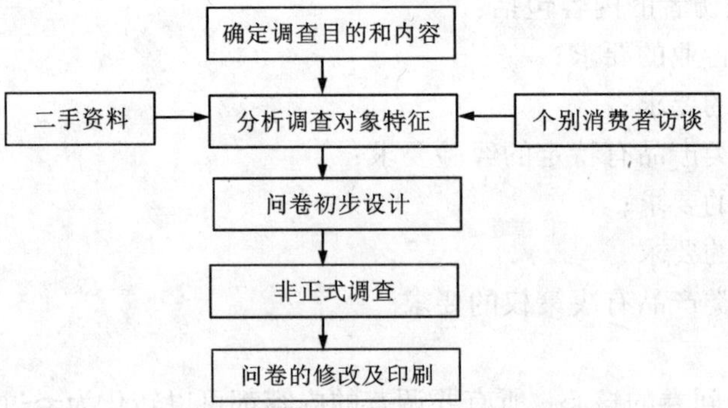

图 1.1 问卷设计的步骤

4. 调查问题的设计

1)问题的类型

(1)问题的形式:开放式问题、封闭式问题、半封闭式问题。

(2)问题的内容:事实性问题、态度性问题。

(3)问题的作用:前导性问题、过滤性问题、试探和启发性问题、背景性问题、实质性问题。

(4)问题内容的设计。

行为性问题:行为性问题是对被调查者的行为特征进行调查而提出的问题。

动机性问题:动机性问题是对被调查者的行为产生原因进行调查而提出的问题。

态度性问题:态度性问题是对被调查者的态度、意见、看法等进行调查而提出的问题。

(5)答案设计的方法。

开放式问题是指不设计答案,而是让被访者自由回答的问题。

封闭式问题是指设计各种可能答案供被调查者从中选择的问题。

半开放/半封闭式问题是指将开放式/封闭式问题的最后一个答案设计成封闭式/开放式

的问题。

(6)提问的方式。

直接性问题是指通过直接提问方式得到答案的问题。容易得到明确的答案便于统计分析。对某些问题，不宜采用直接提问方式。

间接性问题是指通过间接提问方式得到答案的问题。适应于某些被调查者不敢或不愿表达真实意见的问题。可以比直接性问题收集更多信息，但不便于统计分析。

假设性问题是指通过假设某一情景或现象存在而向被调查者提出的问题。能够缩小问题的范围，容易得到明确的答案，便于统计分析。应注意假设存在的可能性。

2)问题的筛选和排序

问题的筛选主要考虑问卷中问题本身的必要性和问题细分的必要性。

问题的排序：

(1)同类组合；

(2)先易后难；

(3)封闭式问题放前面，开放式问题放后面。

3)问题设计应注意的事项

(1)避免使用贬义词；

(2)避免用词含糊不清；

(3)避免一个问题包含两问；

(4)避免使用冗长复杂的句子；

(5)避免问题提法中包含没有根据的假设；

(6)避免用引导性和倾向性问题；

(7)避免直接提出困窘性问题。

4)开放式问题的设计

开放式问题通常应用于以下几个场合：作为对调查的介绍；用于某个问题的答案太多或根本无法预料时；必须引用被调查者的原话。

(1)自由回答法。

(2)字词联想法。

将按照调查目的选择的一组字词展示给被调查者，每展示一个字词就要求立刻回答看到该字词后想到了什么，由此推断其内心想法，比如：

自由联想：提到巧克力您想到了什么？

控制联想：提到巧克力您想到了什么品牌？

提示联想：看到“海尔”您想到了什么？

字词联想法常用来比较、评价和测试品牌名称、品牌形象及广告用语等，使用字词联想法时要记录被调查者回答问题的时间，回答越快，印象越深，否则可靠性越差。

(3)再确认法。

通过给被调查者提供与调查对象有关的某种线索来刺激其回忆确认。

(4)回忆法。

用于调查被调查者对品牌名、企业名、广告等印象强烈程度的一种问题设计方法。

(5)文句完成法。

指将问题设计成不完整的句子，请被调查者完成。

5）封闭式问题的设计

封闭式问题即标准化问题，该题型对问题事先设计了各种可能的答案，供被调查者从中选择作答。这种设计有利于调查者进行资料整理，是问卷设计常用的类型。

（1）是非法。

是非法也称是否法或两分法，是指一个问题的后面附有两个答案，回答时只能在这两个答案中选择一个。

①描述性的是非客观题。

②描述性的是非主观题。

是非法的答案明确简单，便于统计，特别适合于相互排斥、两者选择其中一个的问题。但是，由于只有意义对立的两极答案，故难以调查出被调查者意见程度的区别。在设计时要注意有些问题看似只有两个答案，其实并非如此，需要适当调整。

（2）单项选择题。

对于了解调查对象最关注的问题，调查产品属性权重的问题等能收到较好的效果，注意答案要完备。

（3）多项选择题。

多项选择题是指一个问题中带有两个及以上的答案。多项选择题由于包含了多个答案，可以减轻强迫的压力，同时也利于说明解释，对答案进行编码，便于整理。设计时应该注意：必须对多个答案事先进行编码；答案应尽可能包含所有可能情况，不能重复；被选答案不能超过10个。

（4）顺位法。

对事物的重要性先后次序进行调查时适用。

（5）对比题。

①品牌对比题。

②属性对比题。

6）答案选项的设计

（1）答案设计的类型。

①按排列的方式，可分为行式排列式、列式排列式、矩阵式排列式三种。

行式排列式是将所有答案排成一行的方法。行式排列的优点是节约篇幅；缺点是不醒目，特别是当答案较多时，回答者不能一眼就看清每个位置上的括号所代表的相应答案，容易错填。

列式排列式指将答案排成一列，放在每个问题下边的方法。列式排列的优点是卷面整齐，易于调查对象选择自己的答案。缺点是占据空间多，调查表较长。

矩阵排列式是指当多个问题可以用相同的答案时，可将其设计成矩阵式。矩阵式的优点有：节省空间；有利于同一矩阵中几个不同问题的比较；如何填答这组问题，只需在开头说明一次，不必重复。

②按后续问题的类型，可分为框架式和说明式。

框架式就是用框架将后续性问题框起来，用箭头和连线将后续性问题连接起来的形式。

说明式是指在答案旁边写明该回答被选中后，再问回答哪个问题的格式。当后续问题多时，一般采用此特殊格式。

③按答案的类型，可分为等级评定、数字评定、评语评定、是非评定。

(2)答案设计的原则。

答案设计的原则包括互斥性原则和完备性原则。

所谓问题答案设计中的互斥性原则，是指同一问题的若干个答案之间的关系是互相排斥的，不能有重叠、交叉、包含等情况。

所谓问题答案设计中的完备性原则，是指所排列出的答案应包括问题的全部表现，不能有遗漏。

封闭式问题具体的填答说明必须明确两点：

①规定被调查者用什么标记来标明自己选中的答案。

②规定被调查者选择适合的答案或须选的答案个数。

答案选择应注意的事项：

注意答案顺序的排列；注意数量问题答案的设计；注意敏感性问题答案的设计。

7)调查问卷的试访及修改

(1)调查问卷的试访。

邀请专家学者检视、修订问卷；通过小范围的实地访问，了解试访者对各题目及备选答案的理解；了解答卷时间，估计问卷之信度及效度。

(2)调查问卷的修改及打印。

试访结束后，把各组访问过程存在问题汇总，分析问卷存在的缺陷及原因。对试访中出现的误解、不理解的措辞和句子进行修改。问卷经过试访并确定无误时，就可以进入定稿的阶段。问卷如何印刷和装订也可能影响到调查的结果。

1.4.3　市场调查数据整理与分析

1.调查问卷的回收及审查

1)调查资料整理的意义

提高调查数据质量的必要步骤；分析的重要基础；便于对数据的长期保存和日后研究。

2)调查资料整理的步骤

调查资料整理的步骤如图1.2所示。

3)调查问卷的回收

与资料收集配合，掌握每天完成和接收的问卷数；记录问卷完成日期和接收日期，以便必要时可对先接收的资料和后接收的资料进行比较分析；给每份问卷记录一个唯一、有顺序的识别代码，作为原始文件；进行资料核对、事后编码、资料录入时，须按代码准确记录原始文件的统计人员；所有参与资料整理的人须知：既要保证工作质量，还应肩负保证不丢失任何原始文件的责任。

4)调查问卷的审核

对回收问卷的完整性和访问质量进行检查；目的是确定哪些问卷可接受，哪些要作废；是保证调查工作质量的关键；常在实施进行过程中就已开始。

调查问卷审核的内容：完整性、清楚易懂、正确性、及时性、一致性。

调查问卷审核的方法：逻辑检查、抽样审核、计算审核。

调查问卷审核的阶段：实地审核和办公室中心审核。

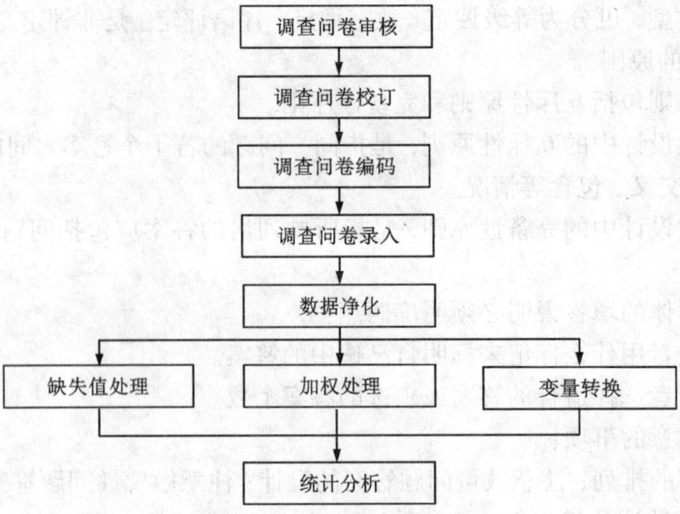

图 1.2　调查资料整理的步骤

5）调查问卷审核的基本步骤

接收核查问卷（一审）；编辑检查（二审）及采取相应处理措施。

6）问卷审核中的无效问卷

缺损的问卷（缺页或无法辨认）；回答不完全的问卷（有相当多问题没有填答）；被调查者没理解问卷内容而错答，或没按照指导语要求回答问题；回答没有什么变化的问卷；在截止日期之后回收的问卷；由不属于调查对象的人填写的问卷；前后矛盾或有明显错误的问卷。

7）审核不合格时的处理方式

退回实地重新调查；视为缺失数据（无法退回问卷时）；弃用。

2. 调查资料的编码与录入

1）编码的概念

编码简称 DE（Data Editor）；将问卷信息（包括问题和答案）转化为统一设计的计算机可识别的代码，以便对其进行数据整理和分析。信息转换的重要手段，一般采用数字代码系统。

2）编码的作用

减少数据录入和分析的工作量，节省费用和时间，提高工作效率；将定性数据转化为定量数据，进而可利用统计软件、统计分析方法进行定量分析；减少误差。

3）编码的基本原则

准确性原则，代码要能准确有效替代原信息；完整性原则，转换信息形式时尽量不丢失信息，减少信息浪费；转换的代码要便于数据的整理和分析，有效率，易于操作，尽量节约人力、物力；标准化原则，以便比较。

4）编码的设计

确定问卷中各问题和答案对应代码的名称、形式、范围以及与原数据的对应关系，以便能将调查中得到的回答分成若干有意义且有本质差别的类别；编码设计是整个编码过程的基础。

5）编码设计的内容

问卷代码；变量的定义（名称、类型、位数、对应问题等）；取值的定义（范围、对应含义等）。

6）编码表

将以上内容列成表格形式，称为编码表；准确、全面、有效的编码表设计，有助于提高调查数据的分析质量。

7）问卷代码

问卷的代码主要包括地区代码、街道代码、居委会代码、调查员代码以及问卷代码等。

8）编码设计的分类

（1）前设计编码。

针对答案类别事先已知的问题，在问卷设计的同时设计编码表（可归入问卷设计中）；用于结构式问卷中的封闭题和数字型开放题。

①封闭题编码——单选题。

②封闭题编码——多选题。

③封闭题编码——排序题。

④数字型开放题编码。

直接回答数字的问题，变量值即为该数字；变量所占字节数可根据事先预计的数字最大值位数确定。

（2）后设计编码。

针对答案类别事先无法确定的问题，在数据收集完成后，根据被调查者的回答设计编码表应用于：开放题对开放题编码；根据问题的回答确定各答案类别给每种答案类别确定一个代码，并规定其位数。

3. 调查数据的清洁和预处理

1）调查数据的清洁

一致性检查和逻辑检查（通过计算机）；变量取值是否超出合理范围；有无逻辑错误；有无极端值。

2）调查数据的清洁

缺失数据的处理，删除个案，删除缺失值，插补充法——利用其他数据替代或估算缺失值，利用数据的来源。包括方法：热卡法（hot - deck）、冷卡法（cold - deck）、根据具体的替代或估算方法的不同、均值替代、回归估计、随机抽取、最近距离确定、加权组调整法。

3）加权处理

在分析前，应首先考察样本在一些主要特征上的分布对总体是否有代表性。如样本分布与总体分布有显著差异，用这样的样本数据去推断总体就肯定会出现偏差。调整数据，使样本在一些主要指标上的分布与总体基本保持一致，常用方法为加权处理。

4. 统计分析方法——描述统计

1）单变量描述统计分析

主要包含集中趋势分析、平均数（Mean）、众数（Mode）、中位数（Median）、离散趋势分布、频数分布分析等方法。

2）数据集中趋势分析

集中趋势：数据分布趋向集中于一个分布中心。其表现是中心附近变量值次数较多，而距中心较远的变量值次数较少。数据集中趋势分析，是对被调查总体的特征进行准确描述的重要前提。

(1)平均数(Mean)。

数据偶然性和随机性的一个特征值，反映一些数据必然性的特点，总体中各单位数值之和除以标志值项数。

(2)众数(Mode)

总体中各单位在某一标志上出现次数最多的变量值，用众数测定数据集中趋势，克服了平均数指标会受到数据中极值影响的缺陷。在三个集中趋势分析指标中，众数适用范围最广。

(3)中位数(Median)。

总体中各单位按其在某一标志上数值的大小顺序排列时，居于中间位置的变量值。主要优点在于较少受极端值影响，主要缺点是较难用于推断性数据分析。

3)数据离散趋势分析

数据分布偏离其分布中心的程度，通常由全距、平均差、平均差系数、标准差、标准差系数等指标反映。

(1)全距。

所有标志值中最大值与最小值之差。

(2)平均差。

总体各单位标志值与其算术平均数离差绝对值的算术平均数。

(3)标准差。

方差是标准差的平方，标准差计算公式。

4)数据相对程度分析

数据相对程度分析是统计分析的重要方法，反映现象间数量关系的重要手段，可利用相对指标说明现象的水平、速度和变化情况。

(1)结构相对指标。

从静态上反映总体内部构成，揭示事物的本质特征，其动态变化可以反映事物的结构发展变化趋势和规律性。

(2)比较相对指标。

不同总体的两个同类指标进行对比的比值。可以是两个总量指标、两个相对指标或两个平均指标相比，一般以百分数或系数表示。可反映同类现象在同一时间、不同空间的差异程度。

(3)比例相对指标。

同一总体内不同组成部分的指标数值的比值。用以说明总体内各局部、各分组之间的比例关系。常用系数或倍数表示。

(4)强度相对指标。

密切联系的两种性质不同总量指标之比，反映现象的强度、密度、普通程度，是一种特殊的相对数，一般采用复名数单位表示。

5.统计分析方法——推论统计

1)推论统计

市场调查中，除对样本数据的水平或其他特征进行描述，还常需根据样本信息，对总体的分布及分布特征进行统计推断，即推论统计分析。推论统计的前提为：样本是随机抽样而来，对总体有一定代表性。

分析方法主要包括两部分：

(1)参数估计。

在总体分布已知情况下，用样本统计量估计总体参数的方法。

(2)假设检验。

基本原理是先对总体的特征作出某种假设，然后通过抽样研究的统计推理，对此假设应该被拒绝还是接受作出推断。

2)参数估计

点估计和区间估计。

(1)点估计。

点估计也称定值估计，用子样的一个统计量作为总体某未知参数或某数字特征的估计量的方法。优点：方法简单。不足：没有考虑抽样误差，也没有一定的概率作保证，因而无法说明估计的准确程度和把握程度。点估计值仅是未知参数的一个近似值，它没有反映出这个近似值的误差范围，使用起来把握不大。

(2)区间估计。

区间估计正好弥补了点估计的缺陷。在市场抽样调查中推断总体，一般采用区间估计方法，即在一定抽样误差范围内建立一个置信区间，并联系这个区间的置信度以样本指标推断总体指标。在区间估计时，须处理好抽样误差范围与置信度的关系。

6.统计分析方法——多元统计

常用的多元统计方法，它是从经典统计学中发展起来的一个分支，是一种综合分析方法，它能够在多个对象和多个指标互相关联的情况下分析它们的统计规律。主要内容包括多元正态分布及其抽样分布、多元正态总体的均值向量和协方差阵的假设检验、多元方差分析、直线回归与相关、多元线性回归与相关、主成分分析与因子分析、判别分析与聚类分析、Shannon 信息量及其应用。

7.常用统计分析软件简介

SPSS，世界上应用最广泛的统计分析软件，原意为 Statistical Package for the Social Sciences，“社会科学统计软件包”；现改为 Statistical Product and Service Solutions，“统计产品与服务解决方案”。

SAS，大型集成应用软件系统，由美国 SAS 软件研究所研制。主要功能有数据存取、数据管理、数据分析和数据展现等，其中最强大的是统计分析功能。

1.4.4　市场调查报告的撰写

1.市场调查报告的意义、作用与特点

1)调查报告的含义

调查报告是对某一事物、某一问题或某一事件进行调查研究后写出来的书面报告，它是调查研究报告的简称。因此，它的写作过程包含三个环节：调查——研究——报告写作。它既要求有对现象的有序描述，又要有对现象的分析归纳，还要对现象有深层规律性本质的探讨。

2)撰写市场调查报告的意义

(1)是市场调查所有活动的综合体现，是调查成果的集中体现。

(2)通过市场调查分析，透过数据现象分析数据之间隐含的关系，使我们对事物的认识从感性认识上升到理性认识，更好地指导实践活动。

(3)市场调查报告是为社会、企业、各管理部门服务的一种重要形式。

3)市场调查报告的作用和功能

(1)市场调查报告能将市场信息传递给决策者。

(2)市场调查报告可以完整地表述研究的成果。

(3)市场调查报告是衡量和反映市场调查活动质量高低的重要标志。

(4)市场调查报告能够发挥参考文献的作用。

(5)市场调查报告可被作为历史资料反复使用。

4)市场调查报告撰写的特点

(1)针对性。

(2)新颖性。

(3)时效性。

(4)科学性。

2. 市场调查报告的结构

1)题目

题目包括市场调查报告的标题、报告日期、委托方、调查方等。一般应打印在扉页上。标题是画龙点睛之笔，标题必须准确揭示报告的主题思想，做到题文相符。标题要简单明了，高度概括，具有较强的吸引力。

标题一般有以下三种形式：

(1)直叙式标题。

(2)表明观点式标题。

(3)提出问题式标题。

2)目录

提交调查报告时，如果涉及的内容很多，页数很多，为了便于读者阅读，应把各项内容用目录或索引形式标记出来，使读者对报告的整体框架有一个具体的了解。目录包括各章节的标题，包括市场调查报告题目、大标题、小标题、附件及各部分所在的页码等。具体内容如下：

(1)章节标题和副标题及页码。

(2)表格目录：标题及页码。

(3)图形目录：标题及页码。

(4)附录：标题及页码。

3)摘要

摘要是市场调查报告中的内容提要。摘要包括的内容主要有为什么调研；如何开展调研；有什么发现；其意义是什么；如果可能，应在管理上采取什么措施；等等。摘要不仅为报告的其余部分规定了切实的方向，同时也使得管理者在评审调研的结果与建议时有了一个大致的参考框架。摘要由以下几个部分组成：

(1)调查目的。即为什么要开展调研？为什么公司要在这方面花费时间和金钱？想要通过调研得到些什么。

(2)调查对象和调查内容。如调查时间、地点、对象、范围、调查要点及要解答的问题等。

(3)调查研究的方法。如问卷设计、数据处理是由谁完成、问卷结构、有效问卷有多少、抽样的基本情况、研究方法的选择等。

4)正文

正文是市场调查报告的主要部分。正文部分必须正确阐明全部有关论据，包括问题的提出到引起的结论、论证的全部过程、分析研究问题的方法等。正文包括开头部分和论述部分。开头部分的撰写一般有以下几种形式：

(1)开头部分。

①开门见山，揭示主题。

②结论先行，逐步论证。

③交代情况，逐步分析。

④提出问题，引入正题。

(2)论述部分。

论述部分必须准确阐明全部有关论据，根据预测所得的结论，建议有关部门采取相应措施，以便解决问题。论述部分主要包括基本情况和分析两部分。

①基本情况部分：对调查数据资料及背景作客观的介绍说明、提出问题、肯定事物的一面。

②分析部分：原因分析、利弊分析、预测分析。

5)结论和建议

结论和建议应当采用简明扼要的语言。好的结语，可使读者明确题旨，加深认识，启发读者思考和联想。结论一般有以下几个方面的内容：

(1)概括全文。经过层层剖析后，综合说明调查报告的主要观点，深化文章的主题。

(2)形成结论。在对真实资料进行深入细致的科学分析的基础上，得出报告的结论。

(3)提出看法和建议。通过分析，形成对事物的看法，在此基础上，提出建议和可行性方案。

(4)展望未来、说明意义。通过调查分析展望未来前景。

6)附件

附件是指调查报告中正文包含不了或没有提及，但与正文有关必须附加说明的部分。它是报告正文的补充或更详尽说明。包括的内容如下：

(1)调查问卷；

(2)技术细节说明，比如对一种统计工具的详细阐释；

(3)其他必要的附录，比如调查所在地的地图等。

7)撰写市场调查报告前的准备

确定调查报告的主题，取舍资料，拟订提纲。

8)调研报告撰写中容易出现的问题

调研主题不突出：偏离主题的文字或资料堆积；

结构安排不当：结构层次不清，线路混乱，没有写作提纲的平铺直叙；

论据不够充分：市场调研资料不足，或对市场调研过程的说明不充分；

定量分析不足或过量：数据不足或过多，图表不足或过多；

资料使用不当：对数据资料的理解或解释不当。

1.5 课程实施

1. 教学方法建议

(1)以提高学生综合职业能力为目标，组织实施任务驱动教学法、四阶段教学法、引导教学法、问题探究法、案例法等行动导向的教学模式。

(2)本课程在教学过程中，要充分利用现代教学手段，不断改进教学方式，通过多媒体、网络、音像等组织学生学习鲜活的材料，突出典型案例的剖析，采用互动式教学使学生得到模拟训练，提高他们发现问题、分析问题、解决问题的能力。

2. 教学条件及资源基本要求

课程资源建设要求：

(1)可借助学院图书馆、网络、书报杂志、电视广播等丰富的资源引导学生自学。

(2)积极利用电子书籍、电子期刊、数字图书馆、教育网站、营销专业网页等网上信息资源，使教学工具内容从单一化向多元化转变，使教学从单一媒体向多种媒体转变，使教学活动从信息的单向传递向双向转换转变，使学生从单独学习向合作学习转变，使学生知识和能力的拓展成为可能。

(3)充分利用校外实践基地为学生的综合实践和顶岗实习提供实践场所。

注：教学过程中针对不同专业班级，可对教学内容和课时分配作适当调整。

1.6 参考资料

[1]霍亚楼. 汽车营销实训[M]. 北京：中国劳动社会保障出版社，2009.

[2]李钢. 汽车及配件营销实训[M]. 北京：北京理工大学出版社，2009.

1.7 报告

1. 二手车消费群体调查问卷模板

您好！这份问卷主要目的是为了进一步了解成都市二手车销售情况、消费者的购买意向，以成都市民为调查对象进行一次较系统的调查研究，您的宝贵意见为完成本次研究之关键，恳请您在百忙之中如实填答，对此我们表示感谢！

1. 您的年龄段为（　　）。

A. 22 岁以下　　B. 23 ~ 29 岁　　C. 30 ~ 39 岁　　D. 40 岁以上

2. 您已获得的最高学位是（　　）。

A. 大专以下　　B. 大专或大学本科　　C. 大学本科以上

3. 您目前在哪里工作（　　）？

A. 国家行政机关　　B. 院校或科研机构　　C. 国有企业

D. 民营企业　　E. 其他

4. 您的居住地为（　　）。

A. 绕城以内　　B. 郊区　　C. 其他

5. 您目前的月收入为（　　）。

A. 4000 元以下　　B. 4000 ~ 8000 元　　C. 8000 元以上

6. 如果您不愿购买二手车，原因是什么？（　　　　）（多选题）

A. 担心质量安全问题　　B. 担心来源渠道不正规

C. 担心售后服务麻烦　　D. 担心手续不齐全

7. 如果您购买二手车，主要的原因是什么？（　　）

A. 性价比高　　B. 实用性高　　C. 保值率高

8. 您认为购买二手车最重要的考虑因素是什么？（　　　）（多选题）

A. 价格　　B. 操控性　　C. 售后服务

D. 品牌　　E. 质量

9. 如果您购买二手车，您的预算是多少？（　　）

A.（3 ~ 5）万元　　B.（5 ~ 10）万元　　C.（10 ~ 15）万元　　D. 15 万元以上

10. 您可以接受的二手车车龄是多少年？（　　）

A. 3 年以内　　B. 3 ~ 5 年　　C. 5 年以上

11. 您觉得在同挡价格的二手车中，你更倾向于选择哪个车系的轿车？（　　）

A. 欧系　　B. 美系　　C. 日韩系　　D. 国产

12. 如果您购买二手车最担心的是什么？请按照担心的程度排序：（　　）

A. 质量问题　　B. 售后服务问题

C. 重大事故或违章　　D. 手续不齐全

13. 您认为目前二手车行业最需要什么？（　　）

A. 第三方评估　　B. 明确定价　　C. 按揭购买

14. 如果您购买二手车，您准备从何种渠道购买？（　　）

A. 二手车交易市场　　B. 从熟人处购买

C. 4S 店二手车部　　D. 二手车网站

再次感谢您的支持，祝您生活愉快！

2. 区域市场调查报告模板

一、宏观背景研究

1. 城市区域特征概况（城市介绍、经济发展、规划方向等）；

2. 城市经济发展分析（主要经济指数的罗列分析）；

3. 政策调控形势判断。

二、汽车市场概况

1. 市场整体分析。

2. 市场运行数据分析(汽车销量、消费者收入情况等)。

3. 各板块市场分析。

3.1 区域市场整体分析。

3.2 区域市场供求状况。

3.3 区域市场产品特征。

三、竞争分析

1. 竞争市场划分;

2. 竞争板块代表性项目;

3. 主要竞争项目解析。

(竞品价格、竞品核心价值、竞品推广策略、竞品推售策略等)

四、市场综述

(总结陈述并结合项目提出建设性意见)

项目2　汽车营销策划实践

2.1　目的和基本要求

汽车营销策划实践是汽车服务工程专业《汽车营销学》的实践项目之一，是基于市场营销策划过程开发的一门集营销业务知识与策划技能于一身的专业实践项目。通过本次实践学习，学生能比较全面系统地了解营销策划的工作流程，掌握营销策划的基本理论与方法，培养较好地开展营销策划和解决企业相关战略决策问题的能力，以适应信息时代我国企业经济活动的开展对于营销策划的需要。

通过实践，学生能掌握一定的市场营销管理与策划理论，具有较强的市场营销业务与策划实践能力，成为工商企业、咨询公司等相关行业从事营销业务及策划工作的高素质专业人才。

2.2　学习目标

总体目标：

根据汽车服务工程专业人才培养目标、岗位(群)需求和前后续课程的衔接，统筹考虑和选取教学内容；根据人才培养目标、岗位(群)需求和前后续课程的衔接，统筹考虑和选取教学内容；重视实践教学在高素质人才培养过程中的作用，体现教学过程的实践性、开放性和职业性。教学方法、手段运用及教学情景设计上，基于行动导向的教学和技能实践的一体化，运用多种教学手段，注重学习与实际工作的一致性，教学组织上则实现真正意义上的“理实一体化”教学。

2.2.1　知识目标

(1)掌握必需的科学文化基础知识。

(2)掌握必备的心理学知识。

(3)掌握市场营销与策划的专业知识。

(4)掌握计算机和网络基础知识。

(5)掌握口语表达和普通话的基础知识。

2.2.2 能力目标

(1)具有书面和口头语言表达能力。

(2)具有逻辑思维和创新能力。

(3)具有计算机应用能力。

(4)具备一定的外语水平,具有一定的阅读能力、口语表达能力。

(5)具有处理和协调各种人际关系的能力。

(6)具有营销与策划管理的能力。

2.2.3 素质目标

(1)政治素质:爱社会、爱祖国、爱人民、爱工作的社会主义接班人。

(2)文化素质:具有较强的表达能力、计算机知识和英语能力,熟知日常法律知识。

(3)专业素质:系统地掌握本专业基础知识、基本方法和基本技能,能从事营销与策划日常业务处理工作。

2.3 课题设计及内容

2.3.1 汽车广告促销策划

1. 情景设计

(1)实践目的:通过网络广告实践,学生能够明确网络广告投放的目的,确定目标客户,寻找目标客户群集的网络平台媒体,确定广告投放的费用、表现形式、投放方式、时间、投放的位置,制作具有吸引力、创意、较强表现力、说服力的广告表现形式,做好网络广告监测、评估。

(2)情景设计:让学生欣赏1个小时左右的不同汽车电视广告,教师引导学生进行讨论,比如讨论各个广告的创意、目标受众人群等,并针对某款汽车,开展广告策划比赛。

(3)学生分组,并进行情景预设。要求:小组交流,选择一款新车或设计一款新车(包括新车性能、外观等),确定小组名称、理念、组织结构等问题。

(4)学生以组为单位,开展广告策划设计。根据小组结构设计情况,组内分任务完成广告策划的内容,并进行衔接。

2. 课题内容

(1)汽车广告调查和市场分析。

市场环境分析包括宏观经济环境和微观经济环境分析。同时还需要查阅相关资料对现有竞争市场进行分析。结合消费者需求和生产商的诉求,对该产品进行市场定位。

(2)确定汽车广告目标。

通过广告宣传强化所宣传汽车在人们心目中的地位,让更多消费者认识该消费汽车;为了迎合该汽车销售旺季的到来,通过有效的广告宣传来扩大销售量。结合营销的目的,设计广告的主题和广告的宣传语。

(3)制订汽车广告策略。

包括时间策略、媒体策略、城市策略和价格策略等。

(4)选择汽车广告媒体。

根据预算和宣传的目标，选择合理的广告媒体。包括：户外广告、农村墙体媒体、电视和广播、网络、报刊杂志等。

(5)确定汽车广告预算

整体促销预算可以运用量力而行法、销售百分比法、竞争对等法(即该产品的广告费提高到能对抗竞争对手产品的广告费水平的方法)或目标任务法来预算。

目标任务法：明确地确定广告目标、决定为达到这种目标而必须执行的工作任务、估算执行这种工作任务所需的各种费用，这些费用的总和就是计划广告预算。

(6)汽车广告实施计划。

包括投放的地点、投放的力度以及投放的方式和时间。

(7)汽车广告的效果评估。

评估的基本内容包括两个方面：一是对访问量的评估　二是研究广告的衰竭过程。通过网站访问次数统计、权威机构发布的访问数据或是通过顾客回访记录来对广告的传播进行评估。

3. 要求

(1)小组分工明确；

(2)策划方案合理；

(3)经费预算合理；

(4)营销目标合理。

2.3.2　汽车人员促销实践

1. 情景设计

(1)实践目的：掌握汽车接待、咨询、展示、绕车介绍等汽车销售环节的步骤；掌握签订汽车销售协议的步骤；掌握售后、回访的步骤，掌握验车、缴费等销售服务工作的流程；掌握汇总汽车商品信息、客户信息的方法。

(2)情景设计：假设组员为一个4S店的销售人员，选择一辆新车，分组进行角色扮演，实现汽车的销售。

(3)学生分组，并进行情景预设。要求：小组成员分别扮演销售人员、不同顾客、销售经理、顾客陪同人员等。

(4)学生以组为单位，开展人员促销策划设计。根据小组结构设计情况，组内分任务完成人员策划的内容，并进行表演。

2. 课题内容

(1)寻找和分析客户。

客户类型：直接用户、汽车营销单位；基本往来户、一般往来户、普通往来户；内向型、外向型、沉默型等。针对不同的顾客，安排不同的销售人员进行接待。

(2)接待顾客。

做好充分的准备，包括人员准备和车辆准备。同时掌握与顾客交流的技巧，争取循序渐进说服顾客。

(3)车辆展示。

环绕介绍、发动机室、驾驶座侧、后部、内部、乘客侧等，突出车辆的优质性能，重点介绍顾客感兴趣的部分。

(4)异议处理。

冷静倾听，给出反馈信息；表示认同(点头效益)；转换异议；延缓处理；否认(反驳)。

(5)成交。

①购买时机——客户的购买信号；

②建议购买——把握时机，建议客户作出决定；

③签订合同；

④交车、验车。

(6)售后服务。

商品信誉的维护。商品品质的保证，使客户充分获得购买的利益；服务中承诺的履行。

3. 要求

(1)能接待、咨询、展示、绕车介绍等汽车销售环节；

(2)能协助签订汽车销售协议，能做好交车、验车交代；

(3)能做好售后、回访提醒，能参与验证、验车、缴费等销售服务工作；

(4)能汇总汽车商品信息、客户信息。

2.4 相关知识

2.4.1 汽车广告促销策划

汽车广告促销策划是广告策划的一个重要方面，是在广泛的调查研究基础上，对市场和个案进行分析，以决定广告促销活动的策略和广告促销实施计划，力求广告促销进程的合理化和广告促销效果的最大化。

1. 广告促销策划的流程、步骤与策略

1)广告促销策划的流程

广告促销策划的流程如图 2.1 所示：

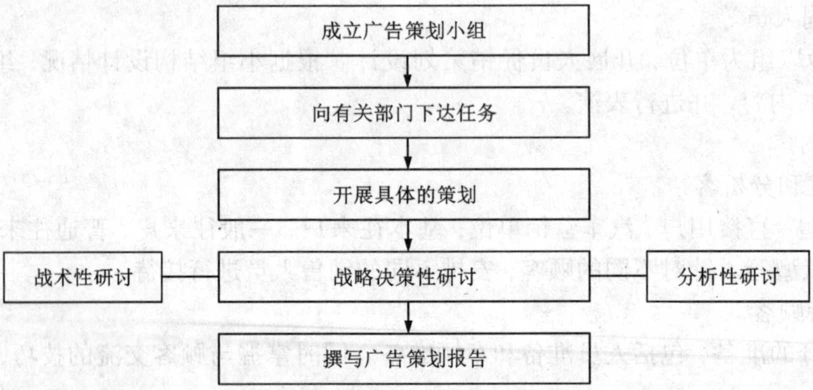

图 2.1 广告促销策划流程

2）汽车广告促销策划的步骤

（1）市场环境调查分析。

企业经营分析以及品牌影响分析和车型品牌分析。

（2）目标顾客群体调查。

①广告传播定位。

一般说来，从目标顾客需求的不同出发点，产品的定位角度有以下几种：从产品对顾客的特殊用途的角度定位、与其他同类产品做比较、从顾客在使用后感情的变化来定位。

②确立基本战略。

一个完整的战略应包含下列四部分：目标客户群、诉求定位、诉求内容、诉求方式。

3）汽车广告促销策划的主要策略

（1）汽车广告定位策略。

①服务定位策略；

②观念定位策略。

（2）产品生命周期广告策略。

（3）广告的媒介组合策略。

2. 广告传播计划的拟订

1）营销任务的确定

（1）营销目标：营销目标可按公司的年度计划拟订。

（2）营销组合：营销组合即经销商在目标市场上拓展市场及推广重点时的策略性。一般营销的组合由产品组合（product－mix）、价格组合（price－mix）、促销组合（promotion－mix）、渠道组合（place－mix）构成，简称“4P”。

（3）广告目标的区分。

制订汽车广告本身要实现的目的叫做汽车广告的目标。制定的广告目标必须符合先前制定的目标市场、市场定位策略；同时广告目标的选择应建立在对当前市场营销情况透彻分析的基础上。一般来讲，广告目标有：促进销售、改变顾客态度和行为、建立企业形象三类，在制订广告时要注意区分，预防目标混淆。

2）预算经费的编制

（1）预算经费的编制程序。

广告预算只是广告费支出的匡算，广告投入的收益由于广告目标的不同而有不同的衡量标准。

（2）预算经费的种类。

广告费一般是指开展广告活动所需的广告调研费、广告设计费、广告制作费、广告媒体费、广告机构办公费与人员工资等项目。

依据广告费的用途，可以将其划分为直接广告费与间接广告费，自营广告费与他营广告费，固定广告费与变动广告费。

直接广告费是指直接用于广告的设计制作费用、广告媒体费用；间接广告费是指企业广告部门的行政费用。

自营广告费是指广告主本身所用的广告费，包括本企业的直接与间接广告费；他营广告费是指广告主委托其他广告专业部门代理广告活动的一切费用。

固定广告费是指自营广告的组织人员费及其他管理费，这些费用开支在一定时期内是相对固定的；变动广告费是因广告实施量的大小而起变化的费用，如受数量、距离、面积、时间等各种因素影响而变化的费用。

(3)预算经费计算考虑的因素。

产品生命周期阶段；市场份额；竞争；广告频率。

(4)预算经费的计算方法。

①量入为出法。

②销售百分比法。

③竞争对等法：又称市场占有率法。其优点在于编制的广告预算有针对性，有利于企业在竞争中取得主动权。

④目标和任务法：此种方法的优点在于制订广告预算比其他方法更为科学，基础也更坚实，对于随后确定广告费用比较适当。其缺点在于比较烦琐，难以确定达到广告目标到底需要多少费用。

3)传播内容的制订

(1)通知性广告。

(2)说服性广告。

(3)提醒性广告。

(4)刺激性广告。

(5)建立企业形象。

4)传播渠道的选择

(1)选择传播渠道所需要考虑的因素。

①自身因素；

②媒体性因素；

③媒体组合。

(2)传播渠道优劣势分析。

①报纸。

优点：发行广泛，阅读地点灵活，传递信息及时，读者对有用信息易于保存；缺点：内容杂乱，目标针对性差，广告内容易被读者忽略。

②电视。

优点：受众多，节目充分利用视觉、听觉效果，内容富有感染力，表现力强；缺点：费用高，目标观众选择性少。

③广播。

优点：接受地点、人员广泛，节目受众较多，区域选择性强，费用较低；缺点：只有声音，不像电视那样引人注意。

④直投邮寄。

优点：可选择特定购买对象发送，具有关怀感和亲切感，内容表现翔实；缺点：需要得到有针对性的邮寄名单，时间上有一定的滞后性。

⑤杂志。

优点：广告目标人员选择性强，复制率高，传阅者多，彩色印刷效果好，阅读地点广泛；

缺点：周期较长、篇幅成本和创意成本高。

⑥户外广告。

优点：时间长，费用低，具有一定的持久性；缺点：无法选择目标对象，缺乏创新。

⑦网络。

优点：传播范围广，不受地域和时间限制；缺点：目标客户选择性较差。

3.广告传播计划的执行与评估

1)广告传播计划的执行

(1)广告计划书。

(2)广告代理商。

①自身条件。

②相关的其他考虑因素。

(3)广告活动策划及执行。

2)广告的评估

(1)广告评估步骤。

①收集资料。

②分析数据。

③评估报告。

④评估总结。

(2)评估指标。

①销售增长率。

销售增长率反映广告实施前后销售额直接变化情况，公式如下：

销售增长率=(广告实施后销售额-广告实施前销售额)/广告实施前销售额×100%

②广告增销率。

广告增销率是一定时期广告费增长幅度与同期销售额增长幅度之比较，它反映广告费增长给产品销售带来的影响，公式如下：

广告增销率=销售增长率/广告费增长率×100%

③广告费比率。

广告费比率是广告费与同期销售额的比率。

④每元广告费效益。

每元广告费效益不仅可用来评价不同时期的广告效益，还可以用来评价不同媒体、不同地区的广告效益，公式如下：

每元广告费效益=(本期销售额-上期销售额)/本期广告费支出

⑤市场占有率提高率

市场占有率提高率反映一定时期、一定市场上的销售额占同类产品销售额比例的增长情况，公式如下：

市场占有率提高率=(单位广告费用销售增加额/同类产品销售总额)×100%

2.4.2　汽车人员推销策划

汽车人员推销，是指汽车企业通过派出推销人员与可能成为购买者的人交谈，作口头陈述，以推销汽车商品，促进和扩大销售的一系列过程。

汽车销售人员的基本礼仪如下：

1. 仪表、举止、谈吐礼仪

主要包含仪表礼仪、举止礼仪、谈吐礼仪、介绍、称呼、握手礼仪等。

1）交流礼仪

说话声音要适当，与顾客交谈时，应双目注视对方，不要东张西望、左顾右盼。交际中要给对方说话的机会，在对方说话时，不要轻易打断或插话，应让对方把话说完，要注意对方的禁忌。

2）介绍礼仪

为他人介绍时，有一个基本原则，即应该受到特别尊重的一方有了解的优先权。

3）电话预约的基本要领

力求谈话简洁，抓住要点；考虑到交谈对方的立场，使对方感到有被尊重、重视的感觉，没有强迫对方的意思。电话的开头语直接影响顾客对你的态度、看法。电话铃响两遍就接，不要拖时间，挂电话前的礼貌也不应忽视，要客气地对待听筒。打、接电话时，如果对方没有离开，不要和他人谈笑，也不要用手捂住听筒与他人谈话，如果不得已，要向对方道歉，请其稍等，或者过一会儿再与对方通电话。

打电话时，应礼貌地询问："现在说话方便吗?"要考虑对方的时间，要学会配合别人谈话。对方要找的人不在时，不要随便传话以免不必要的麻烦，如有必要，可记下其电话、姓名，以回电话。在办公室里接私人电话时，应尽量缩短时间，以免影响其他人工作。

2. 人员推销

1）人员推销与广告的不同作用

首先，人员推销是一个推销员向买者面对面的介绍。而广告是一种非人员推销，通常由广告主支付费用，直接面对大量的潜在顾客。其次，人员推销在工业品的销售中使用较多，广告则在消费品的销售中占统治地位。再次，人员推销和广告所产生的影响也不同。最后，人员推销和广告在沟通方向上也存在也不同。

2）人员推销的基本职责

首先是开拓市场。其次是信息沟通。最后，提供服务也是推销人员的一个重要职责。

3）人员推销的内容与技巧

在进行推销工作时，第一步就是与客户的接近。进入这个阶段后，推销人员的很大一部分工作是讲解和示范。当进行完以上的工作后，销售人员所面对的就是应付目标客户异议的工作了。推销工作的最后一步，是销售员设法达成交易。

4）汽车人员推销策划的步骤与形式

(1)汽车人员推销策划的步骤。

①明确推销任务；

②确定推销人员；

③构建推销队伍结构；

④确定推销方案及工作；

⑤推销人员的管理；

⑥推销人员的培养。

(2)汽车人员推销的基本形式。

①上门推销;

②柜台推销;

③会议推销。

2.4.3 汽车营业推广策划

1. 营业推广的目标和形式

1)营业推广的目标

一般来说,营业推广是一种短期的宣传行为,目的是鼓励购买的积极性。

2)营业推广的形式

以消费者为中心的营业推广形式有代金券、附加交易、折扣、有奖销售、现场演示、竞赛、礼品、批量折让、商业折扣、费用补贴等多种形式。

2. 汽车营业推广策划的特点与作用

1)汽车营业推广策划的特点

(1)促销强烈。

(2)贬低商品。

2)汽车营业推广策划的作用

(1)确定汽车营业推广策划的流程。

(2)确定汽车营业推广目标。

(3)制订汽车营业推广方案。

(4)汽车营业推广方案的测试。

(5)汽车营业推广方案的实施。

(6)汽车营业推广方案的评估。

3)营业推广的步骤

企业营业推广的步骤一般是:确立营业推广目标→选择营业推广工具→制订营业推广方案→营业推广方案的实施和控制→评价营业推广效果。

4)营业推广的特点

直观的表现形式、灵活多样、适应性强。

2.4.4 汽车公关活动策划

1. 汽车公共关系策划的含义

汽车公共关系策划是指公共关系人员根据汽车企业形象的现状和目标要求,分析现有条件,谋划、设计公共关系战略、专题活动和具体公共关系活动最佳行动方案的过程。

2. 汽车公共关系策划的作用

监察环境、搜集信息;沟通情感、树立形象;调解纠纷、缓冲矛盾;增强购买、促进销售。

3. 汽车公共关系策划的方式与工作程序

1)汽车公共关系的方式

加强新闻宣传,开展公益性活动,收集、处理与反馈公众意见,建立全方位的联系,组织专题公关活动,建立、健全内部公关制度。

2)汽车公共关系策划的工作程序

(1)公共关系调查。

(2)确定公共关系的目标。

(3)编制公共关系计划。

(4)公共关系计划的执行与实施。

(5)公共关系的效果评估。

4. 公关活动的一般流程

(1)调查与研究。

(2)界定公关问题。

(3)确定公关目标。

(4)拟订公关内容。

(5)选择传播管道。

(6)费用预算。

(7)制订实施计划。

(8)公关计划实施。

(9)效果评估。

2.4.5 汽车展销会活动策划

1. 展销会的目的

首先，要明确参加展会销的目的。其次，要进行展会营销的策划与充足的准备工作。最后，制定的展会计划实施组织工作要有弹性，包括对未来变化与竞争的思考，要有必要的反馈与调整机制，要制订一些根据展会实际的情况而作的应急方案。

2. 参加汽车展销会的工作要点

1)展前工作

(1)确定展览主题及主推车型。

(2)会场布置。

(3)展览现场活动设计。

(4)资料包的设计。

(5)人员训练。

2)展期工作

(1)客户资料及信息收集。

(2)活动时间及流程的掌握。

3)展后工作。

(1)活动总结。

(2)客户追踪。

(3)下次活动准备。

2.4.6　营销策划

1. 营销策划的含义

营销策划(Marketing Plan)是在对企业内部环境予以准确地分析，并有效运用经营资源的基础上，对一定时间内的企业营销活动的行为方针、目标、战略以及实施方案与具体措施进行设计和计划。

营销策划，首先要确定营销理念，其次才是在营销理念基础上的策划。营销策划是根据企业的营销目标，以满足消费者需求和欲望为核心，设计和规划企业产品、服务和创意、价格、渠道、促销，从而实现个人和组织的交换过程。营销策划包括品牌策划、产品策划、价格策划、渠道策划、推广策划、公关策划等。

2. 营销策划的发展阶段

1)产品策划阶段

顾客需要物美价廉的商品，所以企业的主要营销策划工作是集中力量改进产品。如果不注重满足顾客的需求和愿望，并忽略分销、促销等方面的营销工作，就会导致一旦新技术和替代品出现，企业的产品就出现滞销。

2)促销策划阶段

企业在营销策划方面的重点是如何促销自己的产品，因此各企业设置销售人员，并制订激励体制鼓励销售人员多卖产品，同时运用广告战、价格战来刺激消费者需求，却不太考虑消费者的喜欢和满意程度。

3)系统营销策划阶段

企业营销策划的重点是不断分析消费者心理和行为特征，并进行市场细分，通过设计产品、定价、分销和促销等系列系统手段来满足消费者的需求和愿望。

3. 营销策划的过程

1)了解现状

2)分析情况

3)管理营销信息与衡量市场需求

4)营销情报与调研

5)预测概述和需求衡量

6)评估营销环境

分析宏观环境的需要和趋势，对主要宏观环境因素的辨认和反映(包括人文统计环境、经济环境、自然环境、技术环境、政治法律环境、社会文化环境)。

7)分析消费者市场和购买行为

8)消费者购买行为模式

影响消费者购买行为的主要因素(包括文化因素、社会因素、个人因素、心理因素等)。

购买过程(包括参与购买的角色、购买行为、购买决策中的各阶段等)。

分析团购市场与团购购买行为(包括团购市场与消费市场的对比、团购购买过程的参与者、机构与政府市场等)。

9)分析行业与竞争者

识别公司竞争者(行业竞争观念、市场竞争观念)，辨别竞争对手的战略、判定竞争者的目标，评估竞争者的优势与劣势，评估竞争者的反应模式，选择竞争者以便进攻和回避，在顾客导向和竞争者导向中进行平衡。

10）SWOT 分析

分析强势、弱势，说明机会是如何产生的。总结要表述的关键问题，描述假设，各产品/市场细分的营销目标和战略，最后总结竞争对手的状况。

11）制订目标

对于情景分析中确认的那些最好的机会，企业要对其进行排序，然后由此出发，定义目标市场、设立目标和完成时间表。

12）制订营销战略

确定细分市场和选择目标市场，营销差异化与定位，产品差异化、服务差异化、渠道差异化、形象差异化，开发定位战略——推出多少差异，推出哪种差异。

4. 营销策划的原则

1）整体性原则

策划时必须将所有有利于策划的因素整合在一起，并以整体的形象一致对外，尽量减少内耗，集中优势力量，确保达到策划目标。

局部服从全局，以全局带动局部。为了全局甚至不惜牺牲和舍弃局部。有时虽然局部蒙受了损失，但从全局着眼，局部的损失可以换来全局的胜利。

为了整体策划目标，要把眼光瞄准长远的策划目标，不要被眼前利益所迷惑，要注重策划的长期性。

内外部利益统筹考虑，不仅注重企业自身效益，还要追求顾客满意与社会效益的最大化。

2）时效性原则

营销策划一定要适应时机，顺应潮流，把握机遇，否则再完善的策划方案都不可能达到预期的效果。

3）权变性原则

营销环境总是处于变动之中，策划主体在确定了可行的策划方案并开始实施以后，不可以恪守教条，而应该审时而行、因地制宜。

4）可操作性原则

可操作性原则是指营销策划方案投入运行并且能够卓有成效，要进行可行性分析，要进行可行性试验。通过试验证明策划的可行性，要便于运行、实施并且有效。

5. 营销策划的方法

1）程序法

程序法就是按照一定的程序进行市场营销策划，这是市场营销策划以及其他任何策划的重要方法。按照程序法的要求，企业在进行市场营销策划时一般经过 7 个阶段：确定策划目的、搜集和分析策划信息、创意构思与提炼、制订策划方案、方案评估与论证、实施和控制策划方案、测评策划效果。

2）模型法

在市场营销策划中，常用的模型有预测模型、新产品开发模型、定价模型、物流决策模型、广告决策模型、推销员管理模型、销售促进决策模型、促销组合决策模型以及购买者行为研究模型等。

3）点子方法

点子的产生需要的是创新的欲望、超人的胆识、勇气及个性等。从现代营销角度来说，点子是指有丰富市场经验的营销策划人员经过深思熟虑，为营销方案的具体实施所想出的主意与方法。

4）创意方法

创意是指在市场调研前提下，以市场策略为依据，经过独特的心智训练后，有意识地运用新的方法组合旧的要素的过程。创意其实就是在不断寻找各种事物与事物间存在的一般或不一般的关系，然后把这些关系重新组合、搭配，使其产生奇妙、变幻的创意。

创意方法是营销策划的核心和精髓，许多营销策划的成功之处往往来源于一个绝妙而又普通的创意。

5）谋略和计谋的方法

谋略是关于某项事物、事情的决策和领导实施方案。谋略的中心是一个“术”字，战术、权术、手段和方法在谋略中发挥核心作用。

2.4.7　促销概述

1. 促销的含义

促销是促进产品销售的简称，指企业通过各种方式方法，传递商品信息，帮助与说服顾客购买本企业的商品，或使顾客对企业产生好感，从而有助于企业商品的销售。

这一概念包括以下几层含义：

（1）促销的实质是企业与顾客之间信息的沟通与传播。一方面，企业把与产品、服务、企业形象及其他相关信息传递给广大的顾客与公众；另一方面，企业要广泛搜集顾客与公众反馈的各种信息。只有通过这样的信息传播与沟通，才能拉近企业与顾客之间的距离。

（2）促销的目的是激发顾客的购买欲望，并影响其购买行为，从而扩大商品的销售。

（3）促销可以分为人员促销和非人员促销两大类。人员促销也称为人员推销或直接促销，非人员促销也称为非人员推销或间接促销，包括广告、公共关系和销售促进等方式。本章主要介绍非人员促销策划。企业通常在促销活动中将人员促销和非人员促销结合使用。

2. 促销的基本方式

企业的促销活动种类繁多，但主要有五种基本方式，即人员推销、广告、销售促进、公共关系与直复营销，这几种方式各有其特点，可以单独使用也可以组合在一起使用。

1）人员推销

所谓人员推销，是指企业通过派出销售人员与一个或一个以上可能成为购买者的人交谈、做口头陈述，以推销商品，促进和扩大销售。在沟通的过程中，人员推销在增强信任感、建立消费者对产品的偏好及促成行为方面极其有效。由于是面对面的交谈，销售人员可以与顾客进行充分的沟通，保持密切联系，而且可以对顾客的意见作出及时的反应。不过人员推销的成本比较高，且优秀的销售人员也不是随处可觅的。

2）广告

所谓广告，是指广告主付费，经广告承办单位所进行的一种信息传播活动。广告的信息散布范围广，且可以重复使用，对树立企业产品的长期形象有较好的效果。不过广告只是一种信息的单向传递，缺乏与消费者的充分沟通，所以很难说服消费者进行即时购买活动。

3)销售促进

所谓销售促进，是指在短期内采取一些刺激性诱因来鼓励消费者冲动性购买的一种促销活动。销售促进可以促使消费者产生即时的、强烈的反应，从而提高产品的销量，但这种方式通常在短期内有效，若持续时间过长或过于频繁，就很容易引起消费者的不信任与疑虑。

4)公共关系

所谓公共关系，是指企业为建立传播和维护自身的形象而通过直接或间接的渠道保持与企业外部的有关公众的沟通活动。公共关系在市场营销中起着树立企业形象、提高企业社会声誉的作用。不过这种方式在促销方面没有其他方式见效快。

2.4.8 汽车营销策划书的编写

1. 营销策划书的撰写步骤

(1)构建营销策划书的框架：描述策划整体构想，其目的在于将核心问题、内外环境因素，以及解决问题的思路清晰地展示出来。

(2)整理资料：在汇集资料时，应先对资料加以整理、分类，再按照营销策划书的框架顺序一一列入，绝对不允许将无关紧要的资料硬塞进策划书中。

(3)版面设计：确定版面的大小，每页标题的位置，在版面中的哪个位置放置文本、哪个位置安放图片，确定页码的位置。设计目录的设计排列不应该一成不变，而应防止刻板老套，多运用图表、图片、插图、曲线图以及统计图表等，并辅之以文字说明，增加可读性。

2. 营销策划书的必备项目

1)封面

策划书的封面可提供以下信息：

(1)策划书的名称；

(2)被策划的客户；

(3)策划机构或策划人的名称；

(4)策划完成日期及本策划适用时间段；

(5)编号。

2)前言

前言或序言是策划书正式内容前的情况说明部分，内容应简明扼要，最多不要超过500字，应让人一目了然。其内容主要有：

(1)接受委托的情况；如：×公司接受×公司的委托，就××年度的广告宣传计划进行具体策划；

(2)本次策划的重要性与必要性；

(3)策划的概况，即策划的过程及预期达到的目的。

3)目录

目录的内容也是策划书的重要部分。封面引人注目，前言使人开始感兴趣，那么，目录就务必让人读后了解策划的全貌。目录具有与标题相同的作用，同时也应使阅读者能方便地查寻营销策划书的内容。

4)策划摘要

阅读者应能够通过概要提示大致理解策划内容的要点。概要提示的撰写同样要求简明扼要，篇幅不能过长，一般控制在一页纸内。另外，概要提示不是简单地把策划内容予以列举，而是要单独成为一个系统，因此其遣词造句等都要仔细斟酌，要起到一滴水见大海的效果。

5)正文

(1)营销策划的目的。

(2)市场状况分析。着重分析以下因素：

①宏观环境分析。着重对与本次营销活动相关的宏观环境进行分析，包括政治、经济、文化、法律、科技等。

②产品分析。主要分析本产品的优势、劣势、在同类产品中的竞争力、在消费者心目中的地位、在市场上的销售力等。

③竞争者分析。分析本企业主要竞争者的有关情况，包括竞争产品的优势、劣势，竞争产品营销状况，竞争企业整体情况，等等。

④消费者分析。对产品消费对象的年龄、性别、职业、消费习惯、文化层次等进行分析。

以上市场状况的分析是在市场调研取得第一手资料的基础上进行的。

(3)市场机会与问题分析。

①营销现状分析。对企业产品的现行营销状况进行具体分析，找出营销中存在的具体问题点，并深入分析其原因。

②市场机会分析。根据前面提出的问题，分析企业及产品在市场中的机会点，为营销方案的出台做准备。

(4)确定具体行销方案。针对营销中问题点和机会点的分析，提出达到营销目标的具体行销方案。

3.市场营销策划书的写作程序

1)成功的市场营销策划书的基本特征

粗略过目就能了解策划的大致内容。使用浅显易懂的语言，充分体现对方的利益与要求。策划书展现的内容与同类策划书相比，有相当明显的差异性与优越性。图文并茂，能加强策划书的表现效果。全文条理清晰，逻辑分明，令阅读者看完策划书后，能够按照策划书的内容有计划、有步骤地执行下去。策划书能够充分体现企业的勃勃生机和企业的基本特征。

2)市场营销策划书的写作程序

一般情况下，市场营销策划书的写作程序如下。

第一步，列出大纲；

第二步，细化大纲，列出大纲中各部分具体内容范围；

第三步，检查大纲框架结构及各部分的具体内容是否合理得当；

第四步，调整确定各部分内容；

第五步，撰写SWOT分析，列出分析结果(即机会与威胁，优势与劣势的要点)；

第六步，依据分析结果从构思要点出发写作策划核心部分的个别策划，即营销目标、战略和策略的策划；

第七步，写出策划书的概要提示，从而决定策划书的整体构成；

第八步，写出策划的实施计划，策划方案实施措施；

第九步，补足其他部分；

第十步，统撰全篇，润色定稿。

3)市场营销策划书的写作技巧

(1)寻找一定的理论依据；

(2)适当举例；

(3)利用数字说明问题；

(4)运用图表帮助理解；

(5)正确合理利用版面安排；

(6)注意细节，消灭差错。

2.5 课程实施

2.5.1 教学方法建议

在教学过程中，应立足于加强学生实际动手操作能力的培养，采用引导文法、小组讨论、演讲、角色扮演、四步法、归纳、分析等教学方法，以工作任务引领提高学习兴趣，激发学生学习的热情，并辅之以多媒体等直观教学手段；要重视本专业领域新技术、新工艺、新知识发展趋势，贴近企业、贴近生产。

任务教学法：从学生的基本心理需求出发，认为学习是满足个体内部需要的过程，在教学目标上注重突出教学的情意功能，追求学生在认知、情感和技能目标上的均衡达成。它强调教学中学生基本心理的满足，特别是归属感和影响力，具有较强的情感性。它强调教学只有创造条件，通过一系列任务的完成，满足学生的归属感和影响力，他们才会感到学习是有意义的，才会愿意学，才能学得好。

2.5.2 教学条件及资源基本要求

课程资源建设要求：

(1)可借助学院图书馆、网络、书报杂志、电视广播等丰富的资源引导学生自学。

(2)积极利用电子书籍、电子期刊、数字图书馆、教育网站、营销专业网页等网上信息资源，使教学工具内容从单一化向多元化转变，使教学从单一媒体向多种媒体转变，使教学活动从信息的单向传递向双向转换转变，使学生由单独学习向合作学习转变，使学生知识和能力的拓展成为可能。

(3)充分利用校外实践基地为学生的综合实践和顶岗实习提供实践场所。

注：教学过程中针对不同专业班级可对教学内容和课时分配作适当调整。

2.6 参考资料

[1]霍亚楼. 汽车营销实训[M]. 北京：中国劳动社会保障出版社，2009.

[2]李钢. 汽车及配件营销实训[M]. 北京：北京理工大学出版社，2009.

2.7 报告

营销策划书主要内容如下。

目录

一、概述

二、市场现状分析

三、目标

四、营销战略

五、行动计划

项目3　汽车服务系统规划实践

3.1　目的和基本要求

汽车服务系统规划主要涵盖运用线性规划、整数规划、动态规划、排队论、存储论及预测等相关知识对汽车生产系统工程、汽车市场需求、汽车营销、汽车售后及停车场规划等方面提供行之有效的解决方案以及系统评价的方法。在汽车工业大发展的同时，汽车消费主体日益多元化，广大消费者对高质量汽车服务的渴求日益凸显。由于汽车服务系统规划涉及的知识面较宽广，要求既要了解汽车生产工艺与装配过程、结构原理等知识，又要掌握汽车营销与运输规划、管理学知识，因此掌握汽车服务系统规划相关理论对从事汽车生产和汽车服务人才具有重要意义。

本实践项目的目的是：在全面掌握汽车服务系统规划基础知识和系统规划基本理论知识的基础上，较系统地掌握汽车服务、运输、营销等方面实现最优的实践方法；通过具体实例，掌握实现生产安排、库存管理及营销服务方面最优化的方法，熟悉建立模型及约束条件确立的方法，熟练地运用运筹学等理论进行求解，具备汽车服务系统规划的基本作业能力。

3.2　学习目标

总体目标：

根据汽车服务工程专业人才培养目标，使相关专业人才掌握运用科学方法，对汽车生产、营销与策划、运输等进行必要的、合理的系统规划，以便更好地提高汽车企业、运输企业及销售部门的经济效益。重视实践应用等方面在高素质应用人才培养过程中的作用，在教学过程中以理论为指导，以解决实际问题为目标，综合具体实例，全面系统掌握基础理论方法、建模及编程能力，为今后从事产品设计、产品制造、企业管理、产品售后技术服务等方面的工作奠定坚实的理论基础与实践方法指导。

3.2.1　专业能力

(1)具有汽车服务系统规划的基本理论知识和分析能力；

(2)具有针对特定问题的建模能力和编制求解程序的能力。

3.2.2　社会能力

(1)发现问题的能力，有效利用资源和信息，提高学习效率；
(2)遵守职业道德和规范，实事求是的能力。

3.2.3　方法能力

(1)运用所学知识解决相应问题的能力；
(2)灵活运用现有方法及创新的能力。

3.3　课题设计及内容

3.3.1　膜片弹簧的多目标优化设计

(1)膜片弹簧作为汽车离合器重要的压紧组件，由碟簧和分离指组成，如图3.1所示。

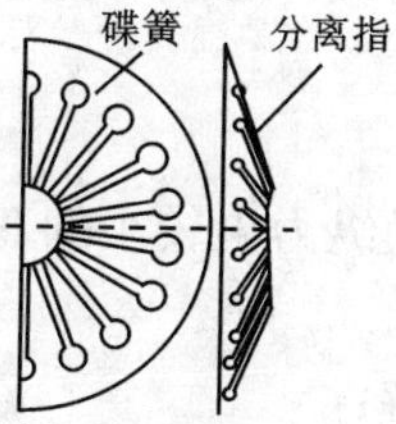

图3.1　膜片弹簧结构示意图

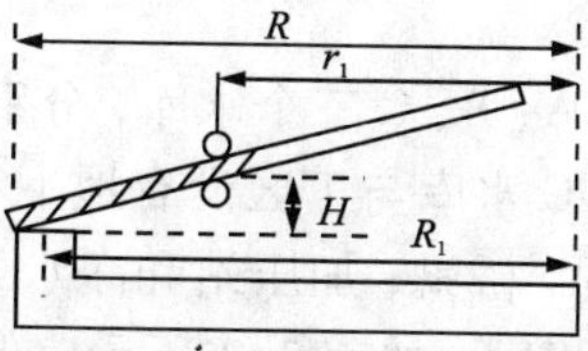

图3.2　膜片弹簧主要结构参数

膜片弹簧大端的压紧力 F 与大端变形量 λ 之间的关系可以表示为：

$$F=\frac{\pi Eh\lambda\ln\left(\frac{R}{r}\right)}{6(1-\mu^2)(R_1-r_1)^2}\left[\left(H-\lambda\frac{R-r}{R_1-r_1}\right)\left(H-\frac{\lambda R-r}{2R_1-r_1}\right)+h^2\right]$$

式中：R 为自由状态下碟簧部分大端半径；H 为自由状态下碟簧部分内锥截高度；R_1、r_1 分别为压盘加载点和支承环加载点半径；r 为自由状态碟簧部分小端半径；h 为膜片弹簧钢板厚度；μ 为泊松比。

最大摩擦扭矩700 N·m，摩擦片外径 $D=300$ mm，内径 $d=175$ mm，摩擦系数取0.3，弹性模量 E 为21000 MPa，离合器主要结构参数见表3.1。

表 3.1　离合器主要结构参数

H	5.8
h	2.93
R	145.7
r	116.8
R_1	143.66
r_1	116.1

从动盘摩擦片磨损前后弹簧压紧力差值的绝对值最小，也就是希望磨损过程中弹簧的压紧力不降低，且变化尽可能地小。同时考虑到驾驶人作用在分离轴承装置上的分离操纵力也应比较小。

2. 设计任务

(1) 通过课程设计增强学生解决实际问题的能力；

(2) 通过课程设计巩固、拓展和深化所学的基础理论、专业理论知识；

(3) 通过课程设计初步建立正确的设计思想和方法，进一步提高运算计算机应用技能和综合分析、解决问题的能力。

3. 要求

(1) 建立压紧力变化最小和分离操纵力也较小的双目标优化模型；

(2) 建立合理的约束条件；

(3) 编制相应程序并进行上机求解；

(4) 进行结果分析和相应报告。

3.3.2　供水优化分配

(1) 某城市自来水的水源地为 A、B、C 三个水库，分别由地下管道把水送往该市所辖甲、乙、丙、丁四个区。唯一的例外是 C 水库与丁区没有地下管道。由于地理位置的差别，各水库通往各区的输水管道经过的涵洞、桥梁、加压站和净水站等设备各不相同，因此该公司对各区的引水管理费(元/kt)也各不相同，如表 3.2 所示。但是对各区自来水的其他管理费均为 45 元/kt，而且对各区用户都按统一标准计费，单价为 90 元/kt。目前水库将临枯水期，该公司决策机构正考虑如何分配现有供水量的问题。首先，必须保证居民生活用水和某些重要机关、企业、事业单位用水的基本需求，各区的这部分用水量由下表的“最低需求”行表示，但是拥有一个独立水源的丙区这部分水量可自给自足，无须公司供给。其次，除乙区外，其他三个区都已向公司申请额外再分给如下水量(kt/天)：甲区：20；丙区：30；丁区要求越多越好，无上限。这部分水量包含于“最高需求”行中。

该公司应如何分配供水量，才能在保障各区最低需求的基础上获利最多?

表3.2　供水量及相关费用

水库	引水管理费(元/kt)				供水量(kt)
	甲	乙	丙	丁	
A	16	13	22	17	50
B	14	13	19	15	60
C	19	20	23	—	50
最低需求(kt/天)	30	70	0	10	
最高需求(kt/天)	50	70	30	不限	

2. 设计任务

(1)通过课程设计增强学生解决实际问题的能力；

(2)通过课程设计巩固、拓展和深化所学的基础理论、专业理论知识；

(3)通过课程设计可以使学生初步建立正确的设计思想和方法，进一步提高运算、计算机应用技能和综合分析、解决问题的能力。

3. 要求

(1)水库B供应甲区的引水管理费(元/kt)在何范围内变化时最优分配方案不变?

(2)水库A的供水量在何范围内变化时最优基不变?

(3)乙区的日供水量为80 kt时的最优分配方案?

(4)上机进行结果分析并完成相应报告。

3.3.3　货物运输方案的优化

1. 优化案例分析

(1)三个水泥厂供应四个地区的建筑用水泥。假定等量的水泥在这些地区的使用效果相同，已知各水泥厂年产量、各地区的年需求量及各水泥厂到各地区单位水泥的运价表，如表3.3所示，试给出一个基本可行方案。

表3.3　需求及运价情况

单位：t，运价：万元/kt

地区	北京	山东	河北	江苏	产量
保利水泥厂	3	11	3	10	50
万科水泥厂	1	9	2	8	40
恒大水泥厂	7	4	10	5	50
需求量水泥厂	30	70	30	10	

2. 设计任务

(1)通过课程设计增强学生解决实际运筹学问题的能力；

(2)通过课程设计巩固、拓展和深化所学的基础理论、专业理论知识；

(3)通过课程设计可以使学生初步建立正确的设计思想和方法，进一步提高运算、计算机应用技能和综合分析、解决问题的能力。

3. 要求

(1)建立运输方案模型；

(2)给出合理的约束条件；

(3)编写相应程序并上机进行结果分析和完成相应报告。

3.3.4 货物进销策略的优化

1. 某商店要制定明年第一季度某种商品的进货和销售计划

一直以来该店的仓库容量最多可存储该种商品500件，而今年年底有200件存货。该店在每月月初进货一次。已知各月份进货和销售该种商品的单价，如表3.4所示。问每个月进货和销售该种商品各多少件，才能使总利润最大？并按要求分别完成下列分析：①2月份的进货单价在何范围内变化时最优进销策略不变？②3月份的售价在何范围内时最后进销策略不变？③第一月份初库存量在何范围内变化时最优基不变？④仓库容量在何范围内变化时最优基不变？

表3.4 需求及运价情况

月份	1	2	3
进货单价(元)	8	6	9
销售单价(元)	9	8	10

2. 设计任务

(1)通过课程设计增强学生解决实际运筹学问题的能力；

(2)通过课程设计巩固、拓展和深化所学的基础理论、专业理论知识；

(3)通过课程设计可以使学生初步建立正确的设计思想和方法，进一步提高运算、计算机应用技能和综合分析、解决问题的能力。

3. 要求

(1)建立运输方案模型；

(2)给出合理的约束条件；

(3)编写相应程序并上机进行结果分析和完成相应报告。

3.3.5 马尔科夫预测

1. 马尔科夫的定义

设$\{X_t, t\in T\}$为随机过程，若对任意整数n及$t_1<t_2<\cdots<t_n$，有

$$P\{X_{t_1}=x_1, \cdots, X_{t_{n-1}}=x_{n-1}\}>0$$

且条件分布：

$$P\{X_{t_n}=x_n \mid X_{t_1}=x_1, \cdots, X_{t_{n-1}}=x_{n-1}\}=P\{X_{t_n}=x_n \mid X_{t_{n-1}}=x_{n-1}\}$$

则称$\{X_t, t\in T\}$为马尔科夫过程。

马尔科夫过程因为其独有的特性，使得在分析过去与未来关联性不强的事件中变得很简单，易于理解。可以说，马尔科夫过程的特性是马尔科夫理论的核心，也是其运作的基本规则。马尔科夫过程具有以下几个特征：

1）马尔科夫性

预测 X_{n+1} 时刻的状态仅与随机变量当前的状态 X_n 有关，与前期状态无关，$n+1$ 时刻的状态的条件概率只依存当前时刻 n 的状态。

2）遍历性和平稳性

设齐次马尔科夫链 $\{X_n, n\geqslant 1\}$ 的状态空间为 $E=(a_1, a_2, \cdots, a_N)$，若对所有的 i, j 属于 E 存在不依赖 i 的常数 π_j，为其转移频率 $P_{ij}^{(n)}$ 在 n 趋于的极限，即：

$$\lim_{n\to\infty} P_{ij}^{(n)} = \pi_j,\ i, j\in E$$

其响应的转移矩阵有：

$$P_{ij}^{(n)} = \begin{bmatrix} p_{11} & p_{12} & \cdots & p_{1n} \\ p_{21} & p_{22} & \cdots & p_{2n} \\ \vdots & \vdots & & \vdots \\ p_{n1} & p_{n2} & \cdots & p_{nn} \end{bmatrix}$$

则齐次马尔科夫链具有遍历性，并称 π_j 为状态 j 的稳态概率。

齐次马尔科夫链的平稳分布的严格数学定义：设 $\{X_n, n\geqslant 1\}$ 是一个齐次马尔科夫链，若存在实数集合 $\{r_j, j\in E\}$，且满足：

① $r_j\geqslant 0, j\in E$；

② $\sum_{j\in E} r_j = 1$；

③ $r_j = \sum_{j\in E} r_j p_{ij}, j \in E$；

则称 $\{X_n, n\geqslant 1\}$ 为平稳齐次马尔科夫链，$\{r_j, j\in E\}$ 是该过程的一个平稳分布。

现代市场信息复杂多变，一个企业在激烈的市场竞争环境中要生存和发展，就必须对其产品进行市场预测，从而减少企业参与市场竞争的盲目性，提高科学性。然而，市场对某产品的需求受多种因素的影响，其特性是它在市场流通领域中所处的状态。这些状态的出现是一个随机现象，具有随机性。为此，利用随机过程理论的马尔科夫模型分析产品在市场的状态分布，进行市场预测，从而科学地组织生产，减少盲目性，以提高企业的市场竞争力和其产品的市场占有率。

统计1000家医院，A、B、C三家药厂某产品的市场各占有400家、300家、300家。根据以上信息及顾客订单情况（表3.5），预测最终的市场占有率。

表3.5　顾客订单情况表

	A	B	C	合计
A	160	120	120	400
B	180	90	30	300
C	180	30	90	300
合计	520	240	240	1000

2. 设计任务

(1)通过课程设计增强学生根据讲述理解知识并提高解决实际问题的能力；

(2)通过课程设计巩固、拓展和深化所学的基础理论、专业理论知识；

(3)通过课程设计使学生初步建立正确的设计思想和方法，进一步提高运算、计算机应用技能和综合分析、解决问题的能力。

3. 要求

(1)建立马尔科夫数学模型；

(2)编写相应程序并上机进行结果分析；

(3)完成报告。

3.4 课程实施

3.4.1 总体要求

(1)通过课程设计增强学生解决实际运筹学问题的能力；

(2)通过课程设计使学生巩固、拓展和深化所学的基础理论、专业理论和知识；

(3)通过课程设计使学生初步掌握用汽车服务系统规划方法解决实际问题的过程和技巧，树立理论联系实际的工作作风；

(4)通过课程设计使学生初步建立正确的设计思想和方法，进一步提高运算、计算机应用技能和综合分析、解决问题的能力。

3.4.2 进度安排

课程设计时间为1周，需完成的任务如下：

(1)按组布置设计任务，说明进度安排；

(2)各小组审题，查阅资料，进行建模前的必要准备(包括求解程序的编写与查找)；

(3)各个小组进行建模，并根据题目及设计要求拟定设计提纲，指导教师审阅；同时阅读，理解求解程序，为上机求解做好准备；

(4)上机求解，结果分析及答辩。

3.5 参考资料

参考教材：

[1] 程诚. 汽车服务系统工程[M]. 北京：人民交通出版社，2007.

[2] 邵正宇. 汽车服务系统规划[M]. 北京：人民交通出版社，2007.

[3]胡运权. 运筹学教程(第5版). 北京：清华大学出版社，2018.

3.6 报告

3.6.1 实践报告

汽车服务系统规划实践报告模板如下。

汽车市场服务综合实践

《汽车服务系统规划》实践报告

一、目的、意义

二、计划及安排

三、设计内容

四、结论

五、参考文献

3.6.2 实践报告示例

以“膜片弹簧的多目标优化设计”项目为例，设计及报告参考如下：

实践题目：膜片弹簧的多目标优化设计

一、目的、意义

汽车离合器作为汽车内部动力系统中至关重要的部件，其主要功能是传递和切断发动机动力、防止过载和降低传动系中的振动和噪声等。膜片弹簧因具有轴向尺寸小、结构简单、操纵轻便、能稳定传递转矩等优点而得到广泛应用，其结构尺寸对离合器的使用性能有着极大的影响，因此，要提高离合器的综合性能就需要对膜片弹簧结构进行优化。

在以往的设计方案中，大多依靠经验或者采用多次试凑的方法进行设计优化，存在着设计周期长、设计成本高的缺点，针对这些问题，采用了现代设计优化方法对膜片弹簧的结构参数进行分析，结合离合器参数和膜片弹簧基本参数 H、h、R、r、R_1、r_1，运用 MATLAB 软件编写优化程序，通过设置加权因子调和两个目标函数之间的关系，同时也利用分析所得出约束条件，建立多目标优化数学模型，得到最佳的优化结果。这样得到的膜片弹簧参数不仅满足了对离合器工作性能的要求，而且也为有效地提高设计的效率、降低成本提供了切实可行的方法指导。

二、计划及安排

(1)根据题目相关要求，分析膜片弹簧离合器优化设计的相关文献资料；

(2)建立膜片弹簧多目标优化模型；

(3)编制 MATLAB 程序并进行结果分析；

(4)撰写实践报告。

三、设计内容

1. 膜片弹簧参数改变对弹性特性曲线的影响分析

根据公式：

$$F=\frac{\pi Eh\lambda\ln\left(\frac{R}{r}\right)}{6(1-\mu^2)(R_1-r_1)^2}\left[\left(H-\lambda\frac{R-r}{R_1-r_1}\right)\left(H-\frac{\lambda R-r}{2R_1-r_1}\right)+h^2\right]$$

对膜片弹簧参数改变对弹性特性曲线的影响进行分析。

实例程序如下：

```
clc
clear all
E1 =210000;
miu =0.3;
x0 =[5.8 2.93 145.7 116.8 143.66 116.1 4.8]; x7 =0: 0.1: 9; aa = pi * E1. * x0(2).
* x7/(6 * (1 - miu^2));
    bb = log(x0(3)./x0(4))./(x0(5) - x0(6)).^2;
    cc = x0(1) - x7. * (x0(3) - x0(4))./(x0(5) - x0(6));
    dd = x0(1) -0.5. * x7. * (x0(3) - x0(4))./(x0(5) - x0(6));
    ee = x0(2).^2;
F = aa. * bb. * (cc. * dd + ee);
plot(x7, F, 'b')
hold on
```

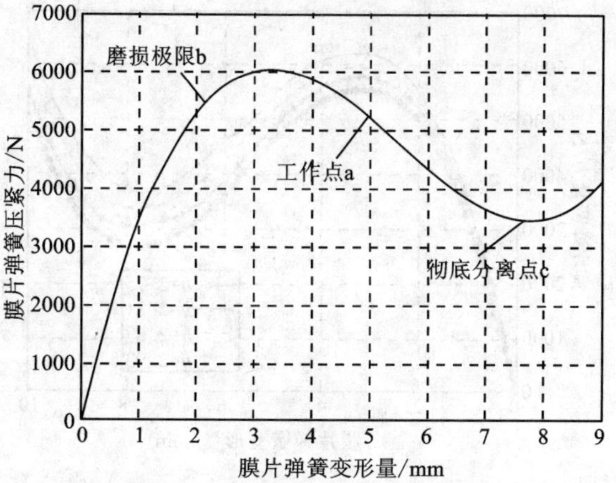

图 3.1　膜片弹簧弹性曲线示意图

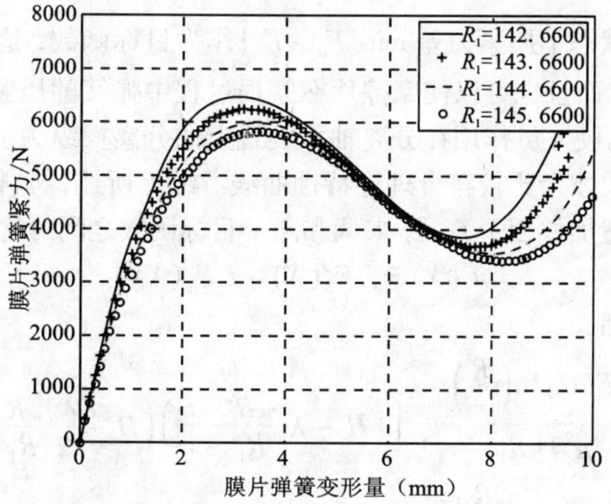

图 3.2　不同加载点半径 R_1 对弹性曲线的影响

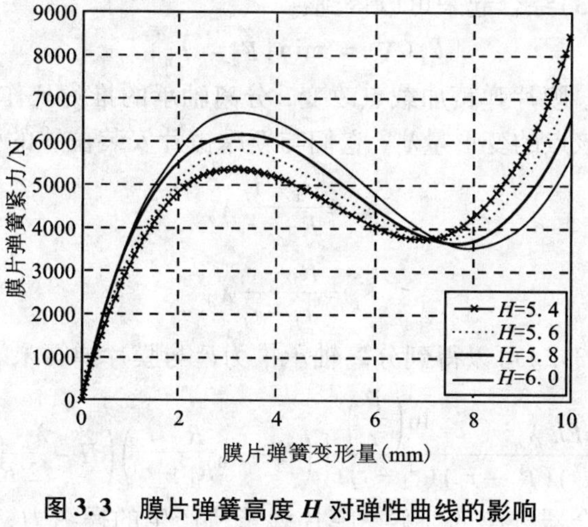

图 3.3　膜片弹簧高度 H 对弹性曲线的影响

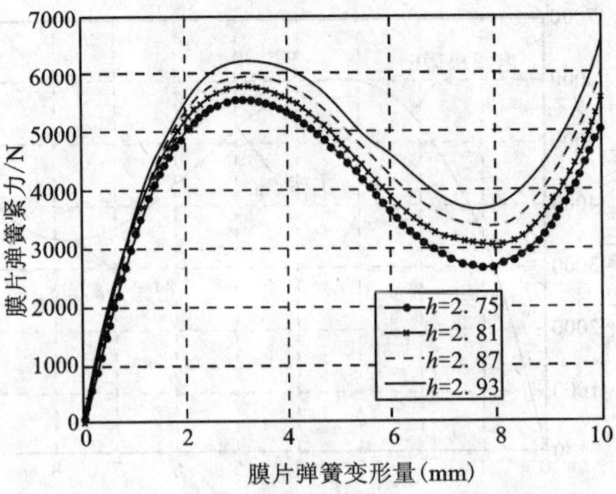

图 3.4　膜片弹簧厚度 h 对弹性曲线的影响

2. 目标函数的建立

取摩擦片新旧两种状态下压紧力差 $\min|F_a - F_b|$ 作为目标函数，这样不仅可以保证弹簧在工作中可靠地传递转矩，而且也可以使摩擦片在磨损过程中弹簧的压紧力不降低，变化量也尽可能小；同时须考虑到驾驶人员作用在分离轴承装置上的分离操纵力应较小，这样优化所得到的膜片弹簧弹性特性曲线才会比较符合理想特性曲线。综上所述，本书采用双目标函数，通过在两个目标函数之间设置加权因子 f_1、f_2 来调和两个目标函数之间的比例关系，即：

$$F(X) = f_1F_1(X) + f_2F_2(X) \tag{3.1}$$

由式(3.1)可以得到：

$$F_a = \frac{\pi Eh\,\lambda_a \ln\left(\frac{R}{r}\right)}{6(1-\mu^2)(R_1-r_1)^2}\left[\left(H-\lambda_a\frac{R-r}{R_1-r_1}\right)\left(H-\frac{\lambda_a}{2}\frac{R-r}{R_1-r_1}\right)+h^2\right] \tag{3.2}$$

$$F_b = \frac{\pi Eh\,\lambda_a \ln\left(\frac{R}{r}\right)}{6(1-\mu^2)(R_1-r_1)^2}\left[\left(H-\lambda_b\frac{R-r}{R_1-r_1}\right)\left(H-\frac{\lambda_b}{2}\frac{R-r}{R_1-r_1}\right)+h^2\right] \tag{3.3}$$

把式(3.2)和式(3.3)综合起来可以得到：

$$F_1(X) = \min|F_a - F_b| \tag{3.4}$$

而当离合器分离时，膜片弹簧加载点改变，分离轴承的推力 F_c 作用在膜片弹簧小端的分离指处，同时此时还有该点的变形量 λ_c，它们与新摩擦片安装位置的弹力和变形量的关系为：

$$\lambda_c = \frac{r_1 - r_f}{R_1 - r_1}\lambda_a \tag{3.5}$$

$$F_c = \frac{R_1 - r_1}{r_1 - r_f}\lambda_a \tag{3.6}$$

将式(3.6)代入式(3.2)可以得到分离轴承推力 F_c 与膜片弹簧末端形变量 λ_a 的关系式为：

$$F_c = \frac{\pi Eh\,\lambda_a \qquad \ln\left(\frac{R}{r}\right)}{6(1-\mu^2)(R_1-r_1)(r_1-r_f)}\left[\left(H-\lambda_a\frac{R-r}{R_1-r_1}\right)\left(H-\frac{\lambda_a}{2}\frac{R-r}{R_1-r_1}\right)+h^2\right] \tag{3.7}$$

式(3.7)表示当离合器分离的时候，膜片弹簧所产生的操纵力，即得到第二个目标函数的表达式为：

$$F_2(X)=\frac{\pi Eh\,\lambda_a}{6(1-\mu^2)(R_1-r_1)(r_1-r_f)}\frac{\ln\left(\frac{R}{r}\right)}{}\left[\left(H-\lambda_a\frac{R-r}{R_1-r_1}\right)\left(H-\frac{\lambda_a}{2}\frac{R-r}{R_1-r_1}\right)+h^2\right] \tag{3.8}$$

在保证目标函数$F_1(X)$时，目标函数$F_2(X)$也应该尽可能小，这样操纵起来才会轻便省力许多。

3. 设计变量

由4.1可知，H、h、R、r、R_1、r_1为膜片弹簧主要结构尺寸参数。另外从膜片弹簧弹性曲线图可以看出，新摩擦片的工作点a变形量λ_a的大小对于整个弹性曲线的横向位置影响也比较大，因此也应该作为设计变量。综合考虑之后，确定膜片弹簧优化设计变量为：

$$X=[x_1,x_2,x_3,x_4,x_5,x_6,x_7]^{\mathrm{T}}=[HhRr\,R_1r_1]^{\mathrm{T}} \tag{3.9}$$

4. 约束条件

(1)对膜片弹簧弹性特性曲线影响非常大的是膜片弹簧的高厚比$\frac{H}{h}$。不同的$\frac{H}{h}$值会造成特性曲线很大程度的变化，只有将其控制在一定范围内，特性曲线才具有负刚度(即当变形增加时，膜片弹簧力反而下降)。根据工程经验可选取：

$$1.7\leqslant\frac{H}{h}\leqslant2.2 \tag{3.10}$$

(2)对弹性曲线影响比较大的是膜片弹簧内、外半径比$\frac{R}{r}$，故也必须控制在一定范围内。根据工程经验可选取：

$$1.2\leqslant\frac{R}{r}\leqslant1.35 \tag{3.11}$$

(3) 同时，$\frac{R}{h}$结构也有一定的要求，根据工程经验可选取：

$$35\leqslant\frac{R}{h}\leqslant50 \tag{3.12}$$

(4) 为了使摩擦片上的压紧力分布较均匀，膜片弹簧大端支撑半径R_1宜取在位于摩擦片平均半径与外径之间，即：

$$\frac{(D+d)}{4}\leqslant R_1\leqslant\frac{D}{2} \tag{3.13}$$

(5) 根据膜片弹簧结构布置要求，其大端半径R与支承环半径R_1之差及离合器结合时的加载半径r_1与内径r之差应在一定范围内，根据工程经验可选取：

$$1\leqslant R-R_1\leqslant7,\ 0\leqslant r-r_1\leqslant6 \tag{3.14}$$

另外，为了满足离合器使用性能的要求，膜片弹簧的初始锥底角$\alpha_0=\arctan\frac{H}{R-r}$应在一定范围内，应选取：

$$9^\circ\leqslant\alpha_0=\arctan\frac{H}{R-r}\leqslant15^\circ \tag{3.15}$$

(6) 以上约束条件(1) 到(5) 主要针对的是离合器片弹簧结构参数的约束；而对于离合器来说，更为重要的是离合器本身传递动力的性能。为了保证所涉及的膜片弹簧工作压紧力不小于发动机最大转矩所要求的压紧力，即：

$$F_a\leqslant F_{\max} \tag{3.16}$$

式中：$F_{\max}$ 为离合器能传动发动机发出的最大转矩所要求的弹簧压紧力。可由下式进行计算。

$$T_c = zfF_{\max}R_m \tag{3.17}$$

式中：z 为摩擦面数；f 为摩擦因数；R_m 为摩擦片的平均摩擦半径。关于R_m 的计算公式可以用以下的方法进行推导。

设F_0 是整个离合器摩擦盘压紧力$F_{\max}$ 在摩擦盘单位面积上的单位压力，可以表示为：

$$F_0 = \frac{F_{\max}}{\pi(a^2 - b^2)} \tag{3.18}$$

则微元压力F_0 在微元面积 ds 上所产生的微元摩擦力为：

$$\mathrm{d}N = fF_0\mathrm{d}s = fF_0\rho\mathrm{d}\alpha\mathrm{d}\rho \tag{3.19}$$

则微元摩擦力 dN 对摩擦盘中心的微元摩擦力矩为：

$$\mathrm{d}T = \mathrm{d}N\rho = (fF_0\rho\mathrm{d}\alpha\mathrm{d}\rho)\rho^2 \tag{3.20}$$

所有微元摩擦力矩在内外半径分别为 a、b 时，整个摩擦盘上所产生的合力矩为：

$$T = \iint \mathrm{d}T = \int_b^a\int_0^{2\pi} fF_0\rho^2\mathrm{d}\alpha\mathrm{d}\rho = 2\pi fF_0\frac{a^3 - b^3}{3} \tag{3.21}$$

将式(4 - 8) 代入式(4 - 9)，可以得到 z 个摩擦面所产生的合力矩最终表达式为：

$$T = z\pi fF_{\max}\frac{2(a^3 - b^3)}{3(a^2 - b^2)} \tag{3.22}$$

(7) 膜片弹簧的强度约束。疲劳破坏是膜片弹簧失效的主要原因。根据以往的试验研究，发现分离指窗孔底部、近似中间部位的下表面角点处是产生疲劳破坏的主要原因，因此应对该处的应力进行校核约束，即：

$$\sigma \leqslant [\sigma] \tag{3.23}$$

下面进行膜片弹簧危险部位的应力计算，设膜片中性点半径为 e，则有：

$$e = \frac{R - r}{\ln\left(\frac{R}{r}\right)} \tag{3.24}$$

膜片弹簧危险部位的切向压应力为：

$$\sigma_t = \frac{E}{(1 - u^2)r}\left\{\frac{e - r}{2}\varphi^2 - \left[(e - r)\alpha + \frac{h}{2}\right]\alpha\right\} \tag{3.25}$$

式中：α 为膜片弹簧自由状态的圆锥底角，由膜片弹簧断面图 3 - 3 可以容易得到 $\alpha = \arctan\left(\frac{H}{R - r}\right)$；$\varphi$ 为膜片弹簧部分子午断面的转角，当σ_t 达到最大值$\sigma_{t\max}$ 时的子午断面的转角$\varphi_{\max} = \alpha + \frac{h}{2(e - r)}$（角度小，该比值可近似为该角 $\arctan\frac{h}{2(e - r)} \approx \frac{h}{2(e - r)}$），它表示$\sigma_{t\max}$ 发生在将膜片弹簧压平（转过角度 α）之后再转过$\frac{h}{2(e - r)}$ 角度。

同时，膜片弹簧危险部位承受的弯曲正应力为：

$$\sigma_r = \frac{6(r - r_f)F_c}{nbh^2} \tag{3.26}$$

式中：n 为膜片弹簧分离指数目，一般可以取作 18；b 为膜片弹簧分离指根部宽度，对于轿车一般取 9 ~ 12 mm。

由于径向拉伸应力σ_r 与切向应力σ_t 互相垂直，根据强度理论，当量应力为：

$$\sigma = \sqrt{\sigma_r^{\ 2} + \sigma_t^{\ 2}} \tag{3.27}$$

查材料手册，由 60 Si_2MnA 材料制造的膜片弹簧的许用应力$[\sigma]$ = 1400 ~ 1600 MPa。

由以上要求的约束条件就可以建立下述优化约束方程组：

$$\left.\begin{aligned}
G_1(x) &= \frac{x_1}{x_2} \leqslant 2.2 \\
g_2(x) &= \frac{x_1}{x_2} \geqslant 1.6 \\
g_3(x) &= \frac{x_1}{x_3 - x_4} \leqslant \frac{\pi}{15} \\
g_4(x) &= \frac{x_1}{x_3 - x_4} \geqslant \frac{\pi}{20} \\
g_5(x) &= \frac{x_3}{x_4} \leqslant 1.35 \\
g_6(x) &= \frac{x_3}{x_4} \geqslant 1.2 \\
g_7(x) &= x_5 \leqslant \frac{D}{2} \\
g_8(x) &= x_5 \geqslant \frac{D+d}{4} \\
g_9(x) &= \sigma - 1500 \leqslant 0 \\
g_{10}(x) &= F_{max} - F_a \leqslant 0 \\
g_{11}(x) &= \frac{x_3}{x_2} < 50 \\
g_{12}(x) &= \frac{x_3}{x_2} > 30
\end{aligned}\right\} \tag{3.28}$$

这样就建立了膜片弹簧优化设计的全部约束条件，其中包括 8 个线性不等式约束和两个非线性不等式约束。下面就可以直接在 MATLAB 中进行程序的编写工作，具体程序如下：

```
clc; close all;
E1 =210000;
miu =0.3;
ds =2;
dt =3;
D =300; d =175;
r0 =39; rf =40.3;
DDDD =9;
x0 =[5.8 2.93 145.7 116.8 143.66 116.1 4.8];
x7 =0: 0.1: DDDD;
aa =pi * E1. * x0(2). * x7/(6 * (1 - miu^2));
bb =log(x0(3)./x0(4))./(x0(5) - x0(6)).^2;
cc =x0(1) - x7. * (x0(3) - x0(4))./(x0(5) - x0(6));
```

```
dd = x0(1) - 0.5. * x7. * (x0(3) - x0(4))./(x0(5) - x0(6));
ee = x0(2).^2;
F = aa. * bb. * (cc. * dd + ee);
plot(x7, F, 'b')
hold on
Lb = [4 2 140 115 135 115 4];
Ub = [7 4 150 125 145 125 9];
A = [1, -2.2, 0, 0, 0, 0, 0; ...
    -1, 1.7, 0, 0, 0, 0, 0; ...
    1, 0, -pi/12, pi/12, 0, 0, 0; ...
    -1, 0, pi/20, -pi/20, 0, 0, 0; ...
    0, 0, 1, -1.35, 0, 0, 0; ...
    0, 0, -1, 1.2, 0, 0, 0; ...
    0, -50, 1, 0, 0, 0, 0; ...
    0, 35, -1, 0, 0, 0, 0; ...
    0, 0, 0, 0, 1, 0, 0; ...
    0, 0, 0, 0, -1, 0, 0; ...
    0, 0, 1, 0, -1, 0, 0; ...
    0, 0, -1, 0, 1, 0, 0; ...
    0, 0, 0, 1, 0, -1, 0; ...
    0, 0, 0, -1, 0, 1, 0];
b = [0 0 0 0 0 0 0 0 D./2 -(D + d)./4 7 -1 6 0];
Aeq = [];
beq = [];
options = optimset('largescale', 'on', 'display', 'iter');
[x, fval, exitflag, out] = fmincon(@objfun, x0, A, b, Aeq, beq, Lb, Ub, @confun,
options);
x7 = 0: 0.1: DDDD;
  aa = pi * E1. * x(2). * x7/(6 * (1 - miu^2));
  bb = log(x(3)./x(4))./(x(5) - x(6)).^2;
  cc = x(1) - x7. * (x(3) - x(4))./(x(5) - x(6));
  dd = x(1) - 0.5. * x7. * (x(3) - x(4))./(x(5) - x(6));
  ee = x(2).^2;
F1 = aa. * bb. * (cc. * dd + ee);
plot(x7, F1, 'r');
legend ('优化前', '优化后')
xlabel('膜片弹簧变形量/mm');
ylabel('膜片弹簧压紧力/N');
grid on;
hold on
```

目标函数程序如下：

```
function f = objfun(x)
E1 = 210000;
miu = 0.3;
rf = 40.3;
aa = pi * E1. * x(2). * x(7)/(6 * (1 - miu.^2));
bb = log(x(3)./x(4))./(x(5) - x(6)).^2;
cc = x(1) - x(7). * (x(3) - x(4))./(x(5) - x(6));
dd = x(1) - 0.5. * x(7). * (x(3) - x(4))./(x(5) - x(6));
ee = x(2).^2;
ff = (x(5) - x(6))./(x(6) - rf);
ds = 2;
aa1 = pi * E1. * x(2). * (x(7) - ds)/(6 * (1 - miu^2));
bb = log(x(3)./x(4))./((x(5) - x(6)).^2);
cc1 = x(1) - (x(7) - ds). * (x(3) - x(4))./(x(5) - x(6));
dd1 = x(1) - 0.5. * (x(7) - ds). * (x(3) - x(4))./(x(5) - x(6));
ee = x(2).^2;
dt = 3;
aa2 = pi * E1. * x(2). * (x(7) + dt)/(6 * (1 - miu.^2));
bb2 = log(x(3)./x(4))./((x(5) - x(6)). * (x(6) - rf));
cc2 = x(1) - (x(7) - dt). * (x(3) - x(4))./(x(5) - x(6));
dd2 = x(1) - 0.5. * (x(7) + dt). * (x(3) - x(4))./(x(5) - x(6));
ee = x(2).^2;
f1 = abs(aa. * bb. * (cc. * dd + ee) - aa1. * bb. * (cc1. * dd1 + ee));
f2 = aa2. * bb2. * (cc2. * dd2 + ee);
        fac = 0.6;
f = fac * f1 + (1 - fac) * f2;
```

约束条件程序如下：

```
function [c, ceq] = confun(x)
        aa = pi * 210000. * x(2). * x(7)/(6 * (1 - 0.3^2));
        bb = (log(x(3)./x(4)))./((x(5) - x(6)).^2);
        cc = x(1) - x(7). * (x(3) - x(4))./(x(5) - x(6));
        dd = x(1) - 0.5. * x(7). * (x(3) - x(4))./(x(5) - x(6));
        ee = x(2).^2;
miu = 0.3;
kk = 210000./((1 - miu.^2). * x(4));
e = (x(3) - x(4))./(log(x(3)./x(4)));
tt = 0.5. * (e - x(4));
alfa = atan(x(1)./(x(3) - x(4)));
```

```
fa = alfa + 0.5. * x(2)./(e - x(4));
thegatb = abs(kk. * (tt. * fa.^2 - (2. * tt. * alfa + x(2)./2). * fa));
rf = 40.3;
ff = (x(5) - x(6))./(x(6) - rf);
fff = aa. * bb. * (cc. * dd + ee) * ff; %F2
n = 18;
b = 10;
thegarb = abs(6 * (x(4) - rf). * fff./(x(2).^2. * n. * b));
T = 700 * 1000;
a = 300/2; b = 175/2; z = 4; fz = 0.3;
c(1) = sqrt(thegarb.^2 + thegatb.^2) - 1500;
c(2) = T/(z * fz * (2/3) * (a^3 - b^3)/(a^2 - b^2)) - (aa. * bb. * (cc. * dd + ee));
ceq = [];
```

运行该程序便可以得到如下结果，如表 3.6 所示。

表 3.6　膜片弹簧不同加权因子优化结果对照

结构参数	H	h	R	r	R_1	r_1	λ_a
初值	5.80	2.93	145.70	116.8	143.66	116.10	4.80
f=0.6	4.76	2.80	140.00	116.67	137.37	116.67	4.00
f=0.2	4.83	2.84	142.00	118.33	135.00	118.33	5.32
f=0.3	4.76	2.80	140.00	135.00	135.00	116.67	4.00
f=0.4	4.76	2.80	140.00	116.67	137.34	116.64	4.00

四、结论

以膜片弹簧为研究对象，以保证离合器的转矩稳定和分离力小为基础，对其进行了基本参数的设计并进行优化。主要开展了如下工作：

(1) 根据膜片弹簧基本参数 H、h、R、r、R_1、r_1 对膜片弹簧的弹性特性进行了分析，并编制了相应的 MTALAB 编程。

(2) 采用双目标函数并设置加权因子来调和两个目标函数之间的关系，保证膜片弹簧在工作中可靠地传递扭矩和减少分离操纵力。同时利用 MATLAB 优化软件进行程序编写，得到了最优的优化结果。

五、参考文献

[1] 朱茂桃，夏长高，高翔. 膜片弹簧疲劳断裂的试验分析[J]. 汽车工程，2001(2)：139－142.

[2] 肖启瑞. 车辆工程仿真与分析：基于 MATLAB 的实现[M]. 北京：机械工业出版社，2012.

项目4　汽车4S店销售服务流程实践

4.1　目的和基本要求

汽车4S店销售服务流程实践是汽车服务工程专业教学中的重要环节，对理论联系实际，锻炼和提高汽车营销服务能力，形成分析、解决实际工程问题能力具有重要的作用和意义。本章要求学生根据自己所学的专业知识，熟悉汽车4S店销售服务流程和内容，完成客户接待、需求咨询、车辆展示、试乘试驾、洽谈签约、交车以及售后跟踪等一系列汽车销售服务流程。在实践过程中，除了应遵守相关的标准规范和工作流程外，还应有一定的应变能力和沟通技巧，为客户提供高质量的服务。通过汽车销售服务流程实践，学生应达到以下目的：

(1)熟悉销售维修服务流程的主要内容、流程以及服务规范；

(2)加深对所学专业课程的理解。充分认识实际工作对专业理论知识的要求，确定需要补充和完善的知识，提高专业知识水平；

(3)强化实践能力。在实践过程中能对所学专业知识加以融会贯通，增强综合运用专业理论知识解决实际工程问题的能力；

(4)形成良好的沟通表达能力。应提高自身的沟通能力、团队合作能力以及组织管理能力等，尽快适应未来实际工作的要求，为将来走向社会积累宝贵的实践经验。

4.2　学习目标

通过汽车销售服务流程实践，可加强对汽车销售服务的感性认识，加深对汽车销售服务核心流程和行业要求的认识和了解，提高自身的理论和业务水平。

1. 专业能力

(1)熟悉汽车4S店或汽车维修企业组织结构，了解各部门的工作内容及工作程序；

(2)熟悉汽车销售服务工作流程；

(3)具备与客户交流沟通的能力，能熟练运用礼仪规范进行汽车销售业务接待，能应对客户的查询或投诉；

(4)具备汽车构造、汽车理论、汽车材料及零配件基础知识，能够查询车辆技术档案，对竞争车型较为熟悉；

(5)熟悉汽车销售相关政策、法规，维修合同，机动车辆保险及索赔知识。

2. 社会能力

(1)具有较强的口头与书面表达能力、沟通协调能力，具有团队协作精神，具有良好的心理素质，能应对工作中的挑战；

(2)遵守职业道德和规范，履行职责的能力。

3. 方法能力

具有自主学习能力；具有探索研究的精神；具有运用所学知识解决实际问题的能力。

4.3 课题设计及内容

以工作流程为主线，以岗位核心能力为内容，确定本课程的工作项目和任务内容。通过模拟工作情景，在老师指导和自主学习下，使学生掌握相应的专业能力、社会能力和方法能力。

1. 情景设计

预设有一名有购车意向的客户进入某一4S店，根据情景预设，学生以销售接待人员的身份，按照汽车销售服务核心流程的要求进行接待，询问购车需求、进行车辆展示、试乘试驾，完成洽谈签约，最后进行交车与售后跟踪的全流程服务。

2. 课题内容

(1)客户接待。热情、礼貌地迎接客户，消除客户疑虑，使客户心理处于舒适区和安全区；

(2)需求分析。了解顾客的基本信息、购买动机、主要用途、关注点及经济预算等；

(3)车辆展示。使用六方位介绍法对车辆进行介绍；

(4)试乘试驾。邀请顾客试乘试驾，填写《试乘试驾申请表》等相关表格；

(5)洽谈签约。对车辆配置、价格等进行进一步协商，消除异议，签订购车合同；

(6)交车。准备好PDI交车检查表、交车确认表等，按照交车流程和规范完成交车工作；

(7)售后跟踪。积极回访，解决售后问题，进行节假日问候等。

3. 要求

(1)汽车销售服务工作应按照相关政策、法规和有关条例规范的要求开展；

(2)作业符合汽车销售企业一般作业流程；

(3)完成相关表格填写，要求内容齐全、真实客观、前后一致，格式规范；

(4)根据预先假定的情景开展作业，作业的原则应符合当前汽车销售行业实际，应符合汽车销售企业要求；

(5)实践报告附件资料齐全，符合汽车销售企业规定；

(6)实践报告须详细记录本人的工作过程及各阶段成果；

(7)独立完成报告及其附件的撰写编制。

4.4　相关知识

在世界汽车行业影响比较大的公司进行市场调研时，有相当一部分是基于汽车销售的流程和规范进行的。因此，规范汽车的销售流程、提升销售人员的营销技能和客户满意度，成为当今各汽车公司以及各 4S 店的追求。

汽车 4S 店销售服务流程一般包括客户接待、需求咨询、车辆展示、试乘试驾、合同洽谈、签约、交车和售后跟踪 8 个方面。

4.4.1　客户接待

与顾客的初次接触主要是通过来电和来店两种渠道实现的。通过接待，可以了解客户意向，为接下来制订销售策略提供依据；可以了解客户信息，为确定销售策略提供依据。

1. 来电接待

1）接待流程

客户来电接待流程如图 4.1 所示

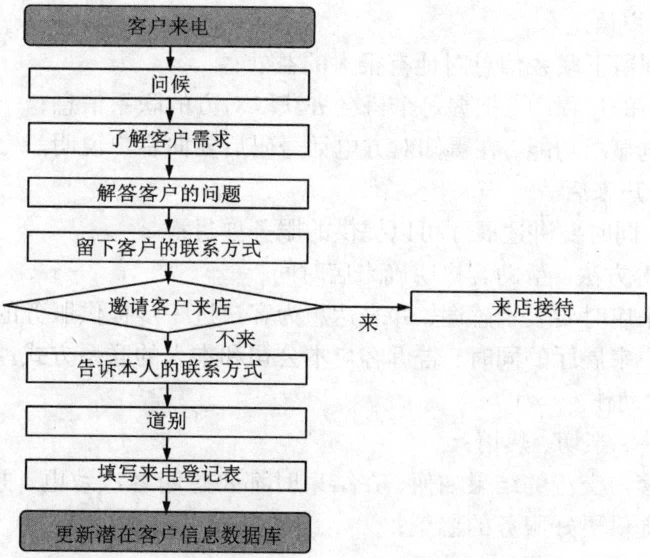

图 4.1　来电接待流程

2）接待步骤及要点

(1) 问候。

①接电话动作要迅速，在铃响 3 ~ 5 遍时接起，应答问好；

②问候语要简洁、明快；

③销售顾问要认真对待每一个咨询电话，不管客户语气、态度如何，购车意向是否强烈，都要将其当成有希望成交的潜在客户；

④声音要清晰、甜美，态度要热情，就好像对方（客户）在眼前一样，整个过程要面带

微笑；

⑤让客户感觉真诚，并能够体会到销售顾问愿意提供帮助的热情。

(2)了解客户需求。

①主动倾听，适时运用提问技巧了解并确认客户来电目的；

②与客户形成双向交流，尽可能多地了解客户信息；

③重要内容或不明白的内容，有必要请客户重复一遍；

④了解客户感兴趣的车型及用途，并进一步判断客户对车辆的真实需求。

(3)解答客户的疑虑。

①回答客户问题要耐心、热情，语言要简洁、准确；

②当客户问及产品和竞争对手情况时，要公正、熟练、清晰地解答；

③针对客户关注的问题和需求，重点介绍相应的车型，不是所有的车型都适合客户的需求；

④重点介绍产品能给客户带来的利益(包括售后服务等附加利益)；

⑤不要随意夸大自己产品的性能和服务承诺；

⑥对一时难以解答的问题，建议及时登门拜访给予解答或邀请客户来展厅；

⑦注意避免过早地与客户讨论价格问题，在客户没有完全了解产品的价值前，价格商谈只会让我们处于不利的境地。

(4)及时留下客户信息。

①让客户认识到留下联系信息对他有很大的益处；

②在整个接电话的过程中，把握每个机会去获取对方的联系信息；

③如果使用来电显示功能，在得知对方电话号码后要向客户说明。

(5)积极邀请客户来店。

①邀请要热情，同时要讲述展厅可以提供的服务项目；

②用“二择一”等方法，帮助客户明确来店时间；

③在客户同意来店时要表示感谢，并表达想为客户进一步提供服务的意愿；

④要在邀请客户来展厅的同时，告诉客户本公司和本人的联系方式。

(6)道别和后续动作。

①态度始终如一，亲切、热情；

②不管最终与客户交流的结果如何，在结束时都要感谢客户致电，并道再见，表达希望在展厅能够为客户提供更好服务的愿望；

③应在客户放下话筒后再挂断电话；

④记录及时，内容要详细、真实；

⑤重要客户信息要及时上报销售经理；

⑥相关记录文件及时存档。

2. 展厅接待

1)接待目的

建立良好的第一印象，为后面的需求分析和产品介绍奠定基础。应通过自已热情、真诚的接待工作消除顾客的疑虑和戒备，并与顾客建立信任的关系，让顾客在展厅停留足够的时间充分了解产品、体验4S店的服务，使顾客对经销商和汽车品牌产生良好的印象，愿意做进一步的洽谈。

2）接待流程

展厅接待流程见图4.2。

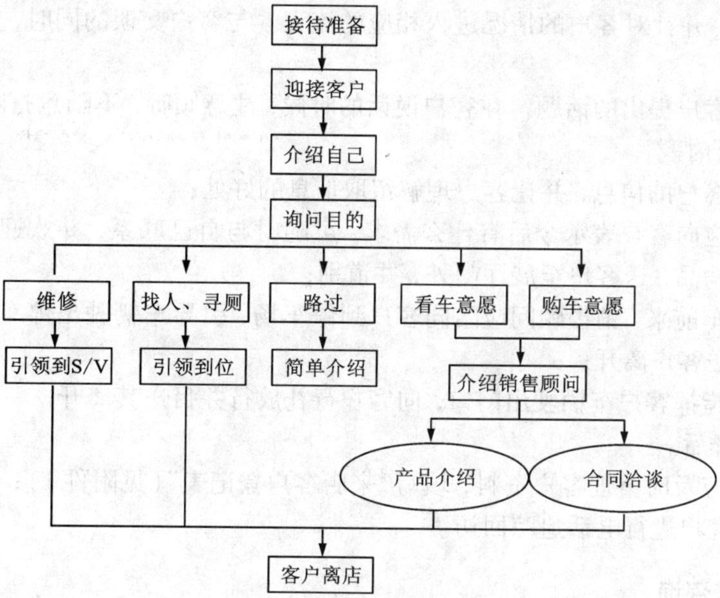

图4.2　展厅接待流程

3）接待步骤及要点

（1）客户接近展厅时。

①若见客户开车来展厅，保安人员应示意客户停车，行举手礼，询问客户来店目的。若客户是维修保养，引导车辆进入维修区；若是来展厅看车或其他目的，则引导车辆停入客户停车场；

②当客户车辆停妥，销售接待应快速趋前，帮助客户打开车门并热情问好。

（2）客户进入展厅时。

①客户进店后，值班销售顾问（第一顺位销售顾问）开始前迎致欢迎词"欢迎光临XX专卖店"，并鞠躬45°，同时面带微笑，并进行简短自我介绍，请教客户尊姓，将个人名片以易于客户阅读的方向双手递给客户；

②第二顺位销售顾问应先行提供免费茶水接待客户；

③除了与客户进行交谈，还必须随时关注客户的同行人员并一一招呼寒暄。

（3）客户自行看车时。

①若客户表示想自行看车，销售顾问向客户说明自己的服务方位，并告知客户如有需要，会立即提供帮助；

②销售顾问应在客户所及的范围内随时关注可能的需求，并保持一定的距离待命，避免给客户压力。

（4）客户想要交谈时。

①销售顾问主动邀请客户先入座，让客户坐在可以看到展车的位置，自己则坐在客户的右手边；

②当值班销售顾问与客户进行面对面交谈时，第二值班销售顾问应及时上前，询问客户

所需的饮料，并及时为客户提供免费饮料服务；

③应先从礼貌寒暄开始，扩大谈话面，引导客户对话机会；

④保持适当的身体距离，适时引导客户谈论对车辆的感受，注重倾听客户的意见，了解更多客户的信息，并针对客户的情况进入相应的流程。与客户交谈的同时，也应随时关注客户的同伴；

⑤积极回应客户提出的话题。在客户说话的时候，注意倾听，不随意打断客户谈话。

(5)客户离开时。

①主动留取客户的信息，并让客户理解留取信息的好处；

②销售顾问应向客户表示今后有什么需求，可随时与自己联系，并欢迎再次惠顾，提醒客户随身携带的物品，送客户至展厅门外，并道别；

③如客户开车前来，销售顾问应陪同客户到停车场，引导车辆驶出停车位，向离去客户挥手致意，并目送客户离开；

④保安人员指挥客户车辆驶出门口，向客户行礼放行并目送其离开。

(6)客户离开后。

①销售顾问应及时整理客户资料，填写“来店客户登记表”(见附件1)；

②3天内对客户进行电话追踪回访。

4.4.2 需求咨询

咨询的目的是为了收集客户需求的信息。销售人员需要尽可能多地收集来自客户的所有信息，以便充分挖掘和理解客户购车的准确需求。销售人员的询问必须耐心并友好，这一阶段很重要的一点是适度与信任。销售人员在回答客户的咨询时，服务的适度性要有很好的把握，既不要服务不足，也不要服务过度。这一阶段应让客户随意发表意见，并认真倾听，以了解客户的需求和愿望，从而在后续阶段做到更有效地销售。此外，销售人员应在接待开始前便拿上相应的宣传资料，以供客户查阅。

1.目的

明确客户真正需求，并提供专业解决方案；收集客户信息，建立准确的客户档案；在客户心中建立专业、热忱的顾问形象；通过寒暄建立起客户的融洽关系。

2.流程

需求咨询流程见图4.3。

3.步骤及要点

1)寒暄破冰

通过观察客户，找出与顾客建立关系的突破点。

(1)顾客衣着：一定程度上反映经济能力、选购品位、职业、喜好；

(2)顾客姿态：一定程度上反映职务、职业、个性；

(3)顾客眼神：可传达购车意向、兴趣点；

(4)顾客表情：可反映顾客的情绪和选购的迫切程度；

(5)随行人员：其关系决定对购买需求的影响力。

2)收集信息

(1)顾客基本特征：顾客是谁；顾客的家庭情况、职业、兴趣爱好和朋友等；

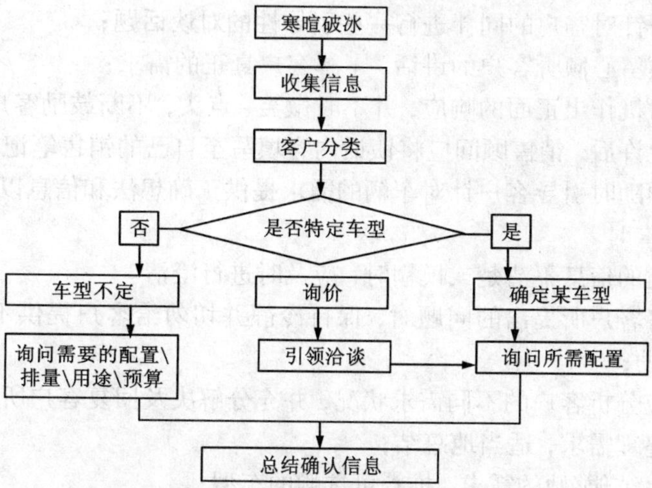

图4.3 需求咨询流程

(2)顾客使用特征：顾客的现状和他/她的期望值之间的差距；顾客买车的主要用途；

(3)产品特征：有的放矢分析产品特征，即顾客所需要的车型应该具有什么功能、装备或特性；

(4)顾客购买特征：顾客希望在本店购买还是在同品牌竞争对手的店里购买？顾客是选用一次性付款还是分期付款？

3)推荐车型

(1)在适当的时机总结顾客谈话的主要内容，并寻求顾客的确认；

(2)根据顾客的反馈，挖掘更深层次的需求；对于已确认的需求，记录在案；

(3)根据顾客的需求，主动推荐合适的商品；

(4)适时引导顾客进入产品说明和推介阶段。

4)询问所需配置

5)引领洽谈

(1)创造良好的洽谈环境，无干扰，空气清新、光线充足；

(2)眼睛接触，精力集中，身体略微前倾，认真记录；

(3)用肢体语言积极回应，如点头、眼神交流等；

(4)忘掉自己的立场和见解，站在对方角度去理解对方、了解对方；

(5)适度地提问，明确含混不清的地方；

(6)让顾客把话讲完，不要急于下结论或打断对方。

6)总结、确认信息

将顾客的见解进行复述或总结，确认理解正确与否。

4. 流程操作技巧

1)客户表达需求时

(1)销售顾问在和客户面谈时，保持一定的身体距离；随时与客户保持眼神接触；

(2)销售顾问须保持热情态度，使用开放式的问题进行提问，并主动引导，让客户畅所欲言；

(3)销售顾问须适时使用开放与封闭式的提问方式，引导客户正确表达他/她的需求；

(4)销售顾问可针对客户的同伴进行一些引导性的对谈话题；

(5)销售顾问须留心倾听客户的讲话，了解客户真正的需求；

(6)在适当的时机作出正面的响应，并不时微笑、点头，不断鼓励客户发表意见；

(7)征得客户允许后，销售顾问应将谈话内容填写至自己的销售笔记本中；

(8)销售顾问须随时引导客户针对车辆的需求提供正确想法和信息以供参考。

2)确定客户需求时

(1)当客户表达的信息不清楚或模糊时，应及时进行澄清。

(2)当无法回答客户所提出的问题时，保持冷静并切勿给客户提供不确定的信息，并请其他同事或主管协助；

(3)销售顾问应分析客户的不同需求状况，并充分解决及回复客户所提出的问题；

(4)协助客户整理需求，适当地总结；

(5)协助客户总结他/她的需求，推荐可选购的车型；

(6)重要需求信息及时上报销售经理，请求协助。

4.4.3 车辆展示

在车辆介绍阶段，最重要的是有针对性和专业性。销售人员应具备所销售产品的专业知识，同时亦需要充分了解竞争车型的情况，以便在对自己产品进行介绍的过程中，不断进行比较，突出自己产品的卖点和优势，从而提高客户对自己产品的认同度。

1. 目的

针对客户需求，专业地说明车辆的特点和优势，解决客户可能的购买障碍，激发其购买欲望。

2. 流程

车辆展示流程如图 4.4 所示。

3. 车辆展示步骤及要求

1)车辆介绍的准备

(1)车辆展示的注意要点。

①要方便客户的参观与操作；

②要注意车辆颜色的搭配；

③要注意车辆型号的搭配；

④要注意车辆摆放的角度；

⑤要有一辆重点推出的车。

(2)车辆展示时的执行标准。

①按规定统一摆放车辆的车型资料架；

②展车的卫生情况；

③展车的细节。

(3)销售顾问需要充分掌握销售各车型的配备、性能和所有技术参数；

(4)销售顾问应熟练掌握“6 方位绕车技巧”；

(5)销售部门应定期设计、总结各车型介绍的话术，并组织销售顾问培训。

2)车辆的介绍方法

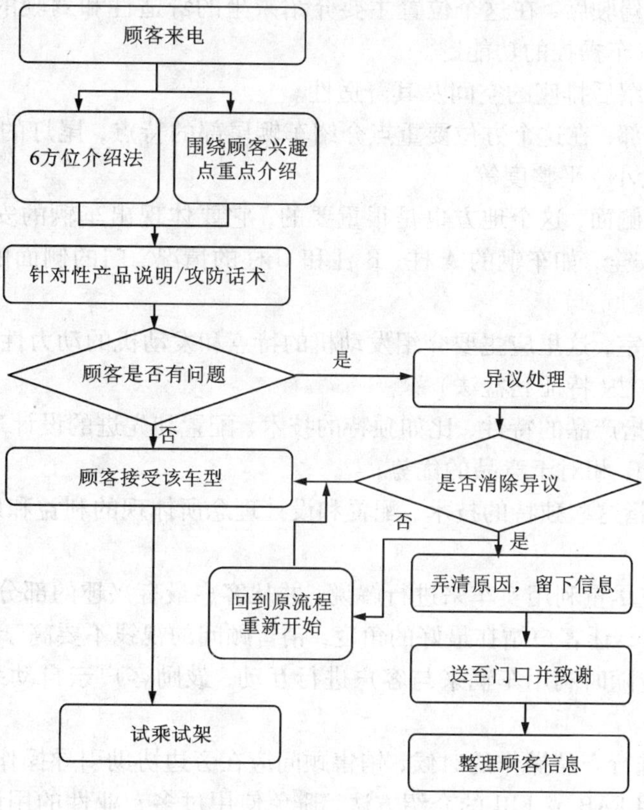

图 4.4　车辆展示流程

(1)6 方位绕车介绍。

汽车六方位位置示意图如图 4.5 所示。

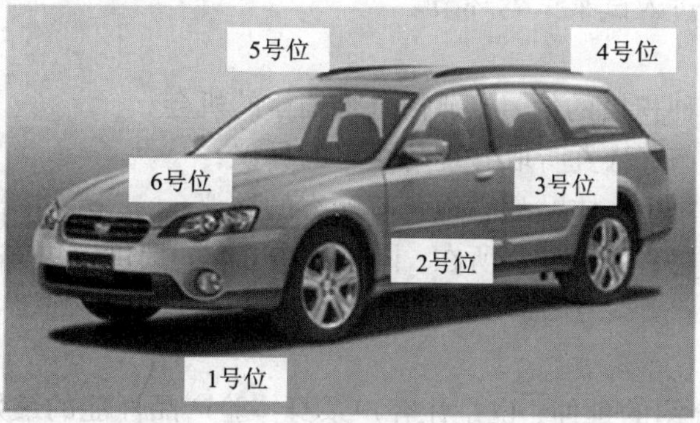

图 4.5　汽车 6 方位位置示意图

其中：1 号位是车的 45°角；2 号位是驾驶座的位置；3 号位是后排座；4 号位是车的后部，后备箱等都属于 4 号位；5 号位是车的正侧面；6 号位是引擎盖打开里边的部分，即发动机室。

车辆 6 方位描述重点如下。

1 号位：车辆的外观与造型，前脸和超值部分的介绍。

2 号位：车辆的驾驶席，在这个位置主要介绍乘坐的舒适性和驾驶的操控性。因为驾驶座这个位置有很多汽车操控的功能键。

3 号位：主要介绍后排座的空间及其舒适性。

4 号位：车的后部，在这个方位要重点介绍车辆尾部的特点，尾灯的特点，还有后备箱。如后备箱的容积、大小、平整度等。

5 号位：车身的侧面，这个地方也是很重要的，它要体现出车辆的安全性。因为买车的客户最关心的还是安全，如车辆的 A 柱、B 柱和 C 柱的情况、门的侧面的防撞钢梁、气囊等保护的措施。

6 号位：发动机室，这里应主要介绍发动机的特点和发动机的动力性。

(2) FAB 介绍方法（特征利益法）

F——Feature，指产品的特性，比如独特的技术、配置和先进的设计理念；

A——Advantage，相对于竞品的优势；

B——Benefit，指这些独特的技术、配置和设计理念所体现的利益和好处。

3) 车辆介绍时

(1) 销售顾问应尽量利用实车来进行解说，并从客户最有兴趣的部分开始；

(2) 以客户为尊，让客户站在最好的角度，销售顾问的视线不要高于客户的视线；

(3) 销售顾问应随时利用车辆来与客户进行互动，鼓励客户亲自动手操作，寻求客户认同点；

(4) 当客户在进行产品操作的时候，销售顾问应在旁边协助引导操作；

(5) 应尽量使用 FAB 或 FBI 的介绍方法，避免使用过多专业性的用语，同时注意尽量避免攻击竞争对手的话术。

4) 车辆介绍后

(1) 在展车旁车辆介绍完毕后，销售顾问应将客户重新引导至洽谈桌，并提供饮料服务；

(2) 适时邀请客户进入试乘试驾环节。

5) 异议处理

(1) 把异议当成一种积极的信号，抓住这个销售的机会；

(2) 保持积极的心态，认真听取并理解顾客的异议；

(3) 站在顾客的立场上，体贴耐心地化解顾客的异议；

(4) 处理异议的步骤：明确异议所在；同意并中立化；提供解决方案；寻求顾客认同。

4.4.4 试乘试驾

试乘试驾是车辆介绍的延伸，也是让客户亲身体验产品性能的最好时机。客户通过切身体会和驾驶感受，加上销售顾问把握机会动态介绍，可加深客户对本品牌车辆的认同，从而增强其购买信心，激发其购买欲望。

1. 目的

让顾客对产品有切身的感性的体验；通过试乘试驾建立顾客对产品的信心，激发顾客的购买欲望；通过试乘试驾收集更多的顾客资料，便于促进销售。

2. 流程

试乘试驾流程如图 4.6 所示。

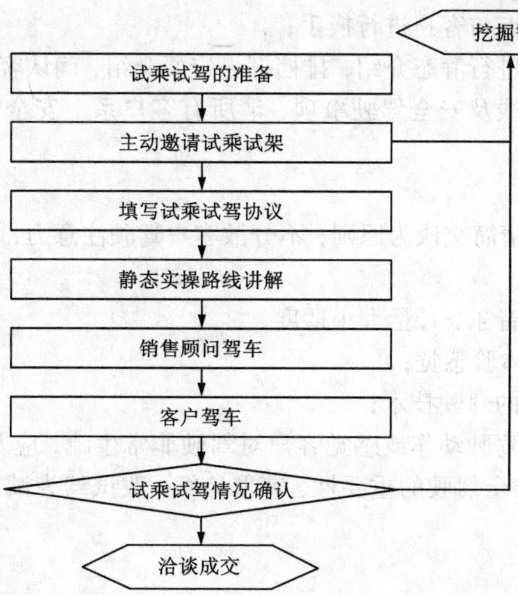

图4.6　试乘试驾流程

3. 操作步骤及要求

1）试乘试驾前的准备

（1）4S店必须准备专用的试乘试驾车辆，并由专人负责维护和清洁；

（2）参与试驾的销售顾问须都能熟练驾驶，且都有驾照，试乘试驾之前要熟悉客户资料；

（3）4S店应规划好可以凸显车辆优势的试乘试驾路线图并在展厅内公示；

（4）在邀请客户试乘试驾前要确认车辆处于完好的状态；

（5）销售顾问接待客户，并向其说明试乘试驾的流程、路线图、时间及安全驾驶须知；

（6）在试驾开始之前，销售顾问应事前了解客户的驾驶能力、复印客户的驾驶证并请试驾的客户签署填写《试乘试驾车使用申请表》《试乘试驾登记表》（见附件2）和《试乘试驾同意书》（见附件3）；

（7）试驾路线应事先规划，以保证安全为首要原则；

（8）妥善运用"预约试驾"，除了表示"慎重"，还有留取客户资料及过滤客户的功能；

（9）邀请客户带全家人一同参与试乘试驾，让客户感受真正拥有该车的情境。

2）客户试乘时

（1）试乘试驾过程应由销售顾问先驾驶，让客户熟悉车内各项配备；

（2）销售顾问先帮客户开启车门，然后快步回到驾驶座位上，主动系好安全带，并确认客户是否坐好且系上安全带；

（3）关注客户同伴，询问其座位是否舒适，并主动帮助其调整椅背或后座扶手，使其乘坐感觉舒适；

（4）设定好空调及音响，同时在进行设定时逐一跟客户解释说明；

（5）销售顾问应依据车辆的特性，在不同的路段进行动态产品介绍，说明其车辆主要性能及特点；

(6)应选择适当的安全地点与客户进行换手；

(7)对车辆操作等向客户进行静态介绍，排档杆一定要介绍，确认客户已对操作熟悉；

(8)再次提醒客户试驾路线及安全驾驶事项，请所有客户系上安全带，启动车辆，开始驾驶。

3)客户试驾时

(1)客户试车过程中，以精简交谈为原则，不分散客户驾驶注意力，确保行车安全，让客户静心体会驾驶乐趣；

(2)试驾时应播放适合的音乐，音量大小适度；

(3)适当指引路线，点明体验感觉；

(4)不失时机地称赞客户的驾驶技术；

(5)若客户有明显的危险驾驶动作或感觉客户对驾驶非常生疏，应及时果断地请客户在安全地点停车；向客户解释安全驾驶的重要性，获取谅解；改试驾为试乘，由销售顾问驾驶返回展厅。

4)客户试驾后

(1)销售顾问协助客户将车辆停放于指定区域，提醒顾客携带好自己的物品，以免遗忘在车内，并引导客户回到洽谈桌旁；

(2)了解顾客感受并填写《试乘试驾意见反馈表》(见附件4)；

(3)针对客户特别感兴趣的配备再次加以说明，针对客户试驾时产生的疑虑，也应立即给予合理和客观的说明；

(4)利用客户试驾后，对产品的热度尚未退却时，引导客户进入条件商谈阶段，自然促使客户成交；

(5)对暂时未成交的客户，要利用留下的相关信息，并与客户一同填写“试乘试驾活动调查问卷”，同时与客户保持联系；

(6)对每一位客户均应热情道别，并感谢其参与试驾；

(7)客户离店后，销售顾问应仔细填写“试乘试驾记录表”；

(8)试乘试驾活动完成之后，特约店如实填写“试乘试驾活动一周汇总表”，相关部门进行总结。

4.4.5 洽谈签约

在报价签约这一环节，汽车营销人员要运用得体的礼仪表现，透明、公正和有效的报价和价格谈判技巧，赢得顾客对于产品的性价比的充分认识，增强对汽车品牌产品的尊重和信赖。同时，汽车营销人员要敏感地把握成交信号，不失时机地采用积极的成交技巧来促成交易，实现个人和公司销售业绩的提升。

1. 目的

在客户充分了解车辆性能以后，协商购车配置、价格等细节，签署购车合同，完成交易。

2. 流程

洽谈签约流程如图4.7所示。

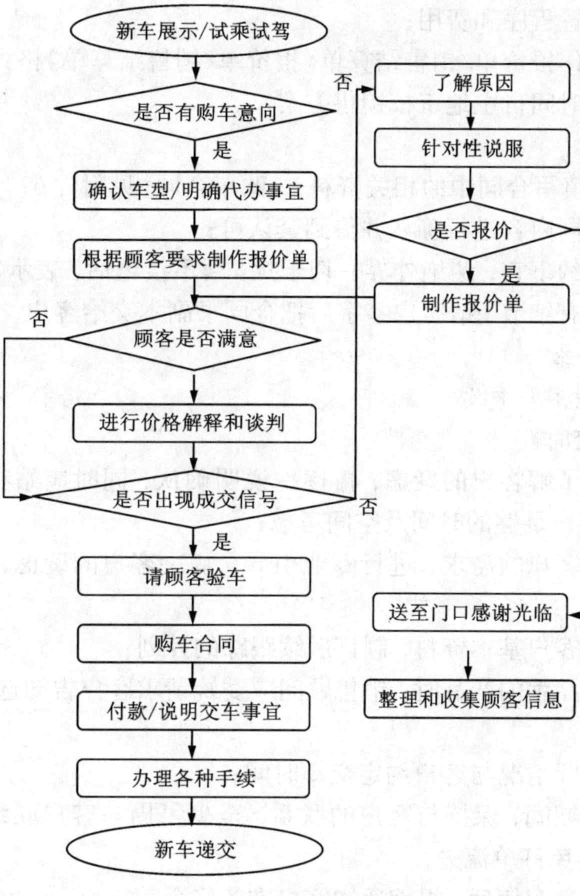

图4.7　洽谈签约流程

3. 主要步骤及要求

1)报价前的准备

(1)确保销售顾问有一整套完整的材料以完成这笔交易。所有必要的文件应用一个写有客户姓名的信封装起来。同时准备好所有必要的工具，如计算器、签字笔、价格信息和利率表等；

(2)熟悉了解其他品牌店的竞争情况；

(3)了解潜在客户基本信息，确定客户正确的姓名、工作及家庭地址和电话号码。确定谁是名义上的购买者以及由谁支付款项；

(4)注意收集其他与客户有关的一般信息，包括具有影响力的人、重要事件(出生、周年纪念)、入学情况、最近住所的变化、居住条件的变化等。

2)说明产品价格

(1)请客户确认所选择的车型，以及保险、按揭、一条龙服务等代办手续的意向；

(2)根据客户需求拟订销售方案；

(3)对报价内容、付款方法及各种费用进行详尽易懂的说明，耐心回答客户的问题；

(4)说明销售价格时，再次总结产品的主要配备及客户利益；

(6)详细说明车辆购置程序和费用；

(7)根据顾客要求制作报价单/销售结算单《报价单/销售结算单》格式见附件5。

(8)让客户有充分的时间自主地审核销售方案。

3)签订书面合同

(1)制作合同，准确填写合同中的相关资料，《购车合同》见附件6；

(2)与销售经理就合同内容进行确认并得到其认可；

(3)专心处理客户签约事宜，谢绝外界一切干扰，暂不接电话，表示对客户的尊重；

(4)协助客户确认所有细节，请客户签字后把合同书副本交给客户，并感谢客户。

4)办理付款及各种手续

带领客户去财务办理相关手续。

5)客户决定暂不成交时

(1)销售顾问应及时了解客户的疑虑，再逐一说明确认，同时应站在客户上考虑，不得对客户施加压力，应给客户足够的时间及空间考虑；

(2)销售顾问可根据客户的需求，进行专业引导，解决客户的疑虑，再次总结并说明本品牌产品及服务的优点；

(3)销售顾问应根据客户基本资料，制订后续跟踪的计划；

(4)当客户选取其他品牌的产品时，销售顾问应委婉请求客户告知选择其他品牌的原因。

6)签约成交后

(1)销售人员根据实际情况与客户约定交车时间；

(2)签约后到交车前期间，保持与客户的联系，至少每周与客户联络一次，让客户及时了解车辆的准备情况，避免订单流失；

(3)销售人员确认配送车辆后，提前通知客户准备好余款；

(4)销售人员进行余款交纳的跟踪确认，直至客户完成交纳款。

4.4.6 交车

递交新车是一个重要的时刻，汽车营销人员应按照销售流程标准，为顾客提供满意的服务，使顾客感受到营销人员及所有的经销商工作人员都在共同分享他的欢乐和喜悦。

1. 目的

在交车过程中让顾客体验到优质的服务和经销商无微不至的关怀，赢得顾客的信任，提高顾客满意度，为与顾客保持长期良好的关系奠定基础。

2. 流程

(1)交车前的准备。

①新车 PDI 检查；

②与客户确认交车日期；

③确认车辆(装备/运转)；

④交车区安排；

⑤交车人员预约；

⑥待交车辆的准备。

(2)客户接待。

①出门迎接客户；

②恭喜道贺。

(3)费用说明，文件交付。

①费用清算和说明；

②服务人员介绍；

③保修和服务事项等说明；

④引导客户参观服务站。

(4)车辆验收，操作说明。

①实车检验，移交《交车检查表》(见附件7)；

②实车说明。

(5)交车仪式。

按约定时间参与交车。

(6)与客户告别。

①送别客户；

②填写《客户信息卡/客户管理卡》。

3. 主要步骤及要求

1)交车前的准备

(1)4S店应设置专门的交车区，由专人负责整理清洁；

(2)确认客户的付款条件和付款情况，以及对客户的承诺事项，完成新车PDI整备，并签名确认；

(3)确认并检查车辆登记文件和《保修手册》，以及其他相关文件等；

(4)交车前3天内电话联系客户，确认交车时间、参与人员，并简要告知客户交车流程及交车时间(大约控制在30分钟为宜)；

(5)交车前1天再次电话联系客户，确认交车相关事宜；

(6)若交车日期推迟，及时与客户联系，说明原因和处理方法，取得客户谅解并再次约定交车日期；

(7)销售顾问须在交车前一天确认待交车辆的型式、颜色、附属品及其基本装备是否齐全；确保外观无损伤；确认待交车辆上的车身号码和发动机号码是否与车辆合格证上登记的一样；确认灯具、空调、方向灯及收音机是否操作正常；确保待交车辆上的时间与收音机频道设定正确。

2)交车客户的接待

(1)交车客户到达时，销售人员应提前10分钟到门口迎接，态度热情；

(2)如客户开车到达时，销售顾问应主动至停车场迎接。销售顾问在迎接客户时须面带微笑，并恭喜客户本日提车；

(3)销售顾问可先邀请客户至交车区先看一下新车，然后告知客户尚有手续要办，随后引领客户至洽谈桌。

3)交车文件交付说明

(1)销售顾问将客户引导至洽谈桌，说明交车流程及所需时间；

(2)出示“客户交车确认表”，并解释说明其用意；

(3)各项费用的清算、上牌手续和票据交付；

(4)解释车辆检查、维护的日程，重点介绍提醒首次保养的服务项目、公里数和免费维护项目；

(5)利用“保修手册”说明保修内容和保修范围；

(6)介绍售后服务项目、服务流程及24小时服务热线；

(7)移交有关物品，移交有关文件：《用户手册》、《保修手册》、购车发票、保险手续、行驶证、车辆钥匙等，并请客户确认。

4)实车操作说明

(1)销售人员陪同交车客户进行车辆实际检查；

(2)主动帮客户开启车门，并示意请客户坐在驾驶座上，销售顾问则坐在副驾驶座上。如交车当日客户携伴同行时，应请客户同伴坐在副驾驶座上，自己坐在车后座；

(3)按客户对车辆的了解程度与特殊要求对操作使用方式进行说明。

5)交车确认

(1)将客户再次引领到洽谈桌；

(2)根据“交车确认表”，与客户逐一核对，并请客户签名；

(3)准备“客户资料袋”，将所有证件、文件、手册、名片放入资料袋内，并将其交给客户；

(4)介绍销售经理、售后经理和售后服务等相关人员与客户认识。

6)交车仪式

(1)销售经理、售后服务经理、销售顾问、售后服务等相关人员一起列席参加交车典礼；

(2)销售顾问向客户赠送鲜花和标示有品牌LOGO的精美小礼物，并在新车前合影留念；

(3)销售展厅内其他空闲的工作人员应列席交车典礼并鼓掌以示祝贺。

7)送别客户

(1)销售顾问应确认与客户的联系方式，并简述后续跟踪内容；

(2)客户离开时，销售经理、售后服务经理、售后人员和销售顾问应在展厅门外列席送客，直到客户开着车远离其视线为止；

(3)客户离去后，销售顾问应及时整理客户资料；

(4)预估客户到达目的地的时间，致电确认其安全到达。

4.4.7 售后跟踪

汽车出售以后，要有计划地进行跟踪回访，及时了解顾客对汽车的评价及其使用状况，提醒顾客及时做保养。通过售后跟踪服务体现服务的延续性，进行技术方面的关怀。

1.目的

及时处理和解决车辆使用中的问题，解除客户后顾之忧；与客户保持长期的联系，从而为公司赢得后市场的服务机会；通过老客户的口碑带来更多潜在客户。

2.流程

售后跟踪流程如图4.8所示。

3.主要步骤及要求

1)售后跟踪回访的准备

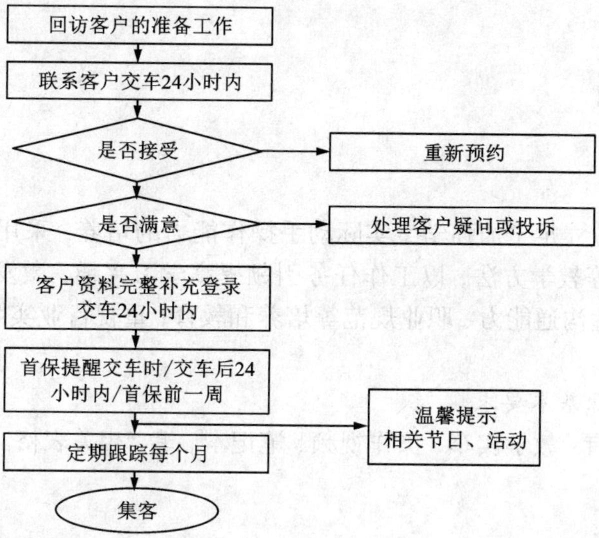

图4.8　售后跟踪流程

(1)查阅客户基本信息，确认重点内容，包括姓名、电话、购买车型及投诉等，制订跟踪计划；

(2)跟踪文件的准备。

2)新车交车后的跟踪回访

(1)销售顾问或相关岗位在交车后三天内与客户电话联系，关心新车使用情况；

(2)交车后一周内，销售顾问将交车仪式的照片寄送给客户；

(3)销售顾问须将客户反馈信息翔实地记录在客户管理卡上；

(4)4S店的市场部经理应在交车后一周内致电客户，作购车致谢与客户满意度调查；

(5)销售顾问应借客户对车辆使用状况有好感时，请其推荐有购车意愿的潜在客户。

3)定期联系跟踪回访

(1)销售顾问应制订客户跟踪管理计划，销售经理每两周抽查一次。用电话、信件、短信或e－mail与客户保持联系，关心客户的用车情况；

(2)交车后每三个月应主动联系客户了解其使用状况。每次跟踪后将用户信息填入客户信息管理卡，及时更新；

(3)主动请客户提供可能的潜在客户购买信息；

(4)若有相关促销活动，主动热情地邀请客户参加；

(5)售后部门应做好客户维修保养记录，每次跟踪前检阅客户信息，每3个月进行一次售后跟踪联络，作定时定程保养的邀请。

4.5 课程实施

1. 教学方法建议

在教学过程中，应立足于加强学生实际动手操作能力的培养，采用小组讨论协作、任务驱动法、情景教学法等教学方法，以工作任务引领提高学习兴趣，激发学生学习的热情，并辅之以团队能力、表达沟通能力、职业规范等培养和教育；重视行业实际，贴近企业、贴近生产。

2. 教学条件及资源基本要求

主要工具及仪器有：教学实车、操作视频、笔记本、笔、相关表格。

4.6 参考资料

1. 参考教材

[1]李志远. 汽车销售从新手到高手[M]. 北京：中国铁道出版社，2018.

[2]刘军. 汽车4S店销售顾问培训手册[M]. 北京：化学工业出版社，2013.

2. 网络学习资源

[1]汽车维修技术网：http://www.qcwxjs.com/qichewenhua/11432.html

[2]汽车维修与保养：http://www.motorchina.com/

4.7 报告

4.7.1 实践报告

汽车4S店销售服务流程实践报告模板如下：

《汽车4S店销售服务流程》实践报告
一、目的、意义
二、计划及安排
三、主要实践内容
（要求包括汽车4S店销售服务的核心流程，并详细阐述各流程的工作内容和规范）
四、总结及收获

4.7.2 主要作业单证

附件1：来店（电）客户登记表

来店(电)客户登记表

日期：____年____月____日　　　　销售主管：________

客户名称	性别	电话	客户		地址	拟购车型	意向级别	来店来电	信息渠道								进店-离去时间	是否试真车√/×	销售顾客	接待情形	21小时后追踪级别	洽谈成果
			职业	来源					报纸	电视	广播	杂志	展示	亲友	路过	网络						
								来店( ) 来电( )														
								来店( ) 来电( )														
								来店( ) 来电( )														
								来店( ) 来电( )														
								来店( ) 来电( )														
								来店( ) 来电( )														
								来店( ) 来电( )														
								来店( ) 来电( )														
								来店( ) 来电( )														
								来店( ) 来电( )														
								来店( ) 来电( )														
								来店( ) 来电( )														
								来店( ) 来电( )														
								来店( ) 来电( )														
								来店( ) 来电( )														
								来店( ) 来电( )														

洽谈成果	1. 是否知道顾客的名字、地址、电话？	6. 是否有取得顾客的名片？	11. 是否来店参观？	16. 是否掌握客户公司名称、地点与工作内容？
	2. 是否了解顾客家庭成员状况？	7. 是否能掌握何时、何处可与顾客见面？	12. 是否能大致掌握顾客的兴趣和性格？	17. 是否可以与顾客彼此开玩笑？
	3. 与顾客商谈是否超过一小时以上？	8. 顾客是否能叫出你的名字？	13. 是否与顾客谈些车辆以外的话题？	18. 是否知道顾客在哪里保养汽车？
	4. 与顾客的话题是否谈及付款方式？	9. 是否了解与其他厂商竞争的情况？	14. 是否知道顾客的购买预算？	19. 是否了解顾客家族购车及使用状况？
	5. 是否知道客户目前的车辆情况？	10. 是否有谈到新车颜色的选择？	15. 是否有谈到价格及配件问题？	20. 顾客是否有再打电话来和再来店？

备注：1. 拟购车型：来店看车欲购车型；2. 意向级别：H—7天内购车，A—1个月内购车，B—1个月以上3个月以上内购车；3. 追踪后确度：销售人员在24小时内作资料真实性及第二次确度确认；4. 按待情形：由值班销售顾问对当日接洽状况进行简述。

附件2：试乘试驾登记表

试乘试驾登记表

序号	客户姓名	出门时间	回来时间	公里数	试驾车型	颜色	车牌	销售顾问	经理确认	备注
1										
2										
3										
4										
5										
6										
7										
8										
9										
10										
11										
12										
13										
14										
15										

附件3：试乘试驾同意书

试乘试驾同意书

公司名称	
试乘试驾车辆车型	
试乘试驾牌照号	
试乘试驾路线	
试乘试驾时间	年　月　日

本人于________年________月________日在__________________（地点）自愿参加____________举行的汽车试乘试驾活动，为此作如下陈述与声明：

本人在试乘试驾过程中，应严格遵守国家及地方有关行车驾驶及乘车的一切法律和法规要求，并服从公司提出的一切指示，做到安全文明驾驶，以最大努力确保试乘试驾车辆的安全和完好。否则，对试乘试驾过程中造成对自身或他人的人身伤亡、特约销售服务店或他人财产的一切损失，本人将承担一切责任。

证　照　号：____________________
驾照有效期：____________________
联 系 地 址：____________________
联 系 电 话：____________________

附件4：试乘试驾意见反馈表

试乘试驾意见表

1. 试乘试驾车型：　　　　　　　　　　年　　月　　日

请您就以下项目对试乘试驾车型给出您的意见：	
启动、怠速	□很好　□好　□一般　□差
起步	□很好　□好　□一般　□差
加速性能	□很好　□好　□一般　□差
转弯性能	□很好　□好　□一般　□差
制动性能	□很好　□好　□一般　□差
行驶操控性	□很好　□好　□一般　□差
乘坐舒适性	□很好　□好　□一般　□差
驾驶视野	□很好　□好　□一般　□差
静音性	□很好　□好　□一般　□差
音响	□很好　□好　□一般　□差
空调	□很好　□好　□一般　□差
操控、按键便利性	□很好　□好　□一般　□差
内部空间	□很好　□好　□一般　□差
内饰工艺	□很好　□好　□一般　□差
上下车便利性	□很好　□好　□一般　□差
外型尺寸	□很好　□好　□一般　□差
外型造型	□很好　□好　□一般　□差

2. 您对陪同试驾人员的满意程度？

□很满意　□满意　□一般　□不满意

3. 您对特约店试乘试驾服务的满意程度？

□很满意　□满意　□一般　□不满意

4. 您的其他宝贵意见和建议：

姓名：　　　　　　　　　　联系地址：

电话：　　　　　　　　　　E-mail：

附件5：报价单/销售结算单

客户购车报价表

顾客姓名： 性别：

联系方式： 编号：

日期 年 月 日

销售顾问：

车种		型号		车色		台数	

应付款		车辆价格	
		精品价格	
		其它选装价格	
	上述费用合计	①	
	购置附加费用	②	
	保险费	③	
	合计(①+②+③)	Ⅰ	
应付订金		Ⅱ	
余款	合计(Ⅰ-Ⅱ)		
	首付款		
	分期付款		
首付款支付方法： 1. 现金 2. 汇票/支票 3. 转帐			
购置附加费用明细	车辆购置附加税		
	车船使用税		
	养路费		
	上牌费用		
	购置附加费用合计		
保险费用明细	基本险	车辆损失险	
		第三者责任险	
		车辆盗抢险	
		车上责任险	
	附加险	无过失责任险	
		玻璃破碎险	
		自燃损失险	
保险公司：			

车辆·选购明细					
	车辆	商品名	VIN码	数量	金额
		价格合计			
	精品	商品名	商品编号	数量	金额
		价格合计			
	其他	商品名	商品编号	数量	金额
		价格合计			

按揭费用明细		
	签约金融机构	抵押方式
	期限： 利率： 月供：	

其它		其他	
		参考交车日期	

附件6：购车合同

汽车销售合同

甲方(卖方)： 经办人：
地址： 电话：
乙方(买方)： 身份证号码：
地址： 电话：

甲、乙双方根据《中华人民共和国合同法》及有关法律、法规的规定签订本合同。

一、标的车辆状况

品牌： 型号： 车身颜色： 坐椅颜色：
材质： 发动机号： 车架号：
自排挡或手排挡： 产地： 制造商：
出厂日期：

二、价款及支付方式

总价款为 元，该金额由以下几部分构成：
1. 车价 元；
2. 购置税 元；
3. 本合同第五条第 款的代办费 元。
付款方式及时间( )：
1. 一次性付款。
2. 分期付款：签合同时付订金 元，余款提车前付清。
3. 按揭贷款( )：(1)银行同意对乙方贷款的，本合同生效，乙方签合同时付首付款 元，银行贷款到甲方账上视为乙方付清全款；银行不同意对乙方贷款的，本合同不生效。(2)无论银行是否同意贷款，本合同均为有效；银行不同意贷款的，改由乙方向甲方现金支付全部车款：签合同时付订金( )元，余款提车前付清。

三、车辆交付

1. 交付时间：
2. 交付地点：甲方经营场所。
3. 乙方可书面委托甲方代办运输，所需费用由乙方承担，甲方将车辆交付给第一承运人的地点和时间为交付的地点和时间。
4. 由于乙方联系方式变更并未能及时通知甲方，导致甲方无法联系到乙方，甲方在合同约定交货时间截止一周后可以不为乙方保留合同车辆，并有权不退还已收订金。
5. 车辆交付完成时，甲、乙双方应共同在交接单上签字，乙方所购车辆的所有权及风险从甲方转移至乙方。

四、甲方同意向乙方赠送以下设备、配件：

五、经乙方书面委托，甲方可向乙方提供以下服务。乙方打勾选定如下服务项目，同时应按甲方和保险公司、银行、车辆登记机关的要求提供所需的文件和证明，并承担相关费用。

1. 代理乙方向保险公司购买汽车保险；
2. 代理乙方向银行办理汽车贷款；

3. 代理乙方为所购汽车上牌。

六、车辆质量、验收和维修

1. 甲方向乙方出售的汽车，其质量必须符合国家颁布的汽车质量标准和汽车行业标准。必须是在《全国汽车、民用改装车和摩托车生产企业及产品目录》上备案的汽车或合法的进口汽车。

2. 甲方在交付车辆时必须向乙方提供以下书面文件：

(1)汽车销售发票(车价)；(2)车辆合格证、海关进口证明和商品检验单(进口车)；(3)保修卡或保修手册；(4)中文说明书；(5)随车工具及附件。

3. 乙方在提车时应认真检查甲方所提供的车辆证件、手续是否齐全，并对该车的外观、使用性能进行检查、确认。

4. 甲方应按照随车资料办理合同车辆的质量担保、保养和维修。

5. 因下列原因造成车辆损坏、其他财产损坏或者第三人人身和财产损失的，由乙方负责：①乙方运输、移动、保管、维修车辆不善。②未经生产汽车公司或甲方许可，自行拆卸或改装车辆。③车辆发生正常、自然磨损或者腐蚀。④乙方违反国家法规、随车资料的规定，使用、保养、维修车辆。⑤乙方在车辆上使用了非生产汽车公司指定的零部件。⑥车辆被征用、被盗抢或被用于比赛竞技、表演娱乐、试验、军事行动等特殊使用情况。⑦第三方或者外力所致损害和损失。⑧其他不由甲方负责的情况。

七、违约责任

任何一方违反本合同，包括但不限于甲方不按本合同约定交付车辆，或交付车辆质量不符合本合同约定的；乙方不按本合同约定支付价款，或擅自解除合同的；均须承担违约责任。守约方有要求无偿修理、支付违约金、继续履行本合同、解除本合同等权利。

1. 乙方逾期支付价款，每逾期一日，按车辆价款的万分之三向甲方支付违约金。逾期付款超过 1 个月的，甲方有权解除合同，不退还已付订金并要求乙方赔偿损失。

2. 甲方逾期交付合同车辆，每逾期一日，按车辆价款的万分之三向乙方支付违约金。逾期交付合同车辆超过 1 个月的，乙方有权解除合同，可要求甲方退还定金并承担赔偿责任。

八、争议解决

因本合同引起的或与本合同有关的任何争议，由双方当事人协商解决；协商不成时，任何一方均可以向甲方所在地人民法院提起诉讼。

九、本合同经甲、乙双方签字盖章后即生法律效力；本合同一式二份，甲乙双方各持一份。未尽事宜，双方签订补充协议，补充协议与本合同具有同等法律效力。

甲方(签字或盖章)：　　　　　　　　年　　月　　日

乙方(签字或盖章)：　　　　　　　　年　　月　　日

附件 7：交车检查表

交车检查表

一、引擎室及发动

☐引擎运转是否正常，声音是否正常，加油门再听。

☐检查机油颜色。

☐刹车油，变速油，水箱水，雨刷液。

☐电瓶，电解液，电瓶接头拧紧。

☐导线的连接是否牢固。

☐风扇、冷气、发电机等皮带是否松动。

☐开关继电器盒以检查是否插紧牢靠。

☐看车地面有没有机油点，底盘有没有油污。

二、车身外观检查确认

☐车子外观漆面有否明显重整，是否刮伤，各部位颜色是否有异。

☐检查车底盘有无撞痕，检查避震器、悬吊系统是否正常，钣金是否异常凹凸，可能存在的生锈部位。

☐检查四个车轮转动是否正常，车轮是否锁正，胎压是否正常。

☐轮胎是否做过动平衡校正，若轮圈有加上小铅块即表示做过校正。

☐各车门开关时松弛问题及异音（常见于后车门）。

☐外表贴纸的残留。

☐大灯角落会有一些雾气（大灯雾气）。

☐前灯罩内有无刮伤。

☐所有车门用钥匙是否开启正常。

三、车身内部检查确认

☐冷气出风有无异音，各出风口是否都能使用。

☐中央扶手感觉组装，侧门内装、中控台内装，饮料杯架组装。

☐倒车雷达动作。

☐前坐椅子滑轨护套。

☐天窗动作有无特殊异音。

☐地毯、天花板、座椅是否因装配件而刮损。

☐座椅用力坐看看并摇摆身躯，是否有杂音出现。

☐安全带拉紧放松几次，检查是否正常。

四、各种仪表设备功能的操作

A. 车外

☐引擎盖　☐后行李箱　☐备胎是否稳固　☐油箱盖

B. 车门车窗

☐前后左右门及其胶条，前排快速下降功能　☐电动窗双开启

☐天窗开启上掀　☐防夹功能是否正常（检查时注意安全！）

C. 驾驶座配备

☐中控锁　☐车内后视镜方向调整　☐车外后视镜方向调整

☐喇叭声音　☐雨刷各段测试，喷水　☐除雾线

☐方向盘调整　☐前后左右空调出风口　☐前座遮阳板

☐仪表盘灯号　☐手刹车拉杆（拉好后，排入D挡看车有无移动）

D. 座椅

☐座椅方向调整　☐后座座椅翻转　☐安全带调整与扣环

□头枕　　　　　□后座椅扶手

E. 音响

□CD 播放换片功能 □FM/AM 广播　　□6 组喇叭声音确认

□音量控制

F. 灯

□小灯　□大灯　□雾灯　□倒车灯　□煞车灯　□方向灯

□后座阅读灯　　□前座各照明灯　　□危险警告灯

G. 行车电脑及其他

□晶片锁各项功能　□防盗各项功能　□车门锁、安全锁等功能

五、各类证件及附件的确认检查

□购车发票：购车发票是购车时最重要的证明，同时也是汽车上户时的凭证之一，所以在购车时您务必向经销商索要购车发票，并确认其有效性。

□车辆合格证：合格证是汽车另一个重要的凭证，也是汽车上户时必备的证件。只有具有合格证的汽车才符合国家对机动车装备质量及有关标准的要求。

□三包服务卡：根据有关规定，汽车在一定时间和行驶里程内，若因制造质量问题导致的故障或损坏，凭三包服务卡可以享受厂家的无偿服务。不过像灯泡、橡胶等汽车易损件不包括在内。

□车辆使用说明书：用户必须按照车辆使用说明书的要求合理使用车辆。若不按使用说明书的要求使用而造成的车辆损害，厂家不负责三包。使用说明书同时注明了车辆的主要技术参数和维护调校所必需的技术数据，是修车时的参照文本。

□其他文件或附件：有些车辆发动机有单独的使用说明书，有些车辆的某些选装设备有专门的要求或规定，这时消费者都要向经销商索要有关凭证。

□核对铭牌：核对铭牌上的排汽量、出厂年月、车架号、发动机号等内容，合格证上的号码必须要与车上的发动机号、车架号一致。

□证件查核，注意引擎号码、身份证号、车身号码核对。

□出厂证明书　□牌照登记书　□行车执照　□保险卡及保险单

□燃料税及牌照税单　□汽车防盗/隔热纸等配件之原厂保证书

□货物税单、附加费

□其他原厂出厂证件 □订车签约所约定的附件及配备 □原厂装车配件 □配胎之安全检查，胎压应较高

□千斤顶　□加大后视镜　□隔热纸附保证书　□脚踏垫　□晴雨窗

□第三副晶片遥控锁匙 □大锁　□打气机　□交车加满油

六、其他

□车身钣件间的接合间隙是否左右均匀，车门等间隙之间的烤漆是否处理妥善。顺便伸手摸进轮弧内，若有太多污泥，甚至有树叶，则可能是泡水车。

□里程表应在 25 km 以内，不要被拿去路试。

□千斤顶、故障牌、备胎在哪里？怎么用？

□车辆实际的出厂日期，注明在引擎盖下面的一块小铝牌上。

□清点原厂的随车配件。

□ 0 km 新车，1 是出厂日期要近，2 是轮胎没有使用过。

□ 行驶后的“跑冒滴漏”，车子行驶了一段里程，是否有出现漏油、漏水、漏气等现象。打开引擎盖，观察发动机汽缸体和汽缸盖、油底壳之间有无机油渗漏；水箱周围有无水渍；电瓶装头附近有无污染和锈蚀；空调管路的接口处有无尘土沾上。低身观察底盘，转向节附近有无渗油；驱动轴的防尘套是否完好；减震器周围有无尘土粘连。

□是交现金还是用其他方法，要注意银行的手续费。

项目5　汽车维修服务流程实践

5.1　目的和基本要求

汽车维修服务流程实践是汽车服务工程专业教学中的重要环节，对理论联系实际，锻炼和提高汽车售后服务能力，形成分析、解决实际工程问题能力具有重要的作用和意义。本章要求学生根据自己所学的专业知识，熟悉汽车维修服务流程和内容，完成客户预约、客户接待与车辆检查、维修作业、质量检查、结算与车辆交付以及跟踪回访等一系列汽车维修服务流程。在实践过程中，除了应遵守相关的标准规范和工作流程，还应有一定的应变能力和沟通技巧，为客户提供高质量的服务。通过汽车维修服务流程实践，学生应达到以下目的：

（1）熟悉汽车维修服务流程的主要内容、流程以及服务规范；

（2）加深对所学专业课程的理解。充分认识实际工作对专业理论知识的要求，确定需要补充和完善的知识，提高专业知识水平；

（3）强化实践能力。在实践过程中能对所学专业知识加以融会贯通，增强综合运用专业理论知识解决实际工程问题的能力；

（4）形成良好的沟通表达能力。应提高自身的沟通能力、团队合作能力以及组织管理能力等，尽快适应未来实际工作的要求，为将来走向社会积累宝贵的实践经验。

5.2　学习目标

通过汽车维修服务流程实践，可加强对汽车维修服务的感性认识，加深对汽车维修服务核心流程和行业要求的认识和了解，提高自身的理论和业务水平。

1. 专业能力

（1）熟悉汽车4S店或汽车维修企业组织结构，了解各部门的工作内容及工作程序；

（2）熟悉维修服务工作流程；

（3）具备与客户交流沟通的能力，能熟练运用礼仪规范进行维修业务接待，能应对客户的查询或投诉；

（4）具备汽车构造、汽车维修诊断、汽车材料及零配件基础知识，能够查询车辆技术档案，初步评定车辆维修技术状况；

(5)熟悉汽车维修相关政策、法规，维修合同，机动车辆保险及索赔知识。

2. 社会能力

(1)具有较强的口头与书面表达能力、沟通协调能力，具有团队协作精神，具有良好的心理素质，能应对工作中的挑战；

(2)遵守职业道德和规范，履行职责的能力。

3. 方法能力

具有自主学习能力；具有探索研究的精神；具有运用所学知识解决实际问题的能力。

5.3 课题设计及内容

以工作流程为主线，以岗位核心能力为内容，确定本课程的工作项目和任务内容。通过模拟工作情景，在老师指导和自主学习下，使学生掌握相应的专业能力、社会能力和方法能力。

1. 情景设计

预设一客户打电话预约进行汽车维修，根据情景预设，学生以维修企业维修接待人员的身份，按照汽车维修服务核心流程的要求进行预约登记、客户接待与车辆检查、车辆维修与质检、结算与车辆交付、客户送别与跟踪回访等全流程服务。

2. 课题内容

(1)客户预约。确认并记录预约信息，填写预约单，告知用户携带相关资料(保养手册和维修记录)，做好接待前的准备工作(与相关维修操作人员确认、配件库存)，预约提醒；

(2)客户接待与车辆检查。主动迎接客户，将车辆引导至指定接车区域，询问客户来厂目的，套好三件套，进行车辆的预检和问诊，填写接车登记表和维修任务书；

(3)车辆维修与检验。安排车辆进入车间维修，及时了解车间维修进度，如有项目更改，应及时告知顾客，并取得客户同意。确保车辆按照相关规定和要求进行质检，并且维修质量合格；

(4)结算与车辆交付。做好交车前准备工作，向客户介绍维修结果，展示维修车辆，引导顾客结账，礼貌送行；

(5)跟踪回访。电话跟踪回访，提醒顾客有关驾驶与保养的知识，介绍公司为客户提供的各种服务、各类优惠活动。

3. 要求

(1)汽车维修服务工作应按照相关政策、法规和有关条例规范的要求开展；

(2)作业应符合汽车维修企业一般作业流程；

(3)完成相关表格填写，要求内容齐全、真实客观、前后一致，格式规范；

(4)根据预先假定的情景开展作业，作业的原则应符合当前汽车维修行业实际，应符合汽车维修企业要求；

(5)实践报告附件资料齐全，符合汽车维修企业规定；

(6)实践报告须详细记录本人的工作过程及各阶段成果；

(7)独立完成报告及其附件的撰写编制。

5.4 相关知识

狭义上的汽车维修服务是从车辆进厂接待开始，经过开任务委托书、派工、维修作业、质量检验、试车、结算、车辆交付出厂这样一个过程，这也是多数修理企业常见的传统流程。而广义上的汽车维修服务不但包括车辆从进厂到出厂这样一个传统的全过程，而且还包括车辆进厂前的预约、准备工作和车辆交付出厂后的跟踪回访工作。

汽车维修服务流程一般是从预约开始的，经过维修接待、维修作业、质量检验、结账与交车等工作，最后跟踪回访，具体如图 5.1 所示。

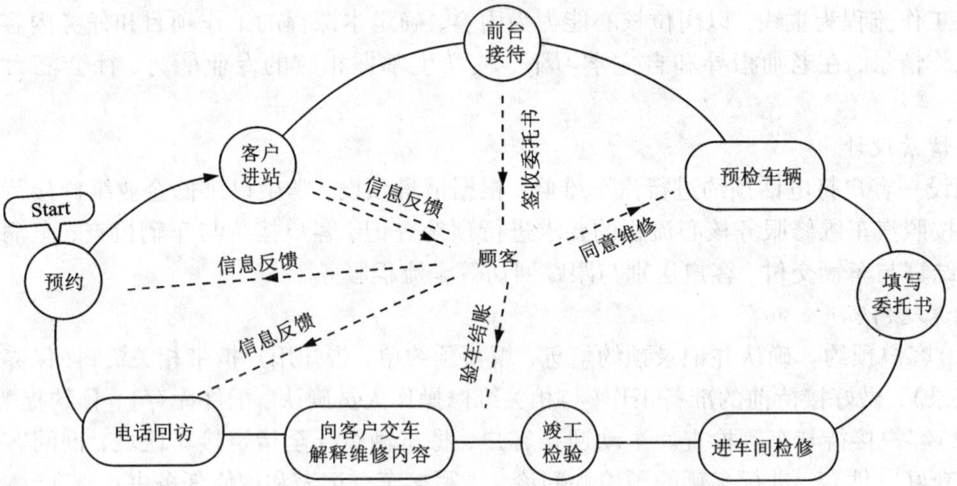

图 5.1 汽车维修服务流程

5.4.1 客户预约

预约就是在接受用户预约时，根据维修服务中心本身的作业容量定出具体作业时间，以保证作业效率，并均化每日的作业量。除此以外，在顾客来店之前还需根据预约日期编排准备工序，汇编整理成为维修服务中心经营业绩基础资料。预约可分为主动预约和被动预约。

预约是汽车维修服务流程的首个环节，它是一个与顾客建立良好关系的机会。此步骤重要的是要让预约客户享受到预约的待遇，要与直接入厂维修客户严格区分开。这是决定此客户下次是否再次预约的关键因素。

1. 预约目的和意义

1）目的

(1)通过有效的引导，各时间段来店客户数量趋于均衡。客户无需等待，服务专员从容接待，秩序井然；

(2)事先知晓从而更好地满足客户的需求，为客户提供方便，并彰显其尊贵；

(3)有利于后续流程的顺利执行。

2）意义

预约服务是近些年来针对日益繁忙的维修市场新引进的概念，它的目的和宗旨是向客户提供更方面、更快捷的服务，以节省客户宝贵的时间。

预约服务是汽车维修企业用于提高市场份额，维护客户基盘、提升客户满意度的重要手段。对于业务量相对繁忙的企业，有效利用与推广客户的预约服务，不但能够起到削峰填谷的作用，还可以有效降低企业的人力成本，提高运营效率与管理成本。对于业务量相对不太繁忙的企业，利用其宝贵的时间，逐步培养客户的预约习惯，锻炼员工对预约服务的管理与策划能力，都是十分必要的。

2. 预约的工作内容、要求及准备

1）预约的工作内容

（1）询问顾客及车辆基础信息（核对用户数据，登记新用户数据）；
（2）询问行驶里程；
（3）询问上次维修时间及是否为返修；
（4）确认顾客的需求及车辆故障问题；
（5）介绍特色服务项目及询问顾客是否需要这些项目；
（6）确定维修接待员的姓名；
（7）确定接车时间并暂定交车时间；
（8）提供价格信息；
（9）提醒顾客带相关资料（随车文件、维修记录）；
（10）填写预约单（表5.1）。

表5.1 预约单

电话接听人员		电话接听和时间	
确定预约日期	月　　日	预约性质	
确定预约时间	时　　分	客户姓名	
服务顾问		联系电话	
车牌号码		车型	
行驶里程		汽车颜色	
预计交车时间		预计费用	
预约内容			
注意事项			
以下内容由负责派工的人员填写			
预约工位		预约维修工组	
返工原任务委单		返工原维修日期	

2）预约工作要求

（1）使用格式预约登记表或汽车维修管理系统进行预约；

(2)引导顾客预约，设立预约顾客欢迎板，展示预约流程图，对顾客进行预约宣传，采取优惠手段激励顾客预约。

3)预约准备工作

(1)草拟派工单，包括目前为止已了解的内容，可以节约接车时间；

(2)检查是否是返修，如果是，应填写《返修车处理记录表》以便特别关注；

(3)检查上次维修时发现但没有纠正的问题，记录在本次订单上，以便再次提醒用户；

(4)估计是否需要进一步工作；

(5)通知有关人员(车间、备件、接待、资料、工具)做准备；

(6)提前一天检查各方的准备情况(技师、备件、专用工具、技术资料)。

3. 预约服务流程与实施规范

1)预约实施流程

通常，预约工作由维修业务接待员或信息员按照规范的预约实施流程来完成，预约规范流程如图 5.2 所示。

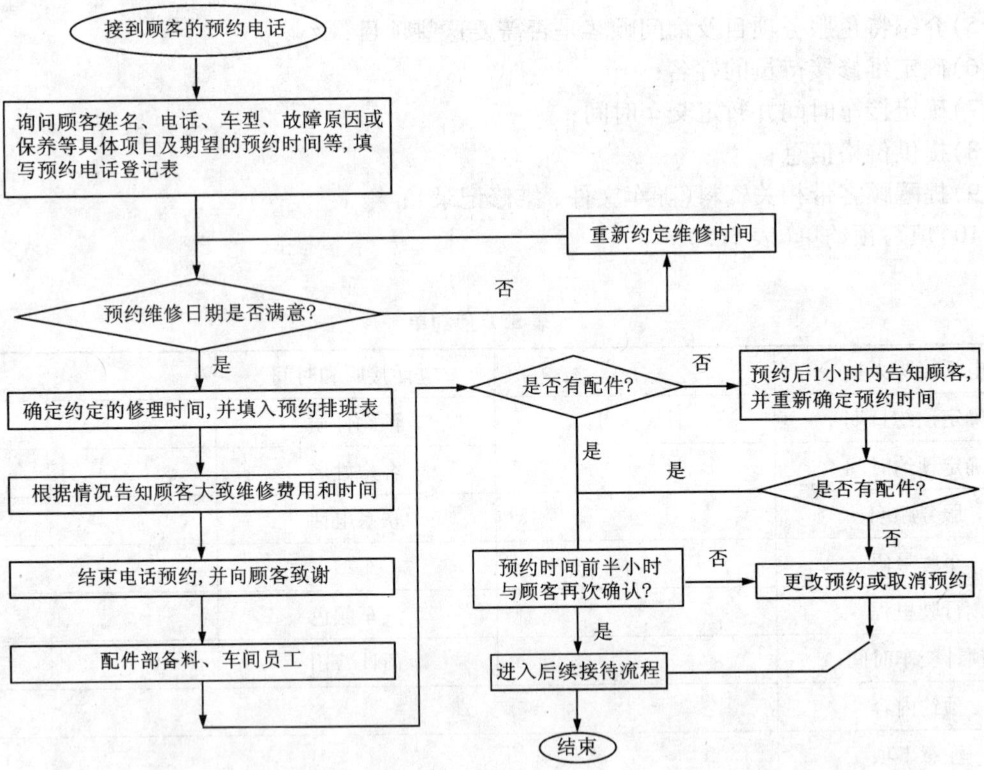

图 5.2　预约规范流程

2)预约实施规范

规范 1　有关预约流程应在接待区醒目处张贴，作为宣传。

规范 2　预约欢迎板放置在接待室入口处，必须明确维修接待员、顾客姓氏、车牌号及预约时间。

规范 3　进行必要预约服务内容的广告宣传。宣传品上必须印有“预约服务电话号码”。

规范4　维修企业应根据本服务站的业务量受理预约。

规范5　维修企业由业务主管负责预约相关事宜。

规范6　维修企业应设预约电话，并公开、公告。

规范7　预约顾客数量，在考虑未预约顾客余量的前提下由各服务维修企业自行决定。

规范8　预约电话铃响三声内，须有人接听电话。

规范9　接受电话预约时，应仔细倾听预约顾客的要求，并记录于预约电话登记表上。

规范10　接受电话预约时，如果无法回答顾客的问题或顾虑时，应亲自联络其他人员协助。如果一时不能解答顾客的问题，应向顾客承诺何时能够给予答复。

规范11　在预约结束前向顾客再次确认顾客的要求，如顾客的预约维修时间、故障描述及顾客的要求等，同时根据顾客需求，做出对维修费用的大致估价，并向顾客说明。

规范12　守约。告诉顾客工位“预留时间”，预留时间指超过预约时间的工位再等待时间。

规范13　接线员须提醒顾客带随车文件和随车工具，如行驶证、保养手册等。

规范14　预约结束时须向顾客表达感谢，欢迎顾客光临本服务维修企业。

4）注意事项

在预约服务过程中应努力做到：电话随时有人接听（预约电话铃声响三声内，有人接电话），记录所有需要的信息和顾客对故障的描述；进行诊断，必要时向维修技术员或技术专家求助；告知顾客诊断结果和解决方法以及所需费用和时间；根据顾客要求和车间能力约定时间；告知顾客将由哪位维修接待员进行接待；及时告知维修接待员和备件预约情况；备件部门设立专用货架存放预约的备件；维修接待员负责监督预约的准备工作（委托书、备件、专家、技师和工位、设备/工具、资料）；如果不能履行预约，及时通知顾客并另约时间；前一天和前一小时确认各项准备工作和顾客履约情况；预约顾客来时，维修接待员在场，并进行接待。

应尽量避免电话铃响三声之后无人接听或长时间占线；顾客和车辆信息或故障描述记录不全；不对故障进行诊断；不按车间维修能力安排预约；顾客不知道谁会接待他；预约情况不及时通知有关部门和人员；备件部门没有为预约顾客预留备件；准备工作不充分；顾客已经前来才通知不能履约；不提前确认准备工作和顾客履约情况；顾客前来时，负责接待的维修接待员不在场。

为了客户到来后能够很快地如约开展车辆维修，预约人员同用户做好预约之后应及时通知业务接待（预约人员也可能就是业务接待），以便在用户到来之前做好必要的准备工作。在停车位、车间工位、维修人员、技术资料、专用工具、配件、辅料等方面都应该准备齐全，以免到时影响维修工作效率和质量。准备工作属于流程中的内部环节，与用户并无直接的接触。如果可能，业务接待还应提前准备好任务委托书（维修合同）。

5.4.2　客户接待与车辆检查

当顾客如约来到维修服务企业保养或修理车辆，发现一切工作准备就绪，维修接待员正在欢迎他的光临时，这会让他感到愉快。这恰恰也是顾客又一次对维修企业建立良好信任的开端。因此，维修接待员应当具有良好的形象和礼仪，并善于与顾客进行有效的沟通，体现出对顾客的关注与尊重，体现出高水平的业务素质。

1. 工作内容

在接待过程中，维修接待员应通过对车辆的检查，填写《接车登记表》和《维修任务书》。

1）接待准备

（1）服务顾问按规范要求检查仪容、仪表；

（2）准备好必要的表单、工具、材料；

（3）环境维护及清洁。

2）迎接顾客

（1）主动迎接，并引导顾客停车；

（2）使用标准问候语言；

（3）恰当称呼顾客；

（4）注意接待顺序。

3）环车检查

（1）安装三件套；

（2）基本信息登记；

（3）环车检查；

（4）详细、准确填写接车登记表（表5.2）。

表5.2　接车登记表

接车登记表

首次登记　是□　否□

是否预约　是□　否□

送车人姓名　　车牌号　　行驶里程数　　km

需要检查备胎　是□　否□　需要清洁车辆　是□　否□

需要查看旧件　是□　否□　油量：□1　□1/2　□1/3　□1/4

随车物品＿＿＿＿＿＿＿＿＿＿　贵重物品＿＿＿＿＿＿＿＿＿＿

车辆检查（16项）

仪表无故障和冗余信息显示□　内饰无明显污渍、损伤□

外部灯光以及灯罩完好：大灯□　小灯□　雾灯□　转向灯□　刹车灯□　倒车灯□

发动机仓液位检查：机油□　刹车油□　转向机油□　防冻液□　风窗清洗液□

车身外部检查：前盖□　顶盖□　后盖□　侧围□

注：√表示正常　×表示不正常

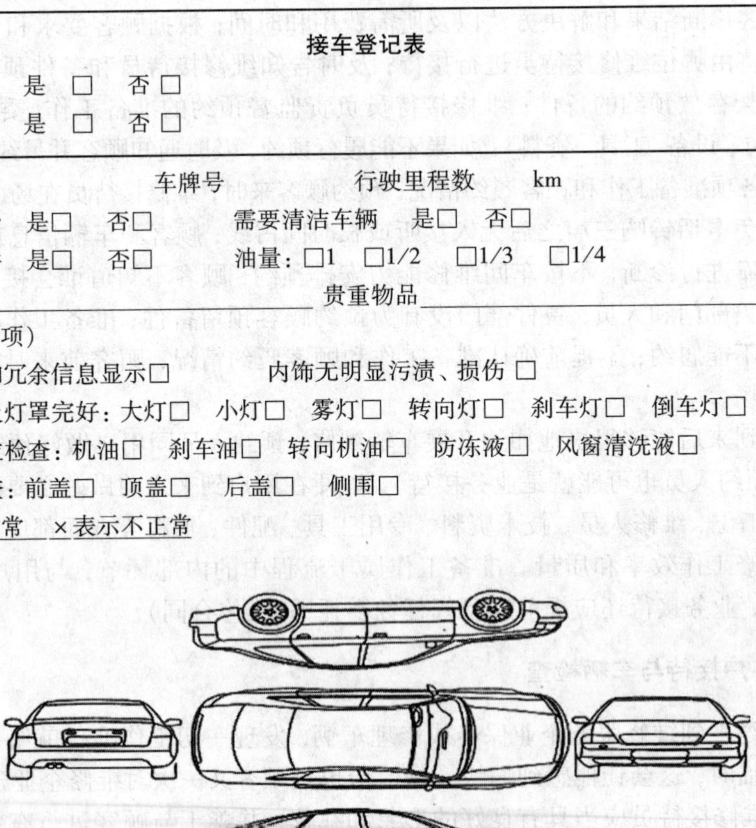

○ 凹凸　△ 划伤　■ 车身损伤　× 石击

序号	建议维修项目及内容	零件价格	工时价格	是否修理
预计交车时间： 预计总价：		客户描述：		

序号	本次维修项目及内容	零件价格	工时价格	是否修理
预计交车时间： 预计总价：		客户描述：		

注：车上贵重物品请顾客自行妥善保管

顾客签名　　服务顾问签名　　接车日期

4）现场问诊

了解顾客关心的问题，询问顾客的来意，仔细倾听顾客的要求及对车辆故障的描述。

5）故障确认

（1）可以立即确定为故障的，根据质量担保规定，向顾客说明车辆的维修项目和顾客的需求是否属于质量担保范围内。如果当时很难确定是否属于质量担保范围，应向顾客说明原因，待进一步进行诊断后作出判断。如仍无法断定，将情况上报服务部待批准后做出结论。

（2）不能立即确定为故障的，向顾客解释须经全面仔细检查后才能确定。

6）获得、核实顾客、车辆信息

（1）向顾客取得行驶证及车辆保养手册；

（2）引导顾客到接待前台，请顾客坐下。

7）确认备品供应情况

查询备品库存，确定是否有所需备品。

8）估算备品/工时费用

（1）查看系统内顾客服务档案，以判断车辆是否还有其他可推荐的维修项目；

（2）尽量准确地对维修费用进行估算，并将维修费用按工时费和备品费进行细化；

（3）将所有项目及所需备品录入系统；

（4）如不能确定故障的，告知顾客待检查结果出来后，再给出详细费用。

9）预估完工时间

根据对维修项目所需工时的估计及店内实际情况预估完工时间。

10）制作任务委托书（表5.3）

（1）询问并向顾客说明公司接受的付费方式；

（2）说明交车程序，询问顾客旧件处理方式；

（3）询问顾客是否接受免费洗车服务；

（4）将以上信息录入系统；

（5）告诉顾客在维修过程中如果发现新的维修项目会及时与其联系，在顾客同意并授权后才会进行维修；

（6）印制任务委托书，就任务委托书向顾客解释，并请顾客签字确认；

（7）将接车登记表、任务委托书客户联交顾客。

表5.3　任务委托书

顾客签字	业务接待员签字

工单 NO：　　　　　　　　　　业务接待员：

车牌号		VIN NO				
顾客 ID		顾客姓名				
邮政编码		地址				
电话1		电话2				
车型		SFX	外观色		内饰色	
入厂履历						
上次行驶公里		入厂预定		卡号		
入厂日	维修内容	入厂日	维修内容			
此次入厂情况		交车预定时间				
此次行驶公里		下次入厂预定				

委托事项	维修内容	必要的零件

开始时间	完成时间	主修签字	主任签字	检验员签字

注意事项：

1. 本施工单经双方确认后具有合同效力，可作为维修预检交接单使用，任务书为概算费用，结算时凭维修结算清单、按实际发生金额结算，结算方式及期限：________________。

2. 承修方大维修过程中增加维修项目或费用及延长维修期限时，承修方应及时通知托修方，并以书面等形式确认。使用的正副厂配件及质量担保期由双方约定，必要时附材料清单作为任务书的附件，托修方自带配件，承修方应查验登记，由此产生的质量问题，承修方不负责任。

3. 承修方应妥善保管托修车辆。托修方随车贵重物品随身带走，如有遗失，承修方不承担承任。

4. 维修质量保证期：从竣工出厂之日起________日或行驶里程________公里，以先达到指标为准。

11）安排顾客休息

顾客在销售服务中心等待。

2. 服务流程与实施规范

1）接待服务流程

接待服务流程如图5.3所示。

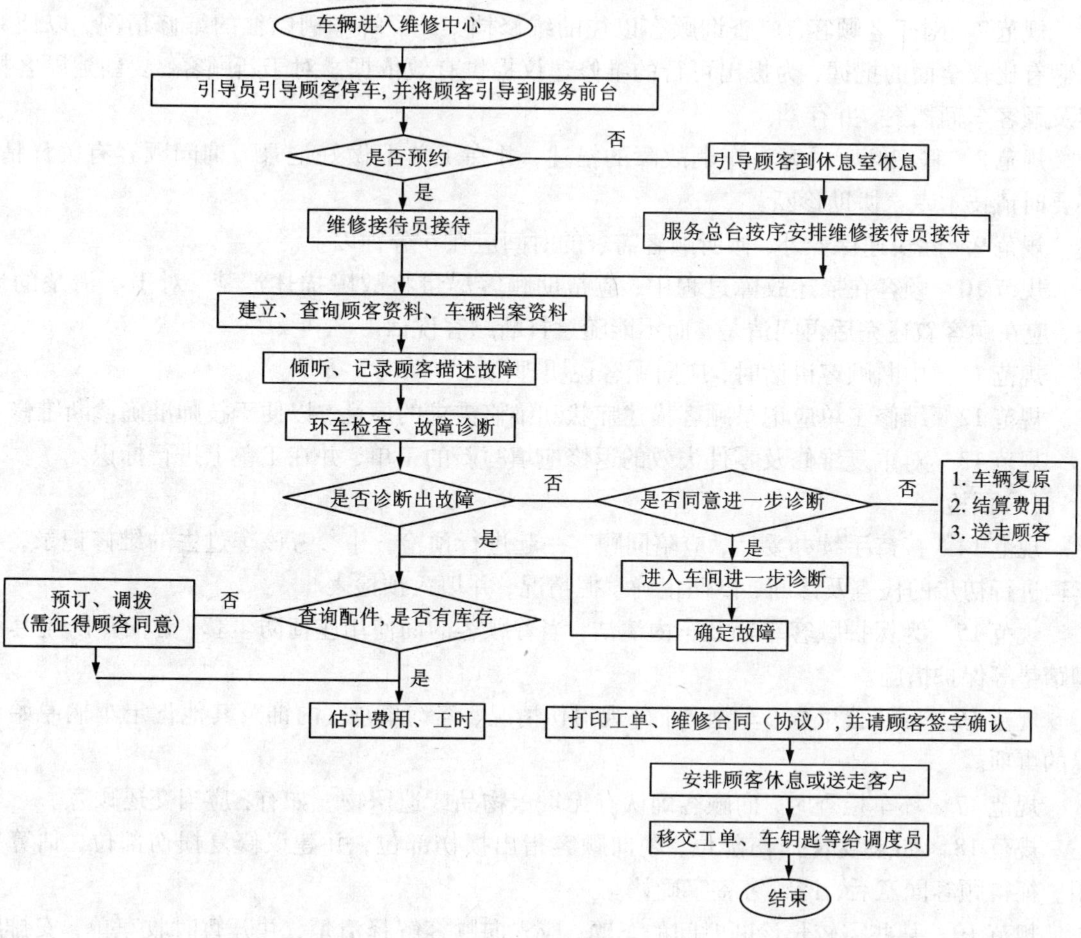

图5.3　接待服务流程

2)接待服务实施规范

(1)迎接顾客

规范1　顾客到达维修服务中心后的1分钟内，须有人迎接，并按预约车辆、非预约车辆两种类型将顾客引导至相应类别业务的接待台前。

规范2　如果是预约顾客，将顾客引导至预约车辆业务接待前台，并在车顶放置预约车辆标识牌；如果是非预约顾客，则将顾客引导至非预约车辆接待前台，前台工作人员按顺序通知维修接待员进行接待。

规范3　维修接待员应礼貌、热情、得体、规范地招呼顾客，迎接顾客时均应保持站立姿势，身体略向前倾，眼睛应注视着顾客的眼睛，时刻面带微笑，并向顾客传递这样的言语："您好，欢迎光临，很荣幸为您服务。"

规范4　维修接待员应主动向顾客递交名片和维修服务中心的有关服务信息资料。

规范5　确认来意，问明是何种业务(定期保养、保修、维修)，是否有特殊要求，是否有过返修。

规范6　维修接待员应建立每一位来维修中心顾客的档案及顾客车辆的档案。

规范7　对于老顾客，应查询顾客以往的维修档案，了解车辆以往的维修情况，以便对车辆有比较全面的把握，为提出可行的维修建议提供有效依据。对于新顾客，要新建顾客档案及顾客车辆档案，并存档。

规范8　仔细倾听顾客对车辆故障的描述，并在工单上做好记录。询问顾客有关详情，必要时请技术专家协助诊断。

规范9　除快速保养外，倾听顾客需求的时间应在6分钟以上。

规范10　顾客在描述故障过程中，应帮助顾客尽量将故障描述清楚，对于不清楚的地方，应在顾客叙述完后再问清楚，而不能随意打断顾客说话。

规范11　中断顾客讲话时，应向顾客说明理由。

规范12　维修工单应记录顾客描述症状和维修需求的原话，以便于技师准确诊断维修。

规范13　对重复维修及零件失效的返修应填写新的工单，并在工单上进行标识。

(2)预检

规范14　接待手续办妥后，应陪同顾客一起进行预检，并参考该车过去的维修记录，对车辆进行初步的检查及诊断，以便正确掌握情况，并填入预检表。

规范15　为保护顾客车辆及车内清洁，当着顾客的面使用座椅防尘套、方向盘防尘套和脚踏垫等保护措施。

规范16　确认公里数、车型、车外观损伤情况、咨询事项、内饰及其他肯定车辆原始状况的事项。

规范17　环车检查时，向顾客确认有无贵重物品或遗留物。如有，应当交还顾客。

规范18　如果发现损伤部位，须向顾客指出损伤部位，并建议修复损伤部位，估算费用。征得顾客同意后，请顾客签字确认。

规范19　某些需较长诊断时间的车辆，应先向顾客解释清楚，并开暂时收车单，安排顾客休息，同时督促尽快完成对车辆故障的诊断。

规范20　如该车故障较难判断，维修接待员应向顾客说明情况，引导顾客到休息区休息，并立即通知车间主管，对该车进行进一步详细的诊断。

规范21　碰到疑难杂症，有条件维修服务中心应向上一级服务部申请技术援助或向有关技术专家求助。

规范22　应尽量做到一次就将顾客车辆故障诊断清楚，可利用顾客以往修车档案来帮助进行故障诊断。

规范23　如有必要，车间主管应陪同维修业务接待员、顾客一同进行预检。

规范24　应将车辆环车检查的结果填入工单，并请顾客确认，同时建议顾客对不良的部位进行修理。

3. 接待过程注意事项

1）应努力做到

（1）确保预约准备工作符合要求；

（2）准时等候预约的顾客到来；

（3）用礼貌的语言欢迎顾客并进行自我介绍；

（4）仔细倾听顾客关于车辆故障的描述；

（5）使用车辆资料信息系统查询客户车辆的相关资料；

（6）进行故障判断，并指出顾客未发现的故障，必要时使用预检工位和向技术专家求助；

（7）记录车辆外观和车上设备、物品、油量等情况；

（8）整理顾客要求并根据故障原因制订维修项目；

（9）仔细、认真、完整地填写任务委托书；

（10）向顾客解释维修任务委托书的内容和所需的工作；

（11）向顾客提供维修的报价和约定交车时间；

（12）请顾客在委托书上签字确认，维修接待员签字后给顾客一份副本；

（13）当着顾客的面使用保护装置；

（14）妥善保管车辆钥匙、相关资料；

（15）安排顾客离开或休息等候；

2）尽量避免

（1）预约准备不充分；

（2）预约顾客到来时不在场；

（3）没有仔细倾听顾客的陈述；

（4）没有系统地检查顾客车辆；

（5）没有进行故障诊断，简单记录故障，把诊断任务交给车间；

（6）任务委托书填写不全、字迹潦草；

（7）不向顾客解释委托书内容；

（8）不提供报价或报价不准；

（9）不约定交车时间；

（10）顾客不在委托书上签字；

（11）不使用保护装置。

5.4.3 车辆维修和质检

维修接待员待顾客签字确认维修任务书以后，将维修任务书交给维修车间。车间维修技术员根据维修任务书的要求，按要求正确使用工具和维修资料，对所有车辆机械装置和车身各部件执行高质量的维修和保养，使车辆恢复出厂时的参数，达到质量要求，以使顾客满意。

1. 作业内容

在维修作业进行的过程中，维修接待员要跟进车辆的维修进度。这个过程主要是通过看板管理来完成的。

对于大型和中型汽车维修服务企业，负责工作进度控制的人员是车间主任或调度员；对于小型维修服务企业，可由维修业务接待人员来负责。无论何种情况，维修接待员都要对自己所接车辆的维修过程进行全程跟进。

维修接待员跟进整个维修作业流程的工作内容如下。

(1)随时掌握工作进度，确保按计划准时交车；

(2)能迅速答复顾客关于其车辆的维修进度情况；

(3)掌握维修车间的工作负荷，估算正确交车时间；

(4)与相关部门联系，防止超负荷运作或积压。

2. 作业管理流程

维修和质检作业管理主要流程如下：

1)服务顾问与车间主管交接

(1)服务顾问将车辆开至待修区，将车辆钥匙、《维修任务委托书》、《接车登记表》交给车间主管；

(2)依《任务委托书》、《接车登记表》与车间主管进行车辆交接。

(3)向车间主管交代作业内容；

(4)向车间主管说明交车时间要求及其他须注意的事项。

2)车间主管向班组长派工

(1)车间主管确定派工优先度；

(2)车间主管根据各班组的技术能力及工作状况，向班组派工。

3)实施维修作业

(1)班组接到任务后，根据《接车登记表》对车辆进行验收；

(2)确认故障现象，必要时试车；

(3)根据《维修任务委托书》上的工作内容，进行维修或诊断；

(4)维修技师凭《维修任务委托书》领料，并在出库单上签字；

(5)非工作需要不得进入车内，不能开动顾客车上的电器设备；

(6)对于顾客留在车内的物品，维修技师应小心地加以保护，非工作需要严禁触动，因工作需要触动时要通知服务顾问以征得顾客的同意。

4)作业过程中存在的问题

(1)作业进度发生变化时，维修技师必须及时报告车间主管及服务顾问，以便服务顾问及时与顾客联系，取得顾客谅解或认可；

（2）作业项目发生变化时须增项处理。

5）自检及班组长检验

（1）维修技师作业完成后，先进行自检；

（2）自检完成后，交班组长检验；

（3）检查合格后，班组长在《维修任务委托书》写下车辆维修建议、注意事项等，并签名；

（4）交质检员或技术总监质量检验。

6）总检

质检员或技术总监进行100%总检。

7）车辆清洗

（1）总检合格后，若顾客接受免费洗车服务，将车辆开至洗车工位，同时通知车间主管及服务顾问车已开始清洗；

（2）清洗车辆外观，必须确保不出现漆面划伤、外力压陷等情况；

（3）彻底清洗驾驶室、后备箱、发动机舱等部位。烟灰缸、地毯、仪表等部位的灰尘都要清理干净，注意保护车内物品；

（4）清洁后将车辆停放到竣工停车区，车辆摆放整齐，车头朝向出口方向。

3. 注意事项

（1）维修人员必须依据维修任务委托书项目施工；

（2）维修过程必须严格遵守主机厂作业指导书的规定施工，技术总监必须对此负责；

（3）维修结束后必须坚持自检、互检和专检规定；

（4）须形成检验记录，无检验人员签字不得交车；

（5）关于增项维修：

- 必须由主修人提出申请，并由业务人员、业务经理和技术总监制订增项维修方案；
- 增项部分必须由技术总监签字认可，增加的维修工时和增加的维修费用必须由业务经理签字认可；
- 由业务经理负责与客户沟通，只有在用户认可同意的情况下，方可增项施工；
- 增项维修车辆，必须通过交车检验，方可交车；
- 保留增项维修中的相关记录。

（6）维修人员、维修设备及工艺过程必须符合主机厂的品牌管理相关规定。

服务人员对于作业管理的监督，主要体现在两方面：

（1）追加维修项目处理、接到车间关于追加维修项目的信息后，应立即与客户进行电话联系，征求对方对增项维修的意见。同时，应告之客户由增项引起的工期延期。得到客户明确答复后，立即转达到车间。如客户不同意追加维修项目，业务接待员即可口头通知车间并记录通知时间和车间受话人；如同意追加，则开具“进厂维修单”填列追加维修项目内容，立即交车间主管或调度，并记录交单时间。

（2）完工时间。根据生产进展定时向车间询问维修任务完成情况，询问时间一般定在维修预计工期进行到70%至80%的时候。询问完工时间、维修有无异常。如有异常，应立即采取应急措施，尽可能不拖延工期。如不能按时交车，必须主动提前向客户说明原委并道歉。

5.4.4 结算与车辆交付

通过结算、交付活动来兑现企业对客户关于质量、价格和时间的承诺，并通过向客户解释维修内容和费用使顾客感受到专业的服务，增强对企业的满意度和忠诚度。

1. 主要内容

1)通知服务顾问准备交车

(1)将车钥匙、《维修任务委托书》、《接车登记表》等物品移交车间主管，并通知服务顾问车辆已修完；

(2)通知服务顾问停车位置。

2)服务顾问内部交车

(1)检查《维修任务委托书》，以确保顾客委托的所有维修保养项目的书面记录都已完成，并有质检员签字；

(2)实车核对《维修任务委托书》，以确保顾客委托的所有维修保养项目在车辆上都已完成；

(3)确认故障已消除，必要时试车；

(4)确认从车辆上更换下来的旧件；

(5)确认车辆内外清洁度(包括无灰尘、油污、油脂)；

(6)其他检查：除车辆外观外，不应遗留抹布、工具、螺母、螺栓等。

3)通知顾客，约定交车

(1)检查完成后，立即与顾客取得联系，告知其车已修好；

(2)与顾客约定交车时间；

(3)大修车、事故车等不要在高峰时间交车。

4)陪同顾客验车

(1)服务顾问陪同顾客查看车辆的维修保养情况，依据任务委托书及接车登记表，验车向顾客说明；

(2)向顾客展示更换下来的旧件；

(3)说明车辆维修建议及车辆使用注意事项；

(4)提醒顾客下次保养的时间和里程；

(5)说明备胎、随车工具已检查及说明检查结果；

(6)向顾客说明、展示车辆内外已清洁干净；

(7)告知顾客一周内销售服务中心将对顾客进行服务质量跟踪电话回访，询问顾客方便接听电话的时间；

(8)当着顾客的面取下三件套，放于回收装置中。

5)制作结算单(表5.4)

(1)引导顾客到服务接待前台，请顾客坐下；

(2)打印出车辆维修结算单及出门证。

表5.4　结算单

工号NO:________　顾客:________　车型:________　车牌号:________　(单位:元)

维修类型	班组	工时费	材料费	管理费	税费	总额

序号	材料名称	单位	数量	单价(元)	金额(元)	备注
1						
2						
3						
4						
5						
6						
7						
8						
9						
总额	万　千　百　拾　元					¥

日期:________　制表:________　财务:________　复核:________

6)向顾客说明有关注意事项

(1)根据任务委托书上的"建议维修项目"向顾客说明这些工作是被推荐的，并记录在车辆维修结算单上。特别是有关安全的建议维修项目，要向顾客说明必须维修的原因及不修复可能带来的严重后果，若顾客不同意修复，要请顾客注明并签字；

(2)如有保养手册，应对保养手册上的记录进行说明；

(3)对于首保顾客，说明首次保养是免费的保养项目，并简要介绍质量担保规定和定期维护保养的重要性；

(4)将下次保养的时间和里程记录在车辆维修结算单上，并提醒顾客留意；

(5)告知顾客会在下次保养到期前提醒、预约顾客来店保养；

(6)与顾客确认方便接听服务质量跟踪电话的时间并记录在车辆维修结算单上。

7)解释费用

(1)依车辆维修结算单，向顾客解释收费情况；

(2)请顾客在结算单上签字确认。

8)服务顾问陪同顾客结账

(1)服务顾问陪同自费顾客到收银台结账；

(2)结算员将结算单、发票等叠好，注意收费金额朝外；

(3)将找回的零钱及出门证放在叠好的发票等上面，双手递给顾客；

(4)收银员感谢顾客的光临，与顾客道别。

9)服务顾问将资料交还顾客

(1)服务顾问将车钥匙、行驶证、保养手册等相关物品交还给顾客；

(2)将能够随时与服务顾问取得联系的方式(电话号码等)告诉顾客;

(3)询问顾客是否还需其他服务。

10)送顾客离开

送别顾客并对顾客的惠顾表示感谢。

2.服务流程和服务规范

1)服务流程

结算/交车的服务流程如图5.4所示。

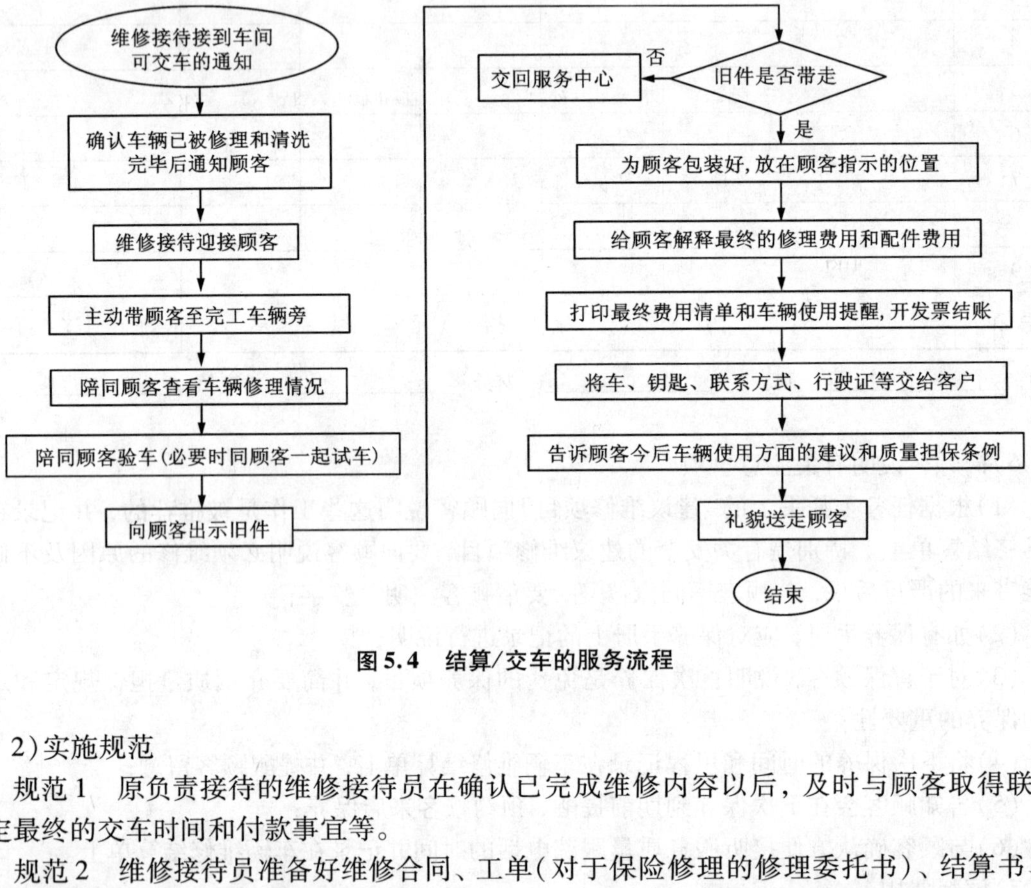

图5.4　结算/交车的服务流程

2)实施规范

规范1　原负责接待的维修接待员在确认已完成维修内容以后,及时与顾客取得联系,确定最终的交车时间和付款事宜等。

规范2　维修接待员准备好维修合同、工单(对于保险修理的修理委托书)、结算书、报价单、旧配件、车钥匙及行驶证等。

规范3　维修接待员打印好有关质保条例及今后顾客车辆保养用方面的建议。

规范4　竣工车辆停放在竣工区,且车头朝向顾客离开方向。

规范5　维修接待员陪同顾客检验竣工车辆,并解释签收。应先陪同顾客查看和核对车辆的修理情况,当着顾客的面取下座椅防尘套、方向盘防尘套和脚踏垫等保护施。属非索赔件的修理,应将旧零件当面给顾客查看并返还给顾客,如果是索赔件,则无须向顾客出示。维修接待员应用通俗易懂的语言向顾客解释维修项目内容及顾客的询问,顾客满意后请顾客在工单上签字确认。向顾客建议下次保养使用方面的注意事项,确认电话回访的时间和形式,预约下次保养时间,并做好记录。

规范6　结账。维修接待员陪顾客到收银台结账,收银员必须站立,且面带微笑地为顾客服务。维修接待员依据最终费用清单向顾客解释各个维修项目及费用，提醒顾客再次确认维修费用，并请顾客签字确认。付款结账，须在工单上作“付讫”标记，将发票和提车联交给顾客，并提醒顾客点清和妥善保管，结账结束后收银员须向顾客表示感谢，并祝顾客平安。维修接待员将打印好的有关质保条例及今后顾客车辆使用方面的建议交给顾客，并请顾客保存好。

规范7　维修接待员将电话号码留给顾客，便于顾客发现问题后打电话反馈。

规范8　车辆调度人员将顾客车辆开至业务大厅门口，并将车钥匙、行驶证交给顾客。

规范9　维修接待员同顾客到其汽车边并送顾客到维修站门口。与顾客道别，表示谢意，并欢迎下次光临。目送顾客，直至看不到顾客，方可转身离去。

规范10　交车服务(包括付费和取车时间)应控制在10分钟以内。

规范11　送走顾客后，有关人员将该维修顾客车辆维修资料的变更部分输入电脑，完善顾客档案，并存档。

规范12　车间主管将工单索赔联交索赔员，维修联、存档联装入顾客档案袋。

3. 注意事项

1)应努力做到的事项

(1)确保所有进行的工作和备件都列在结算单上；

(2)确保结算和向顾客的报价一致；

(3)使用公布的工时和备件价格进行结算；

(4)确保所有顾客需要的资料都已准备好；

(5)由原接待的维修接待员进行交付；

(6)向顾客解释完成的工作和发票的内容；

(7)陪同并引导顾客交款；

(8)向顾客出示旧件并询问处理意见；

(8)提示下次保养的时间里程和车辆使用的注意事项；

(10)指出额外需要进行的工作，并咨询顾客意见；

(11)需立即进行的工作，顾客如不修理，应在委托书上注明并请顾客签字；

(12)告知顾客有些零件的剩余使用寿命(轮胎、刹车片)；

(13)将所有单据交顾客一份副本；

(14)取下保护用品，开出门证，送别顾客。

2)应尽量避免的事项

(1)结算时项目不完整；

(2)结算价格与报价不一致；

(3)不按公开的价格规范进行结算；

(4)不由原来的维修接待员进行交付；

(5)不陪同顾客一起检查车辆；

(6)没指出需额外进行的工作；

(7)需立即进行修理的项目特别是涉及安全的项目，不做记录且不请顾客签字；

(8)没有送别顾客。

5.4.5 跟踪回访

当用户提车离厂后，维修企业应在一周之内进行跟踪回访。其目的不但在于体现对用户的关心，更重要的是了解对维修质量、用户接待、收费情况、维修的时效性等方面的反馈意见，以便维修企业发现不足、改进工作。

跟踪回访是维修服务流程中的最后一道环节，属于与用户接触沟通交流环节，一般通过电话访问的方式进行。在较大一些的维修企业中，由专职的回访员来做这项工作；在较小的维修企业中，则可由用户顾问兼职来做。

1. 服务内容

维修服务企业应在交车之后一周内对顾客进行跟踪回访跟踪回访体现对顾客的关心，更重要的是了解对维修质量、顾客接待、收费情况和维修时效性等方面的反馈意见，以利于维修企业发现不足、改进工作。

回访人员应做好回访记录，作为质量分析和顾客满意度分析的依据，回访记录如表 5.5 所示。如果在回访中发现顾客有强烈抱怨和不满的情绪，应耐心地向顾客解释说明原因并及时向服务经理汇报，在一天内调查清楚情况，给顾客一个合理的答复，以平息顾客不快。

表 5.5 回访记录表

日期：________________

序号	顾客姓名	车牌号	联系电话	维修单号	出厂时间	车辆度用情况	工作人员态度	工作人员效率	工作人员业务水平	满意度	意见与建议
1											
2											
3											
4											
5											
6											

2. 服务流程和实施规范

1) 服务流程

跟踪回访服务流程如图 5.5 所示。

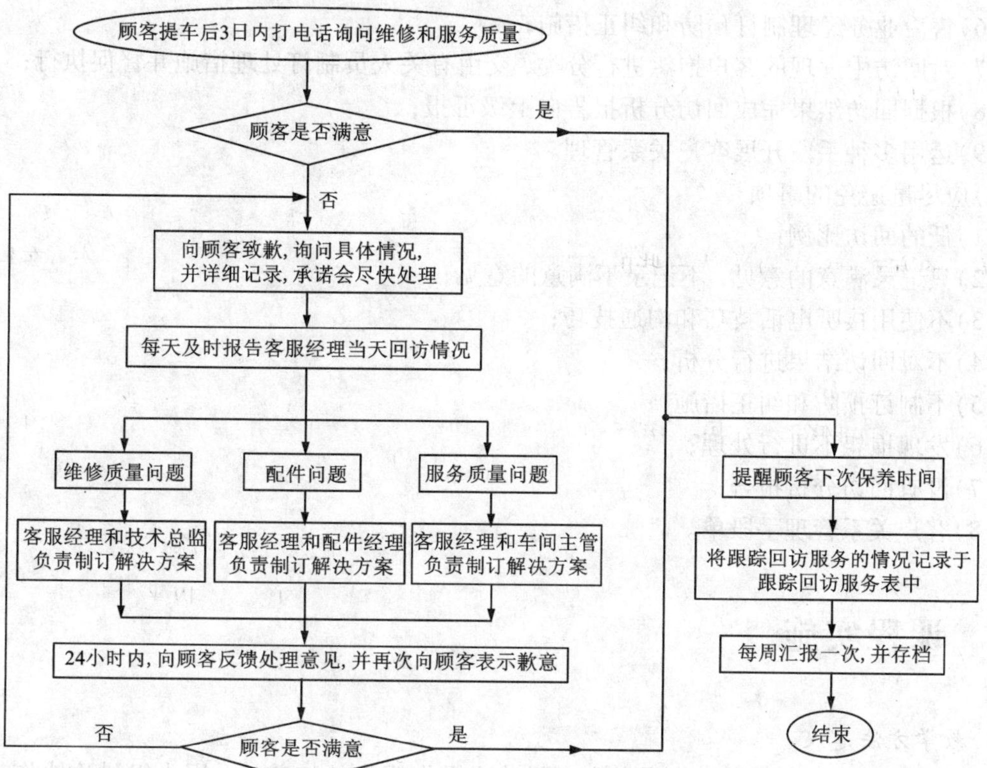
顾客提车后3日内打电话询问维修和服务质量
顾客是否满意
是
否
向顾客致歉,询问具体情况,并详细记录,承诺会尽快处理
每天及时报告客服经理当天回访情况
维修质量问题
配件问题
服务质量问题
客服经理和技术总监负责制订解决方案
客服经理和配件经理负责制订解决方案
客服经理和车间主管负责制订解决方案
24小时内,向顾客反馈处理意见,并再次向顾客表示歉意
否
顾客是否满意
是
提醒顾客下次保养时间
将跟踪回访服务的情况记录于跟踪回访服务表中
每周汇报一次,并存档
结束

图5.5　跟踪回访服务流程

2）实施规范

规范1　维修保养后，质量跟踪员必须在顾客取车后一周内对维修质量和服务质量进行电话跟踪回访，开展满意度调查，并记录于售后电话跟踪表中。

规范2　每天应将当天存在质量问题的电话跟踪导出到售后电话跟踪处理日报表中，并提交给顾客服务经理。

规范3　存在维修质量和服务质量问题的处理。应须向顾客致歉，尽快制订处理意见及内部改进措施，次日再次致歉顾客，并向顾客反馈处理意见。

规范4　在进行电话跟踪服务时，应进行定期保养提醒，及时提示或推荐维修服务方面的优惠活动。

规范5　整理电话跟踪质量周报，对有质量问题的跟踪服务进行汇总。

规范6　定期选择一定比例的顾客进行上门拜访，并详细记录，总结经验。

3. 注意事项

1）应努力做到的事项

（1）争取对所有的客户进行跟踪回访；

（2）全面、客观地记录客户的谈话；

（3）利用掌握的接听电话的技巧和沟通技巧；

（4）定期对回访的结果进行统计分析；

（5）从统计分析结果中查找问题和失误的原因；

(6)售后业务经理制订预防和纠正措施；
(7)对回访中发现的客户抱怨进行分类，交由有关人员制订处理措施并督促执行；
(8)根据回访结果完成回访分析报告向上级汇报；
(9)运用多种手段开展客户关系管理。

2)应尽量避免的事项

(1)低的回访比例；
(2)只记录满意的意见，不记录不满意的意见；
(3)不使用接听电话技巧和沟通技巧；
(4)不对回访结果进行分析；
(5)不制订预防和纠正措施；
(6)发现抱怨不进行处理；
(7)没有回访分析报告；
(8)客户关系管理手段单。

5.5 课程实施

1. 教学方法建议

在教学过程中，应立足于加强学生实际动手操作能力的培养，采用小组讨论协作、任务驱动法、情景教学法等教学方法，以工作任务引领提高学习兴趣，激发学生学习的热情，并辅之以团队能力、表达沟通能力、职业规范等培养和教育；重视行业实际，贴近企业、贴近生产。

2. 教学条件及资源基本要求

主要工具及仪器有：教学实车、操作视频、三件套(方向盘套、座椅套及地板垫)、清洁布等。

5.6 参考资料

1. 参考教材

[1]王彦峰. 汽车维修服务接待[M]. 北京：人民交通出版社，2018.
[2]张琳琳. 汽车维修服务接待实训教程[M]. 北京：人民交通出版社，2014.
[3]赵文霞. 汽车4S店维修接待服务[M]. 北京：中国农业出版社，2015.

2. 网络学习资源

[1]汽车维修技术网：http://www.qcwxjs.com/qichewenhua/11432.html
[2]汽车维修与保养：http://www.motorchina.com/

5.7　报告

汽车维修服务流程实践报告模板如下。

《汽车维修服务流程》实践报告

一、目的、意义
二、计划及安排
三、主要实践内容
（要求包括汽车维修服务的核心流程，并详细阐述各流程的工作内容和规范）
四、总结及收获

项目6 汽车保险与理赔实践

6.1 目的和基本要求

汽车保险与理赔是指汽车保险人承保及发生保险责任范围内的损失后，保险人依据保险合同的约定解决保险赔偿问题的过程。随着我国市场经济和汽车后市场的快速发展，汽车保险正逐步成为与人们生活密切相关的经济活动，其重要性和社会性也正逐步突现。由于汽车保险与理赔业务是财产保险业的基础，因此培养学生汽车保险与理赔实践能力具有重要意义。

本实践项目的目的是：在全面掌握汽车保险基本知识的基础上，较系统地掌握汽车保险的相关政策、法规和有关条例条款；通过对模拟客户汽车承保作业，掌握汽车保险承保的基本条款及工作流程；能按照规范填写投保单、能准确计算保费、能进行缮制、签单、批改、续保等简单业务；能根据事故现场勘查结果进行事故理赔、掌握汽车保险理赔事故损失确定的流程及进行赔款计算和缮制赔款计算书等业务。

6.2 学习目标

总体目标：

根据汽车服务工程专业人才培养目标、岗位(群)需求和前后续课程的衔接，统筹考虑和选取教学内容；根据汽车保险技术领域和职业岗位(群)的任职要求，参照相关的职业资格标准，构建汽车保险与理赔实践项目教学内容，使项目更加符合应用型工程技术教育的特点和规律。重视实践教学在高素质应用人才培养过程中的作用，体现教学过程的实践性、开放性和职业性。在教学方法、手段运用上，基于行动导向的教学和工程技能实践的一体化。在教学情景设计上，设计完整的汽车保险与理赔作业流程，注重学习与实际工作的一致性，教学组织实现真正意义上的“理实一体化”教学。

6.2.1 专业能力

(1)具有汽车保险与理赔的基本理论知识和分析能力；

(2)具有汽车保险与理赔作业能力，能熟练进行汽车保险承保、理赔业务。

6.2.2 社会能力

(1)计划、组织和交流的能力，有效利用资源和信息，提高学习效率；
(2)遵守职业道德和规范，履行职责的能力。

6.2.3 方法能力

(1)运用所学知识解决问题的能力；
(2)运用现有条件进行汽车保险与理赔作业的能力。

6.3 课题设计及内容

6.3.1 情景设计

(1)预设一投保客户、投保车辆及其投保需求情景，根据情景预设，学生以保险公司展业人员及核保员的身份，按照公司核保要求为客户制订保险方案、出具保险单证，完成承保作业；

(2)预设一投保车辆事故及查勘定损结论的情景，根据情景预设，学生以保险公司理赔员的身份，按照公司理赔流程及核赔要求为客户完成理赔作业。

6.3.2 课题内容

(1)汽车保险与理赔情景设计，准备必要单证及工具。
(2)汽车保险的承保作业。
按照保险企业一般承保流程、标准及要求开展汽车承保、核保作业，按照规范填写投保单、计算保费、完成缮制、签单、批改、续保等简单业务。
(3)汽车保险的理赔作业。
根据事故现场勘查定损结果，按照汽车保险理赔流程，完成赔款计算和缮制赔款计算书等业务。

6.3.3 要求

(1)承保与理赔工作应按照相关政策、法规和有关条例规范的要求开展；
(2)作业符合保险企业一般作业流程；
(3)完成相关作业单证，单证符合要求，内容齐全、真实客观、前后一致，格式规范；
(4)根据预先假定的情景开展作业，作业的原则应符合当前保险行业实际，应符合企业核保核赔要求，相关计算方法合理，计算过程及结果正确；
(5)实践报告附件资料齐全，符合保险企业规定；
(6)实践报告须详细记录本人的工作过程及各阶段成果；
(7)独立完成报告及其附件的撰写编制。

6.4 相关知识

6.4.1 汽车保险承保实务

1. 汽车保险承保工作流程

汽车保险承保工作流程如图 6.1 所示。

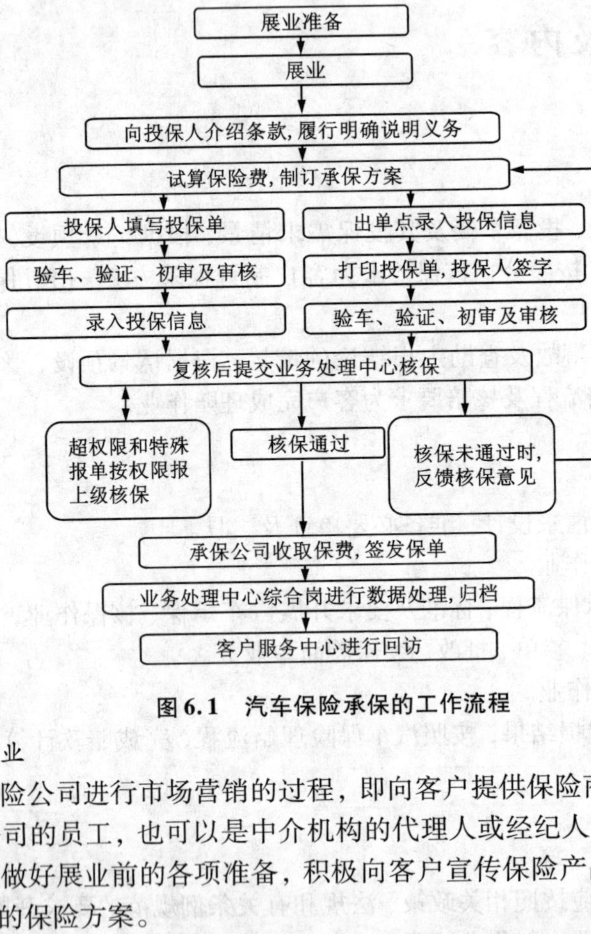

图 6.1 汽车保险承保的工作流程

2. 汽车保险展业

保险展业是保险公司进行市场营销的过程，即向客户提供保险商品的服务。从事展业的人员可以是保险公司的员工，也可以是中介机构的代理人或经纪人。在本项任务中，保险展业人员要学会如何做好展业前的各项准备，积极向客户宣传保险产品，根据客户的不同保险需求，制订个性化的保险方案。

汽车保险展业宣传的方式主要有：通过电视、电影等多种媒体开展保险宣传；通过广告、发放宣传资料等形式开展保险宣传；通过召开座谈会、举办保险知识讲座等活动开展宣传等。

汽车保险展业宣传的内容如下：

(1) 机动车辆保险的职能和作用；

(2) 公司车险的名优产品，公司在经营能力、偿付能力、机构、网络、人才、技术和服务方面的优势；

(3) 参加保险的条件，投保和理赔的手续；

(4)介绍保险产品的保险责任、责任免除、投保人和保险人义务以及附加险与主险在风险保障上的互补作用。

为客户制订保险方案时，应符合充分保障原则、公平合理原则、充分披露原则，保险业务人员应充分了解投保人的保险需求，从专业的角度对投保人可能面临的风险进行识别和评估，根据投保人的实际情况以及风险评估的结果，向投保人介绍相关险种及其所能提供的增值服务，为投保人制订最佳保险方案。

保险方案的基本内容包括：

①保险人情况介绍；

②投保标的风险评估；

③保险方案的总体建议；

④保险条款以及解释；

⑤保险金额和赔偿限额的确定；

⑥免赔额以及适用情况；

⑦赔偿处理的程序以及要求；

⑧服务体系以及承诺；

⑨相关附件。

3. 汽车保险核保

核保是指保险人对投保人的投保申请进行审核，就保险标的的各种风险情况进行审核和评估，以确定是否接受投保人的投保申请，与之签订保险合同的过程。

核保是汽车保险承保的重要环节之一，其本质是对可保风险的判断与选择，是承保条件与风险状况适应或匹配的过程。保险业务人员通过对核保、对已经掌握的资料进行整理和分析，判断是否承保、适用的承保条件及保险费率等。

核保管理工作的要求如下：

(1)严格执行车险条款和费率；

(2)严格管控手续费；

(3)严格应收保费管理；

(4)规范代码协议和单证管理；

(5)核保业务技能训练；

(6)明确核保权限。

核保的主要内容如下：

(1)审核投保单；

(2)查验有关证件；

(3)查验车辆；

(4)核定保险费率；

(5)计算保险费用；

(6)保险公司二级核保；

(7)保险公司一级核保。

核保方式分为标准业务核保和非标准业务核保、事先核保和事后核保、集中核保和远程核保等方式。

核保工作流程如图 6.2 所示。

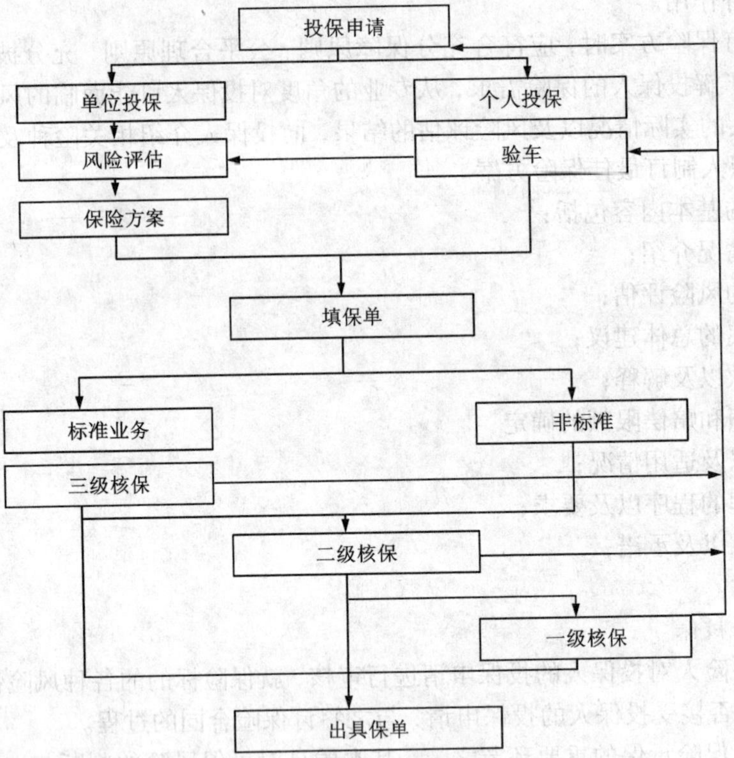

图 6.2　核保工作流程

4. 缮制和签发保险单证

保险单或保险凭证是订立保险合同、载明保险合同双方当事人权利和义务的书面凭证，是被保险人向保险人索赔的主要依据。因此，缮制保险单证工作质量的优劣，往往直接影响机动车辆保险合同的顺利履行。保险人员应能够准确地缮制保险单证，按照规范的操作程序完成签发保险单证的工作。

交强险单证如表 6.1 所示，商业保险单证如表 6.2 所示。缮制和签发保险单证流程如图 6.3 所示。

表 6.1　交强险单证及使用范围

单证名称	单证分类	适用范围
保险单	机动车交强险保单	机动车
定额保险单	摩托车定额保单	摩托车(兼有投保单性质)
	拖拉机定额保单	拖拉机(兼有投保单性质)
保险标志	内置式	具有前挡风玻璃车辆
	便携式	不具有前挡风玻璃车辆
批改申请书	批改申请书	已签发的各类交强险保单进行批改时使用
批单	交强险批单	

表 6.2　商业保险单证及使用范围

单证名称	单证分类	适用范围
保险单	机动车商业保险保单	机动车
定额保险单	摩托车商业保险定额保单	摩托车(兼有投保单性质)
	拖拉机商业保险定额保单	拖拉机(兼有投保单性质)
保险证	机动车保险证	机动车
批改申请书	批改申请书	已签发的商业保险保单进行批改时使用
批单	机动车辆保险批单	

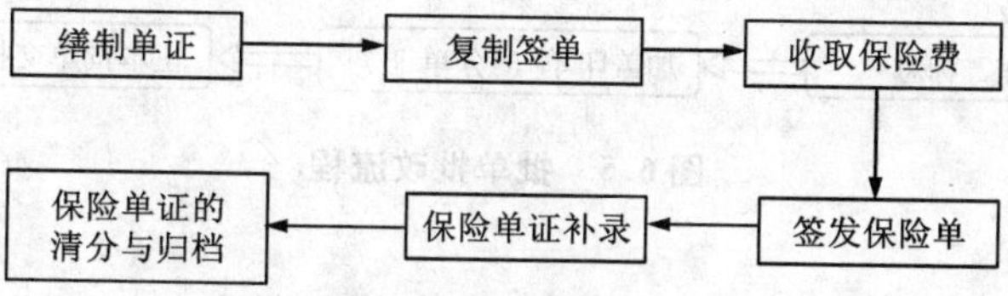

图 6.3　缮制和签发保险单证流程

5. 续保、批改和退保业务

续保是保险期满后，投保人在同一保险人处重新办理汽车保险事宜，汽车保险业务中有相当大的比例是续保业务。续保业务的实施步骤如图 6.4 所示。

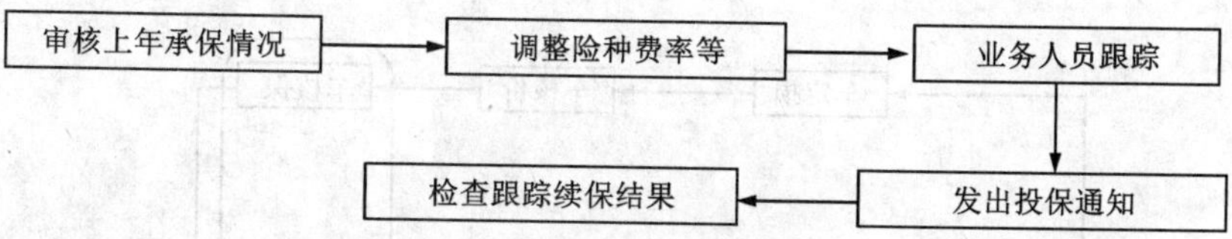

图 6.4　续保业务的实施步骤

批改是在保险单签发以后，在保险合同有效期限内，如保险事项发生变更，经保险双方当事人同意后办理变更合同内容的手续。批单批改流程如图 6.5 所示。

批改的主要内容有：

(1)保险人变更；

(2)被保险人变更；

(3)保险车辆变更使用性质、增减危险程度；

(4)增、减投保车辆；

(5)增、减或变更约定驾驶人员；

(6)调整保险金额或责任限额；

(7)保险责任变更；

(8)保险期限变更；

(9)变更其他事项。

批改是在原保险合同上进行批改，另外出具批单附贴在原保险单正本、副本上并加盖骑缝章，使其成为保险合同的一部分，在实际工作中大都采用出具批单的方式。

退保是在保险合同没有完全履行时，经投保人向被保险人申请，保险人同意，解除双方由合同确定的法律关系。在本项任务中通过学习相关知识，熟练地处理续保、批改、退保业务。

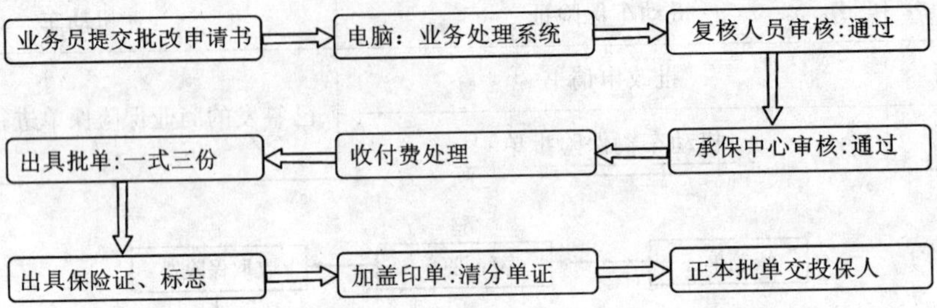

图 6.5　批单批改流程

6.4.2　汽车保险理赔实务

汽车保险理赔实务包括受理报案及单证收集、理算、核赔、归档等具体作业内容。具体理赔流程如图 6.6 所示。

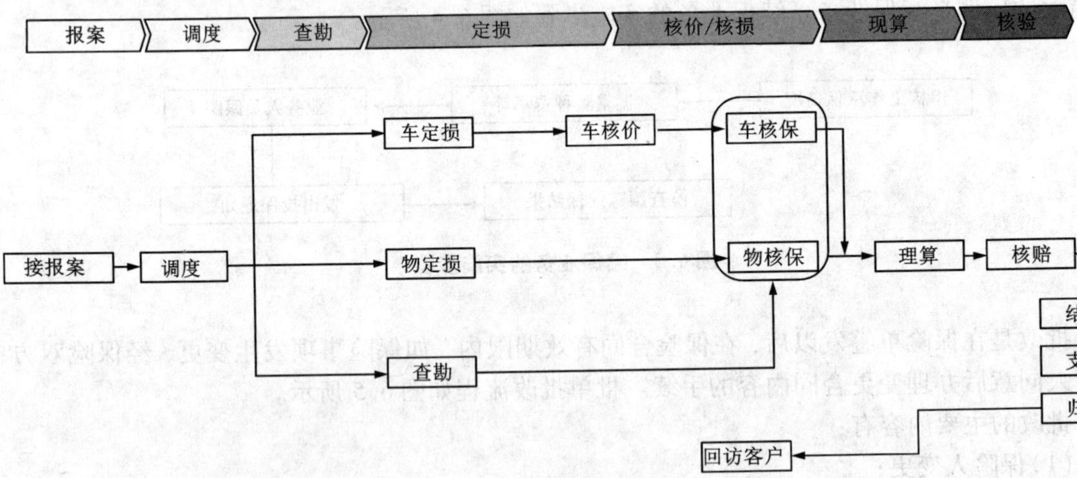

图 6.6　保险理赔流程

1. 受理报案及单证收集

1)受理报案流程

接报案流程如图 6.7 所示，调度流程如图 6.8 所示。

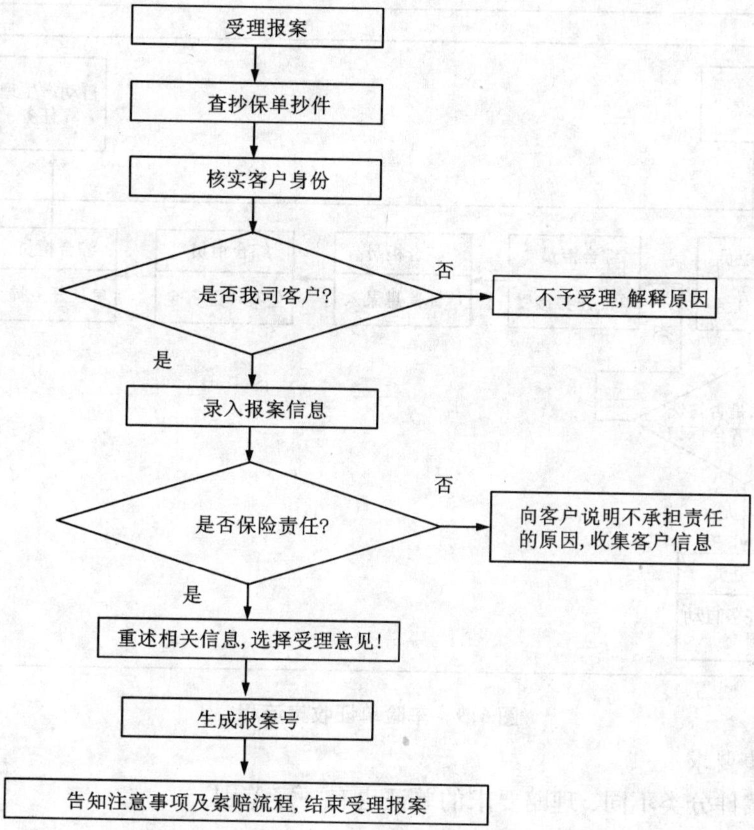

图6.7 接报案流程

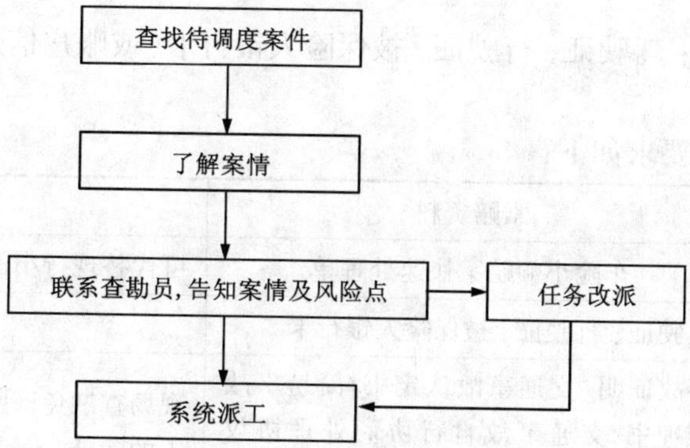

图6.8 调度流程

2)单证收集流程及方式

某保险企业车险单证收集流程如图6.9所示。保险企业相关人员应一次性告知客户所需索赔的资料,并确保资料有效、完整。可根据具体情况采用现场收单、营业网点收单、快递上门收单、外部合作单位收单、网络电子收单等方式。

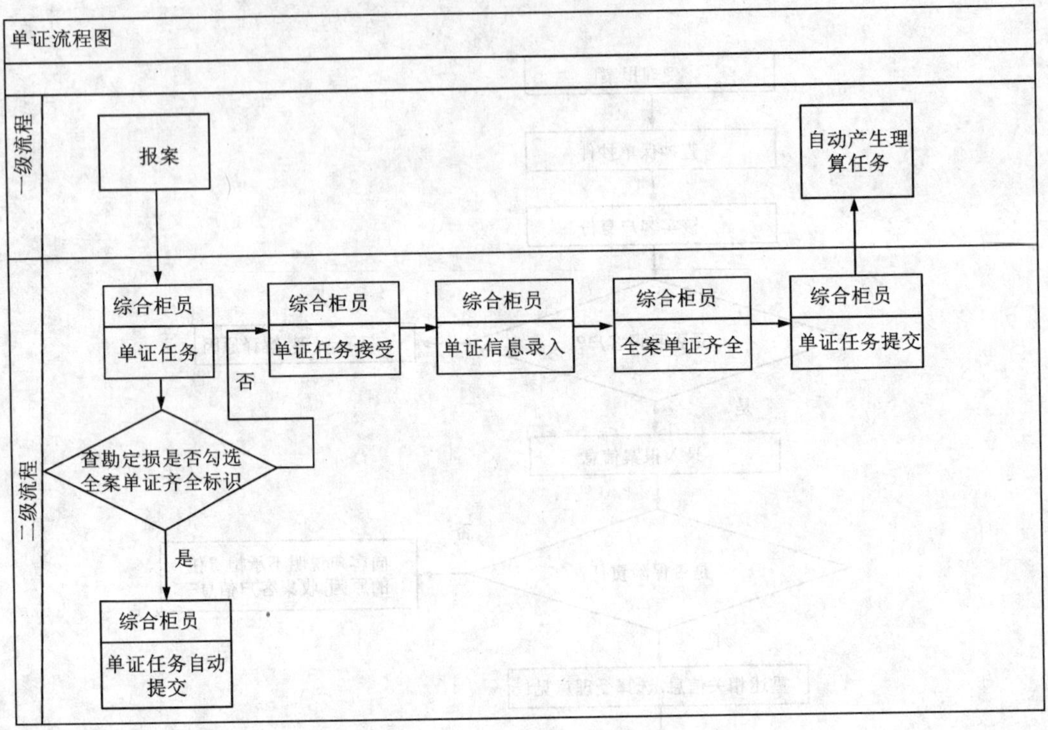

图 6.9　车险单证收集流程

3)单证收集要求

根据理赔案件分类不同,理赔要求的单证也有一定差别。

(1)电话直赔。

电话直赔单证要求:驾驶证、行驶证、被保险人银行卡(或账户信息)、损失照片。

(2)微信理赔。

微信理赔单证要求:驾驶证、行驶证、被保险人银行卡(或账户信息)、损失照片。

(3)小额快速案件。

小额快速案件单证要求如下:

类型		索赔资料	备注
索赔申请类		车险小额赔案快速处理单	可代替现行小额案件查勘定损记录
证明类		驾驶证、行驶证、被保险人银行卡	
		事故证明(交通事故认定书/简易事故处理书/交通事故自行协商处理协议书、调解书)	现场查勘免证明,公安机关等第三方介入的除外
损失金额确定类	人伤	医疗费发票	未到医院就诊提供调解书或定损单、三者身份证信息
	车物	三者发票或者赔偿凭证	

(4)一般案件。

一般案件单证要求如下。

案件事故类型		客户提供		
		必备单证		备注
单方事故无人伤		三证、一卡		驾驶证、行驶证与被保险人身份证、被保险人银行卡
双方事故无人伤		三证、一卡、事故证明、三者发票或赔偿证明		无三者发票提供三者银行卡/账号
物损案件		三证，事故证明，三者物损发票/清单/经济赔偿凭证		
人伤事故	门诊医疗费	三证，事故证明，伤者身份证明	门诊病历、发票	涉及伤残赔付的须提供影像资料
	住院医疗费		病历、出院小结、医疗费发票及费用清单，	涉及伤残赔付的须提供影像资料
	后续治疗费、康复费		医疗证明或司法鉴定报告	
	营养费		医疗证明或司法鉴定报告	
	误工费		医疗证明或司法鉴定报告、收入及收入减少证明	收入超过个人所得税起征点需提供：纳税凭证（超纳税标准的）、事故前3个月和务工期间银行工资卡入账明细
	护理费		医疗证明或司法鉴定报告、护工收费凭证，余同误工	同上
	交通费		交通费报销凭证	
	住宿费		住宿费报销凭证	
	伤残赔偿金		伤残鉴定书、户口簿	
	残疾辅助器具费		司法鉴定报告或配置机构意见书	配置残疾辅助器具发票
	被扶养人生活费		受害人与被扶养人关系证明（出生证明、亲属关系证明、收养证明等）、家庭成员组成证明（共同抚养人数证明等）、被抚养人户籍性质证明、被抚养人丧失劳动能力或其他生活来源证明	
	死亡赔偿金、丧葬费		尸检报告或死亡证明、户口簿	
	精神损害抚慰金		法院判决书/调解书	
	涉及赔偿标准农转非		农村人口在城镇长期生活证明：一年以上暂住证/房产证/租房合同、务工证明/劳动合同/社保清单/银行流水 农村失地农民：土地征收证明/征地补偿协议等	

<table>
<tr><th colspan="2" rowspan="2">案件事故类型</th><th colspan="3">客户提供</th></tr>
<tr><th colspan="2">必备单证</th><th>备注</th></tr>
<tr><td rowspan="3">火灾、自燃</td><td>盗抢</td><td rowspan="3">三证，起火原因证明</td><td>盗抢案件立案证明（报案回执）、机动车来历证明（如：购车发票等）、机动车登记证书、被保险人身份证明、权益转让书
＊旧条款除上述外，还需：行驶证、驾驶证；车辆购置税完税证明和代征车辆购置税缴税收据/车辆购置附加费缴费收据和凭证/免税证明</td><td></td></tr>
<tr><td>自然灾害</td><td>三证、一卡</td><td></td></tr>
<tr><td>诉讼、仲裁案件</td><td>判决书（裁决书）或调解书或庭审笔录或调解笔录</td><td></td></tr>
</table>

（5）代位求偿案件

代位求偿案件单证要求如下：

<table>
<tr><th colspan="3">提供单证类型——责任对方为机动车</th></tr>
<tr><td>1</td><td colspan="2">“代位求偿”案件索赔申请书（责任对方为机动车方）</td></tr>
<tr><td>2</td><td colspan="2">机动车辆索赔权转让书</td></tr>
<tr><td>3</td><td colspan="2">责任对方的有效身份证明</td></tr>
<tr><td>4</td><td colspan="2">责任对方驾驶员《机动车辆驾驶证》</td></tr>
<tr><td>5</td><td colspan="2">责任对方车辆《机动车辆行驶证》</td></tr>
<tr><td>6</td><td colspan="2">责任对方的保险单</td></tr>
<tr><td rowspan="2">7</td><td rowspan="2">事故证明</td><td>事故责任认定书或简易事故处理书</td></tr>
<tr><td>当事人自行协商协议书</td></tr>
<tr><td>8</td><td colspan="2">损失确认书</td></tr>
<tr><td rowspan="2">9</td><td rowspan="2">车辆修理结算单据</td><td>汽车维修行业专用发票</td></tr>
<tr><td>修理材料清单</td></tr>
<tr><th colspan="3">提供单证类型——责任对方为非机动车</th></tr>
<tr><td>1</td><td colspan="2">“代位求偿”案件索赔申请书（责任对方为非机动车方）</td></tr>
<tr><td>2</td><td colspan="2">机动车辆索赔权转让书</td></tr>
<tr><td>3</td><td colspan="2">责任对方的有效身份证明</td></tr>
<tr><td>4</td><td colspan="2">事故证明（报案时没有提供的）</td></tr>
<tr><td>5</td><td colspan="2">损失确认书</td></tr>
<tr><td rowspan="2">6</td><td rowspan="2">车辆修理结算单据</td><td>汽车维修行业专用发票</td></tr>
<tr><td>修理材料清单</td></tr>
</table>

(6)赔款支付单证要求

赔款支付单证要求：

赔款支付方式		索赔单证	备注
权益人亲自办理的		收款人银行存折或银行卡或银行账户信息	
		营业执照、组织机构代码证、税务登记证；收款单位银行账户	被保险人为单位的，整案金额1万元以上，提供此项单证
委托他人代办时还需要提交的	个人	委托书、委托人、受托人身份证	个人：被保险人亲笔签字
	单位	委托书、委托人、受托人身份证	单位：被保险人单位盖章，并与保单中载明的被保险人名称要一致
抵押贷款车辆	全部损失	银行授权支付证明	
	部分损失	按保单约定或当地规则处理	

2. 车险理算

1)车险理算流程

某保险企业车险理算流程如图6.10所示。车险理算的目的准确计算赔款金额，确认支付信息，适用所有赔案。主要是为了确认事故责任和赔偿比例，以及准确缮制。

理算的基本步骤如下。

(1)审核单证。

根据案情核对索赔材料是否完整有效，并确认是否属于保险责任。

①对赔案资料进行清点，核实单证上传清晰度，并核对签名、签章是否齐全有效；

②确定保险责任及赔偿比例；

③审核支付信息是否准确；

④维修费、理赔直接费用增值税专票的审验和录入工作。

(2)发起理算任务。

①发起理算任务的必要条件。

单证任务提交后，必须前端各环节均审核通过才可生成理算任务。包括：调度、任务注销、通赔调度、查勘、立案注销/立案拒赔/零结案审核、车辆核价、车辆核损、财产核损、人伤核损、配件审验审核、修复验车审核、预赔任务撤销、垫付任务撤销。

②发起理算任务的方式。

ⓐ单证收集提交后，系统自动产生理算任务；

ⓑ单证收集完成后未提交，手工发起理算任务。

(3)理算任务处理。

ⓐ理算原则：先交强，后商业；

ⓑ交强险赔偿的理算规则相关规定执行。

2）车险理算的计算

根据案情，依据保险企业条款规定在计算书中录入信息，并缮制计算书，各险种分类计算参见保险企业规定。主要包括车损险赔款计算、三者险赔款计算、车上人员责任险赔款计算、盗抢险赔款计算、附加险赔款计算等。

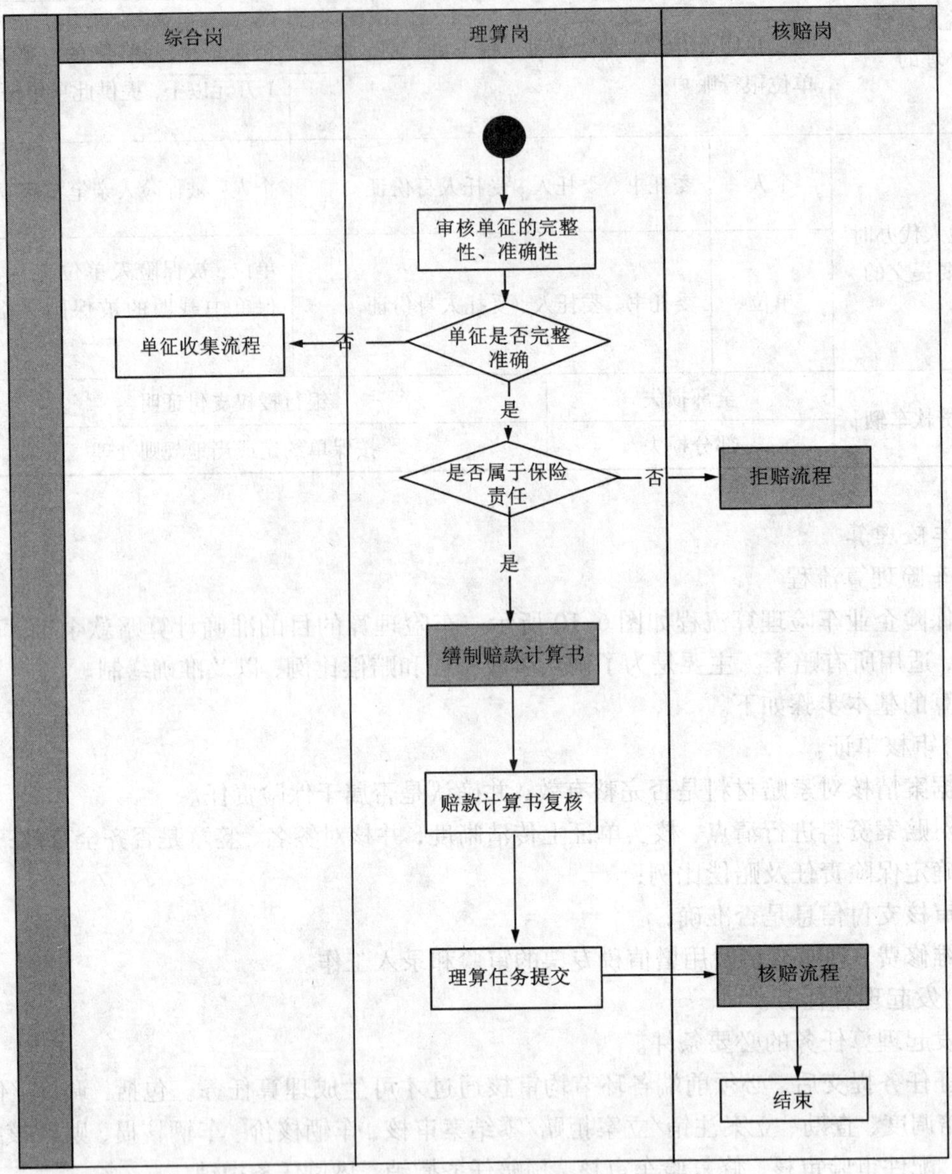

图 6.10　车险理算流程

3. 车险核赔

1）车险核赔流程

某保险企业车险核赔流程如图 6.11 所示。

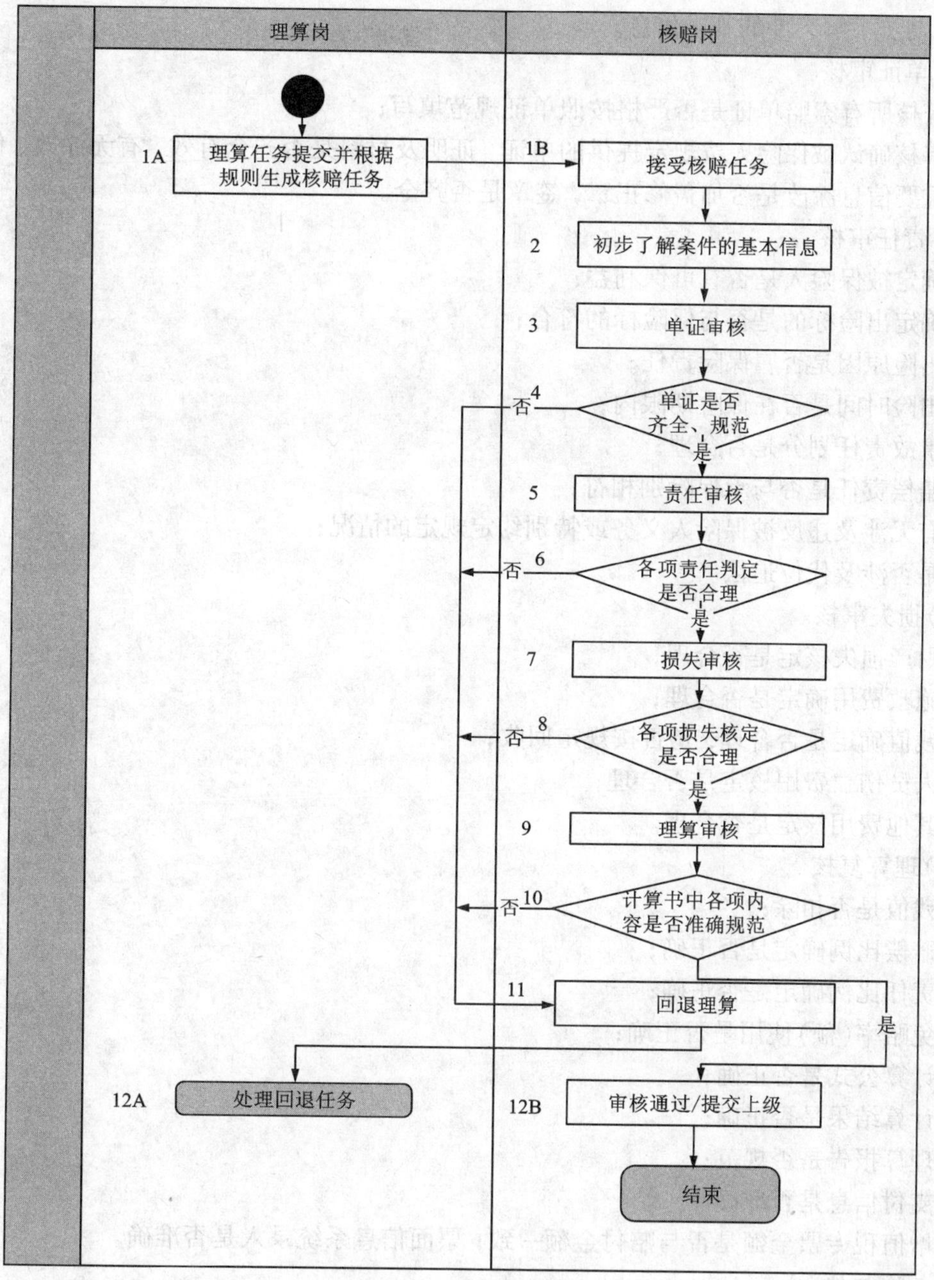

图6.11　车险核赔流程

车险核赔业务的目的是审核整案真实性与合理性，适用所有赔案。要求核赔人员在权限范围内，对前端各环节进行审核，确保案件真实、准确、合理；核赔中结合问题提出实务完善与修改建议；监督理赔各环节，完善理赔流程，杜绝风控漏洞。

2）车险核赔业务的基本步骤。

（1）初步了解案件的基本信息。

（2）单证审核。

①审核所有索赔单证是否严格按照单证规范填写；

②审核确认被保险人按规定提供的单证、证明及材料是否齐全有效，有无涂改、伪造；

③重要信息涂改是否加盖修正章，签章是否齐全。

（3）责任审核。

①确定被保险人是否有可保利益；

②确定出险标的是否与保险标的符合；

③出险原因是否属保险责任；

④出险时间是否在保险期限内；

⑤事故责任划分是否合理；

⑥赔偿责任是否与承保险别相符；

⑦有无涉及违反被保险人义务或特别约定规定的情况；

⑧是否涉及代位追偿。

（4）损失审核。

①财产损失核定是否合理；

②施救费用确定是否合理；

③残值确定是否合理，是否按规定回收；

④人员伤亡费用核定是否合理；

⑤其他费用核定是否合理。

（5）理算复核。

①残值是否扣除；

②赔偿比例确定是否正确；

③责任比例确定是否正确；

④免赔率（额）使用是否正确；

⑤计算公式是否正确；

⑥计算结果是否正确；

⑦理算报告是否规范；

⑧支付信息是否准确。

⑨增值税专票金额是否与赔付金额一致；票面信息系统录入是否准确。

4. 车险归档

1）车险归档流程

某保险企业车险归档流程如图 6.12 所示。车险归档的目的是保证车险赔案卷宗缮制标准化。车险理赔案卷，在理赔系统全流程操作的基础上按单证组卷归档形式分为电子卷宗和纸质卷宗。

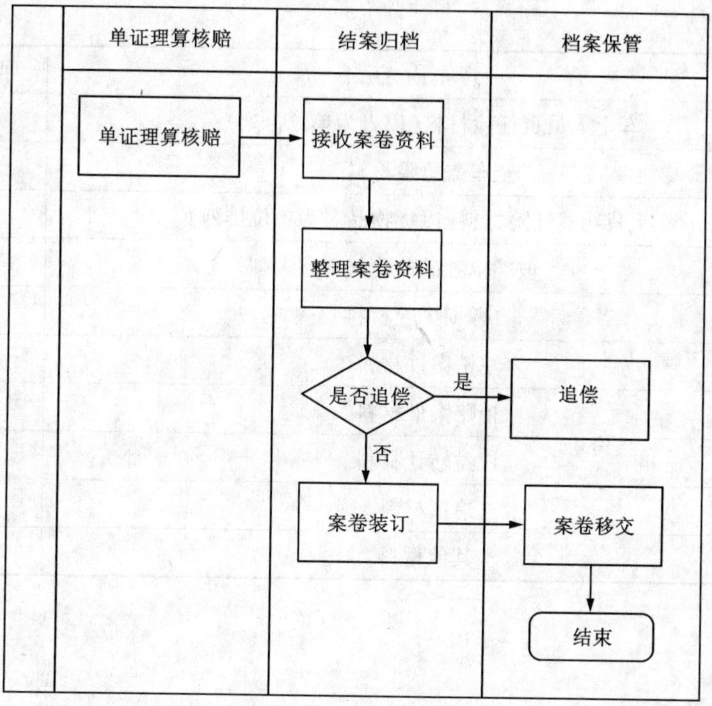

图6.12　车险归档流程

2)车险归档材料

车险赔案一案一卷。案情复杂且单证材料数量较多的案件可以一案多卷，理赔卷宗内材料应按下列顺序排列：有批复的赔案，批复放在卷首；非诉讼赔案结论、决定放在卷首；诉讼案件判决性材料放在卷首。其他材料可参考表6.3某保险企业机动车辆保险理赔案卷卷内目录的顺序排列。

表6.3　某保险企业机动车辆保险理赔案卷卷内目录

序号	目录内容	页码	备注
1	上下级赔案往来函件		
2	赔款计算书、赔款收据、赔款费用收据		
3	出险信息表		
4	事故原因性质类材料		
5	车损险类材料		
6	三责险车损类材料(以车为单位排列)		
7	三责险物损类材料(以物为单位排列)		
8	三责险人伤类材料(以人为单位排列)		

续表 6.3

序号	目 录 内 容	页码	备注
9	车上人员责任险材料(以人为单位排列)		
10	全车盗抢险材料		
11	车上货物责任险材料(以货物品名为单位排列)		
12	玻璃单独破碎险材料		
13	自燃损失险材料		
14	注销案件材料		
15	拒赔案件材料		
16	权益转让材料		
17	追偿材料		
18	其他材料		

6.5 课程实施

6.5.1 教学方法建议

在教学过程中，应立足于加强学生实际动手操作能力的培养，采用小组讨论协作、任务驱动法、情景教学法等教学方法，以工作任务引领提高学习兴趣，激发学生学习的热情，并辅之以团队能力、表达沟通能力、职业规范等培养和教育；重视行业实际，贴近企业、贴近生产。

6.5.2 教学条件及资源基本要求

主要工具及仪器有：笔记本、笔、保险软件、相关的承保、理赔单证。

6.6 参考资料

1. 参考教材

[1]李景芝. 汽车保险与理赔[M]. 北京：国防工业出版社，2011.
[2]许洪国. 汽车事故工程[M]. 北京：人民交通出版社，2014.
[3]李景芝. 汽车保险典型案例分析[M]. 北京：国防工业出版社，2010.

2. 网络学习资源

[1]中国保监会：http://www.circ.gov.cn/web/site0/
[2]中国保险网：http://www.china-insurance.com/

[3]中国保险行业协会：http://www.iachina.cn/
[4]中国人民保险公司：http://www.epicc.com.cn/

6.7 报告

6.7.1 实践报告

汽车保险与理赔实践报告模板如下：

汽车市场服务综合实践
《汽车保险与理赔》实践报告

一、目的、意义
二、计划及安排
三、项目设计
1. 汽车保险承保情景设计
2. 汽车保险理赔情景设计
四、汽车保险承保作业
1. 承保作业概述
（承保工作过程、分析记录和计算）
2. 承保作业材料
（包括：投保单、保险单、保费收据、保险证、车辆及驾驶人证照等）
五、汽车保险理赔作业
1. 理赔作业概述
（理赔工作过程、分析记录和计算）
2. 理赔作业材料
（包括：赔案审批单、赔案综合报告书及赔款计算、出险通知书、汽车保险单抄件、保险车辆出险查勘记录、事故责任认定书或判决书及其他出险证明、保险车辆损失估价单、第三者责任损失估价单、损失技术鉴定书或伤残鉴定书、事故照片、有关原始单据、赔款收据、权益转让书等，部分材料样件参见第7章）
六、总结及收获

6.7.2 主要作业单证

1. 机动车辆保险投保单

机动车辆保险投保单(个人)

NO:

尊敬的客户:您在填写本投保单前请先详细阅读本投保单后所附条款,阅读条款时请您特别注意保险责任、责任免除、投保人义务、被保险人义务、赔偿处理等内容,并听取保险人就条款内容所作的说明,您在充分理解条款后,再如实填写本投保单各项内容(请在需要选择的项目前的"□"内划√)。您所填写的内容我公司将为您保密。

<table>
<tr><td rowspan="5">被保险人信息</td><td>被保险人姓名</td><td colspan="2"></td><td colspan="2">身份证号码</td><td colspan="4"></td></tr>
<tr><td>被保险人(自然人)职业</td><td colspan="8">□行政机关/事业单位/大型企业/学校中高级管理者等
□金融/电信/医疗/IT 中高级职员、律师、大学教师等
□普通教师、公务员和事业单位/企业一般员工等 □其他</td></tr>
<tr><td colspan="2" rowspan="2">被保险人地址:</td><td>约定驾驶人</td><td>姓名</td><td>性别</td><td>年龄</td><td colspan="3">驾驶证号码</td></tr>
<tr><td rowspan="2">□约定
□不约定</td><td></td><td></td><td></td><td colspan="3"></td></tr>
<tr><td>邮政编码</td><td></td><td></td><td></td><td></td><td colspan="3"></td></tr>
<tr><td rowspan="6">投保车辆信息</td><td>被保险人与车辆关系</td><td colspan="3">□所有 □使用 □管理</td><td>车主</td><td colspan="4"></td></tr>
<tr><td>号牌号码</td><td colspan="3"></td><td>号牌底色</td><td colspan="4">□蓝 □黑 □黄 □白 □白蓝 □其他颜色</td></tr>
<tr><td>厂牌型号</td><td colspan="3"></td><td>发动机号</td><td colspan="4"></td></tr>
<tr><td>车输初次登记日期</td><td colspan="3">年 月</td><td>VIN 码/车架号</td><td colspan="4"></td></tr>
<tr><td>核定载客</td><td>人</td><td>核定数质量</td><td>千克</td><td>排量/功率</td><td>L/kW</td><td>行驶区域</td><td colspan="2">□市内 □省内
□境内 □出入境</td></tr>
<tr><td>车辆种类/使用性质</td><td colspan="8">□家庭自用汽车 非营业用客车:□党政机关、事业团体 □企业
营业客车:□城市公交 □出租租赁 □公路客运
□非营业用货车 □营业货车 □摩托车 拖位机:□农用型 □运输型 □特种车:请填用途</td></tr>
<tr><td>保险期间</td><td colspan="9">自 年 月 日零时起至 年 月 日二十四时止</td></tr>
<tr><td rowspan="5">机动车责任强制保险</td><td rowspan="3">责任限额</td><td colspan="2">机动车责任强制保险</td><td>元</td><td colspan="3">无责任死亡伤残赔偿限额</td><td colspan="2">元</td></tr>
<tr><td colspan="2">医疗费用赔偿限额</td><td>元</td><td colspan="3">无责任医疗费用赔偿限额</td><td colspan="2">元</td></tr>
<tr><td colspan="2">财产损失赔偿限额</td><td>元</td><td colspan="3">无责任财产损失赔偿限额</td><td colspan="2">元</td></tr>
<tr><td colspan="9">与道路交通安全违法和道路交通事故相联系的浮动比率: %</td></tr>
<tr><td colspan="9">保险费小计(人民币大写): (¥: 元)</td></tr>
</table>

	投保险种			保险全额/责任限额(元)	保险费	备注
机动车商业险保险	□车辆损失险	□自负额 □0 □200 □300 □500 □800 □1000 □1500 □2000				多次出险免赔： □加免赔 □不加免赔
	□商业第三者责任险					
	□全车盗抢险	资抢险免赔率 □0% □10% □20% □30% □50%				停放场所：□固定 不固定防盗装置：□电子/机械防盗 □卫星定位系统(GMS/GPS)
	□车上责任险	□人员	□核定座位 投保人数	/人		
			□选择座位 投保人数	/人		
		□货物				
	□玻璃单独破碎险	□国产玻璃 □进口玻璃		按照条款规定执行		
	□自然损失险					
	□车身划痕损失险					
	□不计免赔特约险	□车辆损失险		按照条款规定执行		
		□第三者责任险				
				其中，优惠保费(元)		
	保险费小计(人民币大写)					(¥： 元)

保险费合计(人民币大写)：		(¥： 元)
特别约定		
保险合同争议解决方式选择	□仲裁 提交________促裁委员会促裁	□诉论

本保险合同由保险条款、投保单、保险单、批单和特别约定组成。

投保人声明：1. 保险人已将投保险种对应的保险条款(包括责任免除部分)向本人作了明确说明，本人已充分理解。2. 以上填写的内容均属实，同意以此投保单作为订立保险合同的依据。3. 投保人同意按各款规定交纳保险费，保费未一次足额付清，保险责任自保费付清后开始。

投保人签名/签章： 联系电话： ____年____月____日

验车验证情况 查验人员签名： ____年____月____日____时____分

初审情况	业务来源：□直接业务 □个人代理 □专业代理□兼业代理 □经纪人 □电话/网上销售 代理(经纪)人名称： □续保 □新保 业务员签字： ____年____月____日	复核意见	复核人签字： 年 月 日

2. 机动车交通事故责任强制保险单

机动车交通事故责任强制保险单(正文)

××财产保险股份有限分司

保险单号：

<table>
<tr><td colspan="2">被保险人</td><td colspan="5"></td></tr>
<tr><td colspan="3">被保险人身份证号码(组织机构代码)</td><td colspan="4"></td></tr>
<tr><td colspan="2">地址</td><td colspan="2"></td><td>联系电话</td><td colspan="2"></td></tr>
<tr><td rowspan="4">被保险机动车</td><td>号牌号码</td><td></td><td>机动车种类</td><td></td><td>适用性质</td><td></td></tr>
<tr><td>发动机号码</td><td></td><td>识别代码(车架号)</td><td colspan="3"></td></tr>
<tr><td>厂牌型号</td><td></td><td>核定载客</td><td>人</td><td>核定载质量</td><td>千克</td></tr>
<tr><td>排　量</td><td></td><td>功　率</td><td></td><td>登记日期</td><td></td></tr>
<tr><td colspan="7">与道路交通安全违法行为和道路交通事故相联系的浮动比率</td></tr>
<tr><td colspan="7">保险期间自　　年　　月　　日零时起至　　年　　月　　日二十四时止</td></tr>
<tr><td colspan="3">保险合同争议解决方式</td><td colspan="4"></td></tr>
<tr><td rowspan="4">代收车船费</td><td>整备质量</td><td></td><td></td><td></td><td></td><td></td></tr>
<tr><td>当年应缴</td><td>¥：　　元</td><td>往年补缴</td><td>¥：　　元</td><td>滞 纳 金</td><td>¥：　　元</td></tr>
<tr><td colspan="6">合计(人民币大写)：　　　　（¥：　　元）</td></tr>
<tr><td colspan="2">完税凭证号(减免税证明号)</td><td colspan="2"></td><td>开具税务机关</td><td></td></tr>
<tr><td>特别约定</td><td colspan="6"></td></tr>
<tr><td>重要提示</td><td colspan="6">1. 请详细阅读保险条款，特别是责任免除和投保人、被保险人义务。
2. 收到本保险单后，请立即核对，如有不符或疏漏，请及时通知保险人办理变更或补充手续。
3. 保险费应一次性交清，请您及时核对保险单和发票(收据)，如有不符，请及时与保险人联系。
4. 投保人应如实告知对保险费计算有影响的或被保险机动车因改装、加装、改变使用性质等导致危险程度增加的重要事项,并及时通知保险人办理批改手续。
5. 被保险人应当在交通事故发生后及时通知保险人。
6. 请在收到本保险单一周内拨打我司 24 小时服务热线 95569 核实保险单资料，出险时请登录http://www.XXX.com 查询理赔进度。</td></tr>
</table>

核保：　　　　　　制单：　　　　　　经办：

3. 机动车商业保险单

×××保险股份有限公司机动车保险单(正本)

保险单号：

鉴于投保人已向保险人提出投保申请，并同意按约定交付保险费，保险人依照承保险及其对应条款和特别约定承担赔偿责任。

<table>
<tr><td colspan="2">被保险人</td><td colspan="6"></td></tr>
<tr><td rowspan="5">保险车辆情况</td><td>号牌号码</td><td></td><td>厂牌型号</td><td colspan="4"></td></tr>
<tr><td>VIN码</td><td></td><td>车架号</td><td colspan="2"></td><td>机动车种类</td><td></td></tr>
<tr><td>发动机号</td><td></td><td>核定载客</td><td colspan="2">人</td><td>核定载质量
千克</td><td>已使用年限
年</td></tr>
<tr><td>初次登记日期</td><td></td><td colspan="3">年平均行驶里程　　公里</td><td>使用性质</td><td>家庭自用</td></tr>
<tr><td>行驶区域</td><td colspan="4">中华人民共和国境内(不含港澳台)</td><td>新车购置价</td><td>元</td></tr>
</table>

承保险种	费率浮动(±)	保险金额/责任限额(元)	保险费(元)
盗抢险(G)			

<table>
<tr><td colspan="2">保险费合计(人民币大写)：　　　　　　　　　　(¥：　　　　元)</td></tr>
<tr><td colspan="2">保险期间自2011年11月05日0时起至　2012年11月04日24时止</td></tr>
<tr><td>特别约定</td><td>见单交费该车出险时，如有营业性用途，我公司不承担一切赔偿责任；
本车车损每次事故免赔额为500元；
新车必须在30日内向公安机关交通管理部门办理有效行驶证或号牌，逾期不办理发生保险事故，保险人不承但保险责任。</td></tr>
<tr><td colspan="2">保险合同争议解决方式　　　　　提交法院处理</td></tr>
</table>

重要提示	1. 本保险合同由保险条款、投保单、批单和特别约定组成。 2. 收到本保险单、承保险种对应的保险条款后，请立即核对，如有不符或疏漏，请在48小时内通知保险人并办理变更或补充手续；超过48小时未通知的，视为投保人无异议。 3. 请详情阅读承保险种对应的保险条款，特别是责任免除、投保人、被保险人义务、赔偿处理和附则。 4. 被保险机动车因改装、加装、改变使用性质等导致危险程度显著增加以及转卖、转让、赠送他人的，应书面通知保险人并办理变理手续。 POS交易参考号： 5. 被保险人应当在交通事故发生后及时通知保险人。
保险人	公司名称： 联系电话： 公司地址： 网址：www. xxx. com. cn 手机 wap 网站：wap. xxx. com. cn 邮政编码： 签发日期： 年 月 日（保险人签章）

核保： 制单： 经办：

4. 赔案综合报告书及赔款计算

承保公司： 立案编号：

被保险人		交强险保单号（批单号）	
		商业险保单号（批单号）	
号牌号码		出险时间	
厂牌型号		出险地点	
新车购置价			
交强险保险期限		商业险保险期限	
驾驶员情况		准驾车型	C
商业险承保情况			
赔偿险别及责任		事故责任	100%

年 月 日，×××驾驶小客途经××××，与××××驾驶的××××小客发生碰撞，造成二车损坏的交通事故，经交警责任认定。由××××负全责，经核定，具体赔款计算如下：

一、交强险

（一）财产损失

（二）医疗费用

二、商业险

（一）车损险

（二）不计免赔险赔款

理算人： 年 月 日		复核人： 年 月 日	
核赔人： 年 月 日	经理： 年 月 日	上级审批： 年 月 日	

项目7　汽车保险查勘定损实践

7.1　目的和基本要求

汽车保险查勘定损是指由专门的汽车估损人员，根据汽车构造原理，通过科学、系统的专业化检查、测试与勘测手段，对汽车碰撞与事故现场进行查勘和综合分析，运用车辆估损资料与维修数据，获取现场资料，认定责任，审查保险单据，对事故车的损失进行勘察和评估，填写估损单，为事故车的理赔和修理提供精确的数据和合理的维修方案。随着我国市场经济和汽车后市场的快速发展，汽车保险正逐步成为与人们生活密切相关的经济活动，其重要性和社会性也正逐步凸显。由于汽车保险查勘定损涉及的知识面较宽广，要求既要了解汽车的系统结构和原理、碰撞原理、损坏机理、汽车配件与维修工艺等知识，又要掌握汽车保险相关的经济、金融学知识，因此汽车保险查勘定损能力对汽车行业和保险行业人才具有重要的意义。

本实践项目的目的是：在全面掌握汽车保险查勘定损技术基础知识和汽车事故力学基本理论知识基础上，较系统地掌握汽车保险的相关政策、法规和有关条例条款；通过对模拟汽车事故现场的查勘和定损，掌握汽车保险查勘定损工作程序，熟悉相关作业单据的填写，能运用科学的查勘方法和和手段，熟练地进行汽车保险查勘、定损及报告的撰写，具备汽车保险查勘定损的基本作业能力。

7.2　学习目标

总体目标：

根据汽车服务工程专业人才培养目标、岗位(群)需求和前后续课程的衔接，统筹考虑和选取教学内容；根据汽车保险技术领域和职业岗位(群)的任职要求，参照相关的职业资格标准，构建查勘定损项目教学内容，使项目更加符合应用型工程技术教育的特点和规律。重视实践教学在高素质应用人才培养过程中的作用，体现教学过程的实践性、开放性和职业性。在教学方法、手段运用上，基于行动导向的教学和工程技能实践的一体化。在教学情景设计上，设计了完整的汽车保险查勘定损作业流程，注重学习与实际工作的一致性，教学组织实现了真正意义上的“理实一体化”教学。

7.2.1 专业能力

(1)具有汽车保险查勘定损的基本理论知识和分析能力；
(2)具有汽车保险查勘定损作业能力，能熟练进行汽车保险查勘、定损及报告的撰写。

7.2.2 社会能力

(1)计划、组织和交流的能力，有效利用资源和信息，提高学习效率；
(2)遵守职业道德和规范，履行职责的能力。

7.2.3 方法能力

(1)运用所学知识解决问题的能力；
(2)运用现有条件进行汽车保险查勘定损和交通事故责任认定的能力。

7.3 课题设计及内容

7.3.1 情景设计

(1)利用指定的实验车辆1~2辆，在校园特定路段(人行路口、弯道、下坡、湿滑或施工路面等)，设置模拟事故现场；事故可是单车托底、碰撞路侧障碍物，或双车追尾、侧碰、擦挂等事故，并根据需要制造车轮制动拖痕、假定事故损伤情况；

(2)学生分组，并进行情景预设。学生以组为单位，5~6人一组，按情境任务，1~2人扮演驾驶员A和驾驶员B，其他人扮演某保险公司现场查勘员1人、定损员2人，观摩记录人员1人，设计各自驾驶情景及工作情景，并准备相关单证；

(3)学生以组为单位开展现场查勘及定损作业。事故驾驶员(车主)在事故现场联系保险公司并报案，保险公司现场查勘员、定损员、观摩记录人员，受保险公司指派现场查勘事故并进行定损。

7.3.2 课题内容

(1)查勘定损情景设计，准备必要单证及工具。

(2)查勘作业。

按照保险企业一般查勘流程、标准及要求开展事故现场查勘工作，并完成查勘报告和必要的查勘资料缮制。

(3)定损作业。

单方或两车肇事无人伤事故初步定损，确定事故车辆的维修方案，核定一般事故车修复的工时、材料费，对涉及第三者物损进行定损，并缮制定损单。

7.3.3 要求

(1)查勘定损工作应按照相关政策、法规和有关条例规范的要求开展；

(2)查勘定损作业符合保险企业一般作业流程；

(3)按照相关作业单证对事故现场及车辆进行全面的查勘和定损；

(4)查勘定损单证符合要求，内容齐全、真实客观、前后一致，格式规范；

(5)根据预先假定的事故情景开展定损，定损作业的原则应符合当前保险行业实际，定损项目所使用的定损标准(包括工时标准、零配件更换标准等)应按照保险企业事故车辆定损标准确定，定损计算方法合理，计算过程及结果正确；

(6)实践报告附件资料齐全，符合保险企业规定；

(7)实践报告须详细记录本人的工作过程及各阶段成果；

(8)分组作业(5~6人一组)，以小组形式开展查勘定损，独立完成报告及其附件的撰写编制。

7.4 相关知识

7.4.1 现场查勘的目的和要求

1.现场查勘的目的

1)确定事故的性质

通过客观、细致地现场查勘，确定案件是刑事性质的交通事故，还是普通单纯的交通事故，是否为骗保而伪造事故，对事故进行划分和提供处理依据。

2)查明事故情节及要素

通过现场的各种痕迹物证，对事故经过进行分析调查，查明事故的主要情节和交通违法因素。

3)确认事故原因

通过对现场周围环境、道路条件的查勘，可以了解道路、视距、视野、地形、地物对事故发生的客观影响；通过对当事人和证明人的询问和调查，可以确认当事人双方违反交通法规的主观因素。

2.现场查勘的要求

1)及时迅速

现场查勘是一项时间性很强的工作，事故发生后查勘人员要用最快的速度赶到现场。

2)细致完备

现场查勘是事故处理程序的基础工作。现场查勘要做到细致完备、有序，查勘过程中，不仅要注意发现那些明显的痕迹证物，而且要特别注意发现那些与案件有关的不明显的痕迹证物。切忌走马观花、粗枝大叶的工作作风，以免由于一些意想不到的过失使事故变得复杂化，使事故处理陷于困境。

3)客观全面

在现场查勘过程中，一定要坚持客观、科学的态度，要遵守职业道德。在实际中可能出现完全相反的查勘结论，要尽力防止和避免出现错误的查勘结果。

4)遵守法定程序

在现场查勘过程中，要严格遵守《道路交通事故处理程序》和《道路交通事故痕迹物证勘验》的规定。要爱护公私财物，尊重被询问、访问人的权利，尊重当地群众的风俗习惯，注意社会影响。

7.4.2 查勘工作流程

发生事故后，作为投保人、被保险人或受益人应立即通知保险人，称作出险报案。出险报案须向保险人报案时要说明保单号、出险时间、地点、受损部位、损坏程度，如涉及人伤，物损(第三者)要特别说明以便保险人查勘。

作为保险人，称为受理报案。一般要求在24小时内向派出所(公安局)报案，48小时内向保险人报案(特殊情况如玻璃单独破碎可不用向交警报案)，受理报案，即办理报案登记，查验保险情况。某保险公司机动车查勘工作流程如图7.1所示。

1. 接受派工：了解事故经过、核对保单、准备查勘工具

(1)首先打印保单抄件、核对承保信息。

(2)然后要基本了解事故的基本情况，被保险人、驾驶员姓名、车牌号、出险时间、地点、事故原因、损失情况等。

(3)准备查勘工具如数码相机、卷尺、拖车绳等，夜间还要有查勘手电、相关的理赔单证(出险通知书、快速理赔报告、定损单、查勘报告、理赔告知单、询问笔录、赔款收据等)。

2. 联系客户：安抚客户并确定查勘时间、地点

(1)要在接到片区查勘员派工指令后，与客户联系，核对事故情况。

(2)根据事故情形及客户的情绪，对客户的情绪进行安抚。

(3)与客户确定查勘的时间和地点。

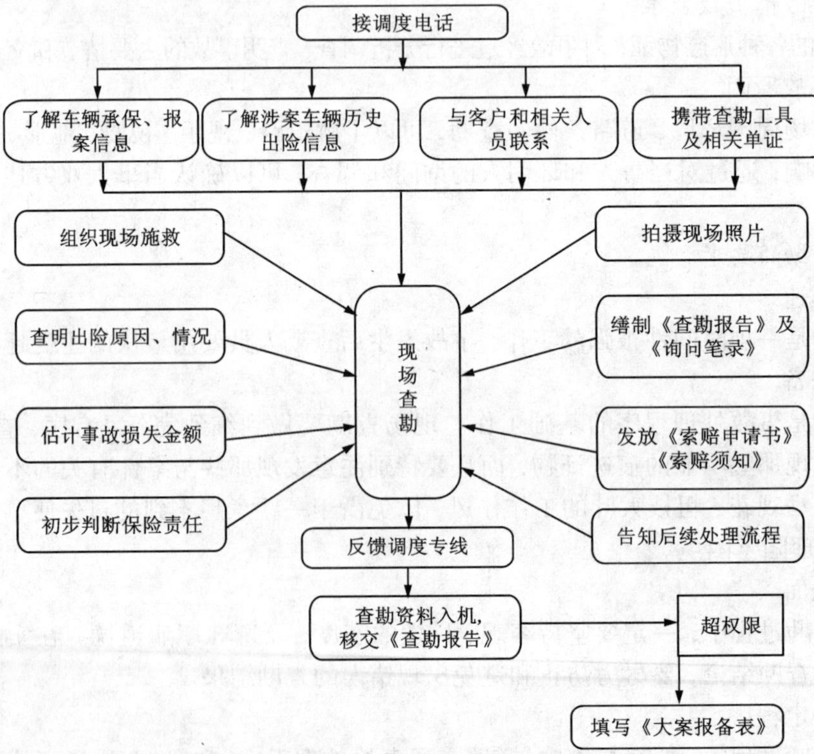

图7.1 某保险公司机动车查勘工作流程

3. 现场查勘：应验明标的，核对两证、协助施救、保护现场、协助报案

(1) 首先应验明标的，包括：核对保险单及保险卡、检查车牌号、核对车架号或发动机号、是否非法改装、使用年限、使用性质。

(2) 核对驾驶员并查验驾驶证、检查标的车的行驶证等相关证件，验证驾驶人合法性。

(3) 现场勘察时，要积极地查找有关痕迹、物证，分析事故的成因，如碰撞接触点的高低是否相符、刮擦的颜色是否相符、车辆在前进及后退时散落物的掉落方向是否相符、散落物的碎片是否和车辆的损失部位相符等，绘制现场草图，记录事故现场有关物体的原有形态及相互位置关系。

现场草图的绘制应反映出事故发生的起因、结果以及事故损失的真实情况，现场草图由被保险人和查勘员共同签字确认。现场草图须明确方位、标的位置、参照物等各种情况。

(4) 当事故尚未控制或保险车辆及人员尚处于危险状态时，查勘人员应采取积极的施救、保护措施，协助客户及有关人员向交警报案、保护现场、抢救伤员、消除危险因素。

(5) 对于单方事故车辆需施救时，查勘定损人员应主动与查勘救援服务中心联系并进行施救。

4. 询问笔录

重大、疑难案件必须在第一时间对相关当事人分别做询问笔录。询问笔录切忌过于简单，必须反映事故的出险时间、地点、原因、损失情况、施救情况、疑难问题等。询问时有条件的公司应配备有摄像功能的相机进行全程录像。对于盗抢险赔案和没有第一现场的案件，也必须做好询问笔录，对事故进行询问和确认，从不同角度和不同方面搜集信息，为下一步理赔工作做好准备。询问笔录须由当事人签字按印。

5. 事故拍照

照相步骤：现场方位 → 现场概貌——含牌照的标的损失全貌 → 重点部位 → 损失细目这四个步骤的照片，要彼此联系、相互印证。

(1) 现场照片：须反映出事故现场的位置、全貌、撞击点、刹车痕迹。

(2) 车辆照片：须反映出事故车的车牌号及受损部位、前后45°对角的整车照片，整车照片不得少于两张。

(3) 损失反映：须反映出车辆损失程度、伤者财产、物品损失程度。

(4) 拍照顺序：由远到近，由外到里，由前到后，先整体后局部，并须显示日期。

现场查勘时还必须拍摄标的及伤者车辆整体照片、车架号、发动机号、厂牌型号、驾驶证、行车证正页正反面及副页、驾驶员上岗资格证（限营业性客运车辆）、各种专用机械车、特种车操作证，证件须明确反映年审情况。现场查勘时还须拍摄被保险人或领款人信息（银行卡、身份证）。

6. 理赔告知：指导客户填写出险通知书、告知索赔流程、理赔需知

(1) 指导客户填写出险通知书或快速理赔报告。

《出险通知书》是被保险人在发生保险事故时，告知保险人事故详细情况的一种书面文字凭证，也是被保险人向保险人履行告知义务最重要的方式之一，同时也是一份非常重要的书证。

(2) 详细告知准确理赔流程、所需单证及注意事项。

(3) 递交理赔告知书、赔款收据并要求客户签字确认。

7. 缮制报告：根据查勘情况缮制查勘报告或快捷处理单、上传查勘照片

(1) 根据现场查勘情况，绘制现场图。

(2)书写现场情况介绍，描述事故发生经过。

(3)通过网上理赔系统，上传现场查勘照片。

查勘报告缮制完毕后，请被保险人确认无误后现场签字(盖章)，不是被保险人报案的请现场当事人确认签字，及时翻拍并上传至理赔系统。

8. 提供资料

(1)保险合同。

(2)理赔单证（出险通知书、快速理赔报告、定损单、现场查勘报告、索赔申请书及理赔告知单/索赔须知、现场查勘询问笔录及附页、机动车保险事故现场查勘草图、赔款收据等)。

(3)相关机动车商业保险基本条款。

(4)客户投保信息。

(5)机动车辆保险报案记录。

7.4.3 车辆定损

定损即确定损失。根据保险合同的约定，在投保人按照保险合同的规定履行了义务之后，一旦保险事故发生，保险标的发生了损失，保险人就必须按照保险合同的有关规定对被保险人进行理赔，在理赔之前保险人应对保险标的损失情况进行确定，即对车辆进行定损，估算合理费用，并通知车主到保险公司指定的修理厂处理事故车辆。如车主要求自行修理，应办理自修手续，修理费如超出定损费用，将由车主自行支付超出部分的费用。

保险车辆因发生保险责任范围内的事故而受损时，或致第三者财产损坏，应当坚持“修复为主原则”，但在修复前须经保险公司定损检验，确定修理项目、方式、费用。送修理厂修复后，保存好修理发票，提供必要的材料向保险公司索赔。第三者责任事故赔偿后，保险公司不再承担对受害第三者的任何增加的赔偿费用。某保险公司机动车定损工作流程如图7.2所示。

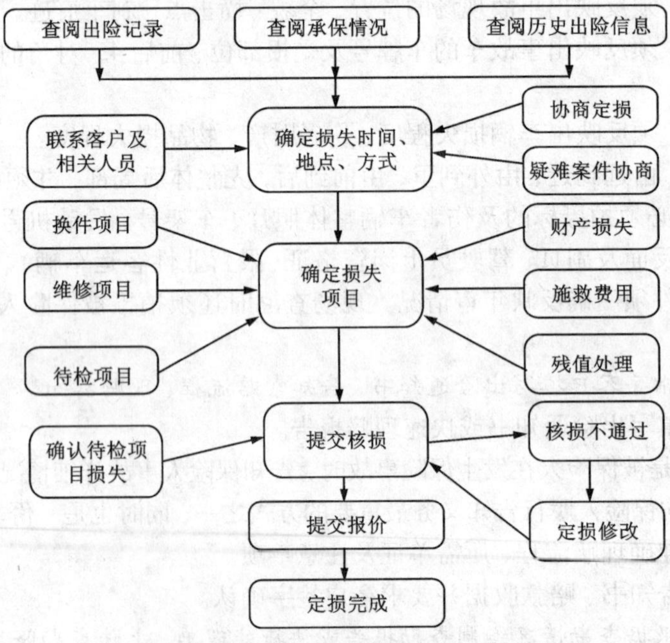

图7.2 某保险公司机动车定损工作流程

1. 定损基本原则

1）仅限本次保险事故损失

区别：本次事故损失和非本次事故损失、正常维护损失与保险事故损失。

2）能修不换

3）能局部修，不整体修

4）能换零件，不换总成

5）准确确定工时费用

6）准确掌握换件价格

2. 定损步骤

1）选派两名定损员工作

2）根据现场查勘记录，鉴定事故损伤部位

3）确定连带损伤部位

4）确定维修方案

3. 事故车查勘定损中的区位检查法

区位检查法由美国汽车厂和I－CAR共同创立，已应用多年，证实实用有效。

按碰撞损坏规律把汽车分为五个区位：

Ⅰ区：直接碰撞部位，也就是直接损伤部位。

Ⅱ区：间接损伤的其他车身部位。

Ⅲ区：机械零部件，包括动力系和附件等机械件。

Ⅳ区：乘员舱，包括受损的内饰、灯、附件等。

Ⅴ区：车身外部件和装饰件。

应当从一个区位到另一个区位逐个仔细检查，从前到后或从后到前；从外到内；从主到次按顺序记录车辆的损伤情况。

4. 定损费用

定损费用的确定工作主要包括：确定工时费用、确定材料费、签定“事故车辆估损单”或“车辆损失情况确认书”、选厂送修，同时分拣与上传定损照片。

1）维修成本构成分析

$$维修成本＝修理工时费＋材料费＋其他费用$$

$$修理工时费＝定额工时\times工时单价$$

$$工时单价＝基本工时单价\times车型系数$$

基本工时单价与修理厂的类别有关。

$$材料费＝外购配件费＋自制配件费＋辅助材料费$$

（外购配件费：配件、漆料、油料等）

配件分为车身结构件和非结构件，如图7.3，自制配件费按实际制造成本计算。

$$其他费用＝外加工费＋材料管理费$$

材料管理费指采购、装卸、运输、保管、损耗等费用。

收取标准一般为：本地、本省、临省为9%；跨省、远处为18%；单件配件价格低于1000元为18%；单件配件价格高于1000元为10%。

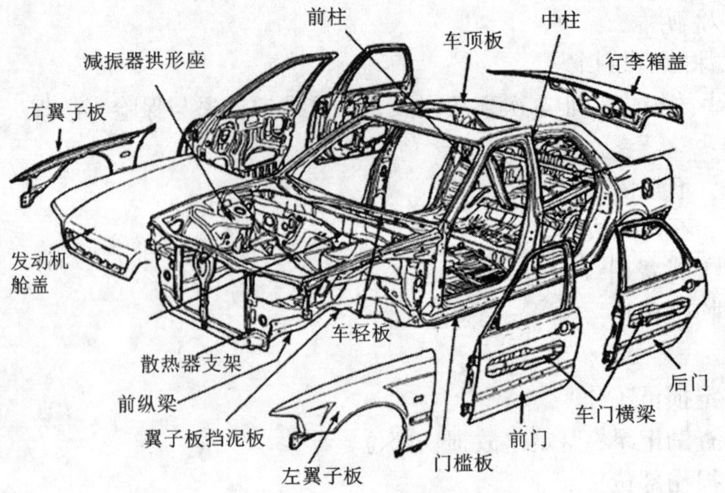

图7.3　车身结构件和非结构件

2)工时费用

工时费的定价应以当地修理行业的平均价格为基础，并适当考虑修理厂的资质，与被保险人协商确定。一般轻微事故中，可按维修项目分项定价；对重大事故的定损，应采取工时费包干的办法与修理厂进行谈判。

事故车查勘定损中的典型工时如下：

(1)拆卸和更换工时：把损坏的零件或总成从车上拆下来，拆下该零件上的螺栓安装件或卡装件，把它们并转移到新件上，然后再把这个新零件或总成安装到车辆上，并调整和对齐好。

(2)拆卸和安装工时：有时为了修理一个受损零件，需要把一个相邻的零件拆下来然后再安装上去。这种工时可以称作"拆卸和安装工时"。

(3)修理工时：分解/重新组装、检查、测量、调整、确认、诊断、故障排除(电气系统)等操作的工时。

(4)大修工时：把一个总成或分总成从事故车上拆下来，将其拆解开来检查，更换掉损坏的部件，然后再重新安装到车辆上，并调整对齐好。

(5)喷涂工时、附加工时等。

某保险公司拆装工时费如表7.1及表7.2所示。

表7.1　某保险公司拆装工时费(一)

单位：元

项目	微型车	低档车	中档车	高档车	豪华车
前后玻璃	150	200	300	400	500
前后保险杠	80	100	150	200	250
头盖	50	80	100	150	150
车门内/外拉手	30	50	80	100	150
散热网	80	100	150	150	150
水箱	80	100	150	150	200

表 7.2　某保险公司拆装喷漆工时费(二)

单位：元

类型 承修厂	微型车	中档车	高档车	豪华车
一般厂单幅油漆	200 ~ 250	400 ~ 500	500 ~ 600	600 ~ 800
一般厂全车油漆	2000 ~ 2500	3000 ~ 4000	4000 ~ 5000	5000 ~ 6000
4S 服务站单幅油漆	250 ~ 300	500 ~ 600	600 ~ 800	800 ~ 1200
4S 服务站全车油漆	2500 ~ 3000	4000 ~ 5000	5000 ~ 7000	8000 ~ 10000

3)施救费用的确定

(1)车辆发生火灾，应当赔偿被保险人使用他人非专业消防单位的消防设备的合理费用及设备损失。

(2)车辆出险后，失去行驶能力，雇用吊车及其他车辆进行抢救的费用，以及将出险车辆拖运到修理厂的运输费用。

(3)抢救过程中，因抢救而损坏他人的财产，应由被保险人赔偿。但抢救人员个人物品丢失时，不予赔偿。

(4)抢救过程或拖运途中，发生意外事故造成损失扩大部分和费用支出增加部分，如果该抢救车辆是被保险人自己或他人义务派来抢救的，应予赔偿；如果该抢救车辆是受雇的，则不予赔偿。

(5)出险，被保险人奔赴肇事现场处理所支出的费用，不予负责。

(6)保险人只对保险车辆的施救保护费用负责。例如：保险车辆发生保险事故后，受损保险车辆与其所装货物同时被施救，应按保险车辆与货物的实际价值进行比例分摊赔偿。

(7)保险车辆为进口车或特种车，发生保险事故后，当地确实不能修理，经保险人同意后去外地修理的移送费，可予适当负责。但护送保险车辆者的工资和差旅费，不予负责。

(8)施救、保护费用与修理费用应分别理算。但施救前，如果施救、保护费用与修理费用相加，估计已达到或超过保险金额时，则可推定全损予以赔偿。

(9)保险车辆发生保险事故后，对其停车费、保管费、扣车费及各种罚款，保险人不予负责。

(10)施救费费用应现场与被保险人确认并告知相关费用构成情况。车辆需要施救，施救费包括吊车费用、拖车费用等。

4)人员伤亡费用确定

确定伤亡费用时，应根据道路交通事故处理的有关规定，向被保险人说明费用承担的标准。

一般可负责的合理费用包括：医疗费(限公费医疗的药品范畴)、误工费、护理费(住院护理人员不超过两人)、就医交通费、住院伙食补助费、残疾生活补助费、残疾用具费、丧葬费、死亡补偿费、被抚养人生活费、伤亡者直系亲属或合法代理人参加事故调解处理的误工费、交通费、住宿费。对于伤者需要转院赴外地治疗的，须由所在医院出具证明并经事故处理部门同意后，保险人方可负责；伤残鉴定费需要经保险人同意方可负责赔付。

不符合保险赔偿范围的费用包括：

受害人的精神损失补偿费、困难补助费、被保险人处理事故时的生活补助费和招待费、事故处理部门扣车后的看护费、各种罚款、其他超过规定的费用等。

5)残值处理

残值处理：指保险公司根据保险合同履行了赔偿并取得对于受损标的所有权后，对于这些受损标的处理。

通常情况下，对于残值的处理均采用协商作价归还被保险人的做法，并在保险赔款中予以扣除。如协商不成，也可以将已经赔偿的受损物资收回。这些受损物资可以委托有关部门进行拍卖处理，处理所得款项应当冲减赔款。一时无法处理的，应交保险公司的损余物资管理部门收回。

6)涉及单证

《机动车保险车辆损失情况确认书》《零部件更换项目清单(代询价单)》《修理项目清单》《机动车保险快捷案件处理单》《机动车保险车辆损失情况简易确认书》《大案审批表》《大件审批表》《保险车辆增加修理项目申请单》《大案疑难案件审批表》《大案报备表》。

7.5 课程实施

7.5.1 教学方法建议

在教学过程中，应立足于加强学生实际动手操作能力的培养，采用小组讨论协作、任务驱动法、情景教学法等教学方法，以工作任务引领提高学习兴趣，激发学生学习的热情，并辅之以团队能力、表达沟通能力、职业规范等培养和教育；重视行业实际，贴近企业、贴近生产。

7.5.2 教学条件及资源基本要求

1. 实验车辆

实验车辆的使用年限3~5年，原始配置齐全，未经过改装，技术状况正常，车辆法定证件、车辆所有人信息、车辆税费单据等齐全。

2. 主要工具及仪器

主要工具及仪器有：笔记本、笔、粉笔、数码相机/手机、卷尺、安全锥、相关的理赔单证(索赔指南、出险通知书、快速理赔报告、定损单、查勘报告、理赔告知单、索赔申请书、询问笔录、赔款收据等)。

7.6 参考资料

1. 参考教材

[1]李景芝. 汽车保险与理赔[M]. 北京：国防工业出版社，2011.

[2]许洪国. 汽车事故工程[M]. 北京：人民交通出版社，2014.

[3]李景芝. 汽车保险典型案例分析[M]. 北京：国防工业出版社，2010.

2. 网络学习资源

[1]中国保监会：http://www.circ.gov.cn/web/site0/

[2]中国保险网：http://www.china-insurance.com/

[3]中国保险行业协会：http://www.iachina.cn/

[4]中国人民保险公司：http://www.epicc.com.cn/

7.7　报告

7.7.1　实践报告

《汽车保险查勘定损》实践报告模板如下：

汽车市场服务综合实践

《汽车保险查勘定损》实践报告

一、目的、意义

二、计划及安排

三、项目设计

1. 模拟事故现场设计

2. 查勘定损情景设计

四、事故现场查勘

1. 事故现场查勘概述

（查勘工作过程及分析记录）

2. 事故现场查勘材料

（包括机动车辆保险出险通知书、机动车辆保险事故现场查勘询问笔录、机动车辆保险事故现场查勘记录/报告及其附页、机动车辆保险出险报案表、机动车辆保险索赔须知、机动车辆保险索赔申请书、事故现场查勘草图、车辆及驾驶人证照、查勘照片等）

五、事故定损

1. 事故定损工作概述

（定损工作过程及分析记录）

2. 事故定损材料

（包括机动车保险车辆损失情况确认书、零部件更换项目清单/代询价单、修理项目清单、机动车保险快捷案件处理单、定损照片等）

六、总结及收获

7.7.2 主要作业单证

1. 机动车辆保险出险通知书

机动车辆保险出险通知书

报案编号：

<table>
<tr><td>被保险人</td><td></td><td>联系电话</td><td colspan="2"></td></tr>
<tr><td>交强保单号</td><td></td><td>商业保单号</td><td colspan="2"></td></tr>
<tr><td>厂牌型号</td><td></td><td>车牌号码</td><td colspan="2"></td></tr>
<tr><td>发动机号</td><td></td><td>车架号码</td><td colspan="2"></td></tr>
<tr><td>出险时间</td><td>年 月 日 时 分</td><td>出险地点</td><td colspan="2"></td></tr>
<tr><td>报案时间</td><td>年 月 日 时 分</td><td colspan="2">是否第一现场报案</td><td>□是
□否</td></tr>
<tr><td>保险期限</td><td colspan="4">自 年 月 日零时起
至 年 月 日二十四时止</td></tr>
<tr><td>事故类型</td><td>□单方 □双方 □其他</td><td colspan="2">车辆初次登记日期</td><td>年 月 日</td></tr>
<tr><td>使用性质</td><td colspan="4">□家庭自用 □非营业 □营业
□摩托车、拖拉机 □特种车</td></tr>
<tr><td>处理方式</td><td colspan="4">□交警 □保险公司 □自行处理 □其他事故处理部门</td></tr>
<tr><td>驾驶员</td><td></td><td>联系电话</td><td colspan="2"></td></tr>
<tr><td>驾驶证号</td><td></td><td>准驾车型</td><td colspan="2"></td></tr>
<tr><td>有无人伤</td><td>□有（伤： 人 亡： 人）
□无</td><td>三者交强险
承保公司</td><td colspan="2"></td></tr>
<tr><td colspan="5">出险经过：（请您如实报告事故经过，报案时的任何虚假、欺诈行为，均可能成为保险人拒绝赔偿的依据。）</td></tr>
<tr><td colspan="2">损失及施救情况：

查勘员签字：

年 月 日</td><td colspan="3">《机动车辆保险索赔告知》已告知。

驾驶员签字：
报案人签字：
被保险人签字（盖章）：

年 月 日</td></tr>
</table>

2. 机动车辆保险事故现场查勘询问笔录

机动车辆保险事故现场查勘询问笔录

询问地点：________________　　时间：

自　　时　　分　开始

至　　时　　分　结束

询问人：姓名：________________　　单位：________________

被询问人：姓名：________　性别：________　年龄：________　民族：________

文化程度：________　工作单位：________________　职业：________

家庭住址：________________________________

兹将询问内容记录如下：依照《保险法》和机动车辆保险条款的规定，我们就您所报案件的真实性进行调查询问，希望您能理解和配合，回答情况要属实，因为任何虚假的证词都可能导致保险人依照法律和保险条款的规定形式拒绝赔权，或诉诸法律。

（问）

（答）：

被询问人（签字、手印）：

被询问人身份证号：

注：询问内容未完成，可接附页　　共　　页　第　　页

3. 机动车辆保险事故现场查勘记录

机动车辆保险事故现场查勘记录

保险单号码：　　　　报案编号：　　　　立案编号：

<table>
<tr><td rowspan="2">保险车辆</td><td>厂牌型号：</td><td>发动机号：</td><td>车辆已行驶里程：</td><td>已使用年限：</td></tr>
<tr><td>号牌号码：</td><td colspan="2">车架号(VIN)：</td><td>初次登记日期：</td></tr>
<tr><td colspan="2">驾驶人员姓名：</td><td colspan="2">驾驶证号码：□□□□□□□□□□□□□□□□□□</td><td>职业：</td></tr>
<tr><td colspan="2">初次领证日期：　年　月　日</td><td>性别：□男　□女</td><td>年龄：</td><td>准驾车型：□A　□B　□C　□其他</td></tr>
<tr><td colspan="2">查勘时间：　年　月　日　时</td><td colspan="2">查勘地点：</td><td>是否第一现场报案：□是　□否</td></tr>
<tr><td colspan="5">赔案类别：□一般　□特殊（□简易 □互碰 □救助 □其他）双代（□委托外地查勘　□外地委托查勘）</td></tr>
<tr><td colspan="2">出险地点：　年　月　日　时</td><td colspan="3">出险地点：　省　市　县</td></tr>
<tr><td rowspan="3">第三方车辆</td><td>厂牌型号：</td><td>号牌号码：</td><td>是否保险：□是　□否</td><td>车辆已行驶里程：</td></tr>
<tr><td>驾驶人员姓名：</td><td colspan="2">驾驶证号码：□□□□□□□□□□□□□□□□□□</td><td>车辆初次登记日期：</td></tr>
<tr><td>初次领证日期：</td><td>准驾车型：□A　□B　□C　□其他</td><td>职业：</td><td>车辆已使用年限：</td></tr>
<tr><td>现场查勘时请按右侧所列内容仔细查验并认真完整填写</td><td colspan="4">1、出险原因：□碰撞　□倾覆　□火灾　□爆炸　□自燃　□外界物体倒塌　□外界物体坠落　□雷击　□暴风　□暴雨　□洪水　□雹灾　□玻璃单独破碎　□其他
2、事故原因：□制动失灵 □转向失灵 □其他机械故障 □疲劳驾驶 □超速行驶 □违章并线 □逆向行驶 □安全间距不够 □违章装载 □其他违章行驶 □疏忽大意、措施不当 □其他
3、事故所涉及险种：□交强险　□车损险　□三责险　□盗抢险　□玻璃单独破碎险　□自燃损失险　□车上人员责任险　□车上货物责任险　□其他
4、保险车辆的号牌号码、发动机号、车架号与保险单上所载明的是否相符　□是　□否
5、出险时间是否在保险有效期内　□是　□否
6、出险时间接近保险起讫期的，有无相应时间证明　□有　□无
7、出现地点：(1)分类：□高速公路　□普通公路　□城市道路　□乡村便道和机耕道　□场院及其他；(2)与报案人所报是否一致　□是　□否
8、实际使用性质与保险单上所载明的是否一致　□是　□否
9、保险车辆驾驶人员情况与报案人所述是否一致　□是　□否
10、保险车辆驾驶人员的驾驶证是否有效　□是　□否
11、保险车辆驾驶人员准驾车型与实际驾驶车辆是否相符　□是　□否
12、使用各种专用机械车、特种车的人员是否有国家有关部门核发的有效操作证　□是　□否
13、驾驶营业性客车的驾驶人员是否有国家有关部门核发的有效资格证书　□是　□否
14、保险车辆驾驶人员是否为被保险人允许的驾驶人员　□是　□否
15、保险车辆驾驶人员是否为保险合同约定的驾驶人员　□是　□否
16、保险车辆驾驶人员是否为酒后驾车　□是　□否
17、事故车辆损失痕迹与事故现场痕迹是否吻合　□是　□否
18、保险车辆安全配置情况：□安全气囊　□ABS　□倒车雷达　□卫星定位　□其他防盗装置
19、第三者车辆是否已向其承保公司报案、索赔　□是　□否
20、事故是否涉及第三方人员伤亡　□是(伤______人，亡______人）　□否
21、事故是否涉及第三方财产损失　□是　□否
22、事故是否涉及本车上人员伤亡　□是(伤______人，亡______人）　□否
23、确定或预计责任划分：□全部　□主要　□同等　□次要　□无责任　□单方肇事
24、保险车辆损失程度：□全部损失　□部分损失
25、其他需要说明的内容：</td></tr>
<tr><td></td><td colspan="4">是否属于保险责任：□是　□不是　□待确定(原因是：　　　　　　　　　　)</td></tr>
</table>

续上表

事故估损金额	事故损失金额估计合计：						
	其中，强制险损失						
	强制保险	死亡伤残：			财产损失：		
		医疗费用：			其他费用：		
	车辆损失险损失：			第三者损失：		其他损失：	
	商业保险	车辆损失险	标的损失：	第三者责任险	车辆：	其他险别	
			施救费：		人员：		
					财产：		
查勘人意见(包括事故经过简单描述和初步责任认定)：						询问笔录	张
						现场草图	张
查勘人签字：						事故照片	张

说明：(1)估计损失金额单位为元。(2)第三方车辆不止一辆，可增加《机动车辆现场查勘记录》用纸。

4. 机动车辆保险事故现场查勘记录附页

机动车辆保险事故现场查勘记录附件

被保险人：　　　　　　车号：　　　　　　报案号：

更换部位(主要部件)		
修理部件(主要部位)		
待查部位		
施救情况	吊车情况	
	拖背车情况	
查勘人签字		年　月　日
被保险人签字		年　月　日

5. 机动车辆保险出险报案表

机动车辆保险出险报案表

机动车辆保险出险报案表

报案编号：

被保险人：		保险单号：	
厂牌型号：	号牌号码：	牌照底色：	车辆种类：
出险时间：		出险原因：	
报案人：		报案时间：	
报案方式：□电话 □传真 □上门 □其他		是否第一现场报案：□是 □否	
联系人：		联系电话：	
出险地点：		出险地邮政编码：	
出险地点分类	□高速公路 □普通公路 □城市道路	车辆已行驶里程：	已使用年限：
	□乡村便道和机耕道 □场院及其他	车辆初次登记日期：	
处理部门：□交警 □其他事故处理部门 □保险公司 □自行处理			排量/功率：

驾驶人员情况	驾驶人员姓名：		初次领证日期： 年 月 日	
	驾驶证号码：□□□□□□□□□□□□□□□□□□□□□			
	准驾车型：□A □B □C □其他		性别：□男 □女	年龄：
	职业分类	□职业驾驶员 □私营企业主 □个体工商户 □农业劳动者	□国家社会管理者 □专业技术人员 □商业服务业员工 □军人	□企业管理人员 □办事人员 □产业工人 □其他
	文化程度	□研究生及以上 □大学本科 □大专 □中专 □高中 □初中及以下		

事故经过：（请您如实填报事故经过。报案时的任何虚假、欺诈行为，均可能成为保险人拒绝赔偿的依据）

报案人签字：

年　月　日

事故处理结果：

查勘人员签字：

年　月　日

6. 机动车辆保险索赔须知

机动车辆保险索赔须知

机动车辆保险索赔须知

(被保险人名称/姓名):	

由于您投保的机动车辆发生了事故，请您在向我公司提交《机动车辆保险索赔申请书》的同时，依照我公司的要求，提供以下有关单证。如果您遇到困难，请随时拨打××保险公司的服务专线电话“×××××”，我公司将竭诚为您提供优质、高效的保险服务。

谢谢您的合作!

机动车辆索赔材料手续明细如下:

1. □《机动车辆保险索赔申请书》

2. □机动车辆保险单正本 □保险车辆互碰卡

3. 事故处理部门出具的: □交通事故责任认定书　□调解书　□简易事故处理书　□其他事故证明

4. 法院、仲裁机构出具的: □裁定书　□裁决书　□调解书　□判决书　□仲裁书

5. 涉及车辆损失还需提供: □《机动车辆保险车辆损失情况确认书》及《修理项目清单》和《领部件更换项目清单》

□车辆修理的正式发票(即“汽车维修业专用发票”) □修理材料清单　□结算清单

6. 涉及财产损失还需提供: □《机动车辆保险财产损失确认书》 □设备总体造价及损失程度证明

□设备恢复的工程预算　□财产损失清单　□购置、修复受损财产的有关费用单据

7. 涉及人身伤、残、亡损失的还需提供:

□县级以上医院诊断证明　□出院通知书

□需要护理人员证明　□医疗费报销凭证(须附处方及治疗、用药明细单据)

□残者须提供法医伤残鉴定书　□亡者须提供死亡证明

□被抚养人证明材料　□户籍派出所出具的受害者家庭情况证明

□户口　□丧失劳动能力证明

□交通费报销凭证□住宿费报销凭证　□参加事故处理人员工资证明

□伤、残、亡人员误工证明及收入情况证明(收入超过纳税金额的应提交纳税证明)

□护理人员误工证明及收入情况证明(收入超过纳税金额的应提交纳税证明)

□向第三方支付赔偿费用的过款凭证(须由事故处理部门签章确认)

8. 涉及车辆盗抢案件还需提供:

□机动车行驶证(原件)　□出险地县级以上公安刑侦部门出具的盗抢案件立案证明□已登报声明的证明

□车辆购置附加费凭证和收据(原件)或车辆购置税完税证明和代征车辆购置税缴税收据(原件)或免税证明(原件)

□机动车登记证明(原件)　□车辆停驶手续证明　□机动车来历证明　□全套车钥匙

续上表

9. 被保险人索赔时，还须提供以下证件原件，经保险公司验证后留存复印件： □保险车辆《机动车行驶证》　□肇事驾驶人员的《机动车驾驶证》
10. 被保险人领取赔款时，须提供以下材料和证件，经保险公司验证后留存复印件： □领取赔款授权书　□被保险人身份证明　□领取赔款人员身份证明
11. 需要提供的其他索赔证明和单据： (1)　(2) (3)　(4)

敬请注意：为确保您能够获得更全面、合理的保险赔偿，我公司在理赔过程中，可能需要您进一步提供上述所列单证以外的其他证明材料。届时，我公司将及时通知您。感谢您对我们工作的理解与支持！

被保险人		保险公司	
领到《索赔须知》日期：　年　月　日		交付《索赔须知》日期：　年　月　日	
确认签字		经办人签字	
提交索赔材料日期：　年　月　日		收到索赔材料日期：　年　月　日	

7. 机动车辆保险索赔申请书

机动车辆保险索赔申请书

机动车辆保险索赔申请书

报案编号：

被保险人：		保险单号：	
厂牌型号：	号牌号码：	牌照底色：	车辆种类：
出险时间：		出险原因：	
报案人：		报案时间：	
报案方式：□电话　□传真　□上门　□其他		是否第一现场报案：□是　□否	
联系人：		联系电话：	
出险地点：		出险地邮政编码：	
出险地点分类	□高速公路　□普通公路　□城市道路 □乡村便道和机耕道　□场院及其他	车辆已行驶里程：	已使用年限：
		车辆初次登记日期：	
处理部门：□交警　□其他事故处理部门　□保险公司　□自行处理			排量/功率：

续上表

<table>
<tr><td rowspan="8">驾驶人员情况</td><td colspan="3">驾驶人员姓名：</td><td colspan="2">初次领证日期：　　年　月　日</td></tr>
<tr><td colspan="5">驾驶证号码：□□□□□□□□□□□□□□□□□□</td></tr>
<tr><td colspan="3">准驾车型：□A　□B　□C　□其他</td><td>性别：□男　□女</td><td>年龄：</td></tr>
<tr><td rowspan="4">职业分类</td><td colspan="2">□职业驾驶员</td><td>□国家社会管理者</td><td>□企业管理人员</td></tr>
<tr><td colspan="2">□私营企业主</td><td>□专业技术人员</td><td>□办事人员</td></tr>
<tr><td colspan="2">□个体工商户</td><td>□商业服务业员工</td><td>□产业工人</td></tr>
<tr><td colspan="2">□农业劳动者</td><td>□军人</td><td>□其他</td></tr>
<tr><td colspan="2">文化程度</td><td colspan="3">□研究生及以上　□大学本科　□大专　□中专　□高中　□初中及以下</td></tr>
</table>

事故经过：（请您如实填报事故经过。报案时的任何虚假、欺诈行为，均可能成为保险人拒绝赔偿的依据）

报案人签字：

年　　月　　日

××财产保险公司＿＿＿＿＿＿＿＿＿＿：

本人的保险车辆发生的上述事故已结案，相关的索赔材料已整理齐全，现特向贵公司提出索赔申请。

本人声明：以上所填写的内容和向贵公司提交的索赔材料真实、可靠，没有任何虚假和隐瞒。

此致

敬礼！

被保险人签章：

年　　月　　日

8. 机动车辆保险定损单

机动车辆保险定损单

共　页，第　页

被保险人				保单号码		
车牌号码				第三者车辆(车主名称)：		
车 主		车 型		出险时间		制造年份：
发动机号				车架号		

更换配件名称	数量	修理厂报价	核价	维修项目	修理厂报价	核价
				事故拆装：		
				事故钣金：		
				事故油漆：		
				机修：		
				电工：		
材料小计				工时费小计		

工料费合计人民币：　拾　万　仟　佰　拾　元　角　分(￥　　)

1. 经三方协商，完全同意按甲方核实的价格修理，各方面签章同意后方可修理；
2. 车辆出厂前，须通知保险人复勘，负责保险人有权重新核定损失；
3. 标准的更换配件须回收后方可理赔。

甲方签章：		**乙方(修理厂)签章**	**丙(保险公司)签章：**

经办人　　　　年　　月　　日　　电话

9. 机动车辆保险车辆损失情况确认书

机动车辆保险车辆损失情况确认书

承保公司：

报案编号：　　　　　　　　　　　　　　　　　　　　　　　　条款类别：

被保险人：		出险时间：
保险单号：		出险地点：
保险金额：	号牌号码：	事故责任：□全部 □主要 □同等 □次要 □无责 □单方
厂牌型号：		
制造年份：	发动机号：	定损时间：
车架号（VIN码）：		定损地点：
发动机型号：		变速箱型式：□手动挡　□自动挡
送修时间：	修复竣工时间：	报价公司：　□总公司　□省公司　□地市公司

损失部位及程度概述：

换件项目共计　　项，总计金额：（人民币大写）	（¥：　　　元）
修理费总计金额：（人民币大写）	（¥：　　　元）
残值作价金额：（人民币大写）	（¥：　　　元）

保险合同当事人各方经协商，同意按本确认书及所附《修理项目清单》及《零部件更换项目清单》载明的修理及更换项目为确定本次事故损失范围的依据，并达成如下协议：

（1）本确认书所列修理费总计金额均已包含各项税费，其为保险公司认定的损失最高赔付金额，超过此金额部分，保险公司不予赔付。

（2）修理项目、修理工时费及修理材料费以所附《修理项目清单》为准。

（3）更换项目及换件工时费以所附《零部件更换项目清单》为准。

（4）更换项目需要报价的，本确认书只确认更换项目的数量，金额及换件工时费以所附《零部件更换项目清单》中的保险公司报价为准。

保险公司 签章： 年　　月　　日	被保险人 签章： 年　　月　　日	 年　　月　　日

项目 8　汽车修理企业设计实践

8.1　目的和基本要求

汽车修理企业设计是指由专门的工程设计人员，按照特定的目的，遵循法定或公允的标准和程序，运用科学的方法和相关专业知识，对汽车修理企业首先要考虑的是工位是否能够正常运转，设备的放置是否合理，人员配置更优化；其次是整个面积是否做到最大化的利用，工厂布置的弹性是否考虑，流量冲突是否避免，总之是要充分利用空间，从而保证使整个流程顺畅，足够和谐、美观、人员配备合理，能满足维修企业开展实际工作的需要。

本实践项目的目的是：在全面掌握汽车修理企业设计的技术基础知识的基础上，较系统地掌握国家对汽车修理企业相关政策、法规和有关条例规定；通过对汽车修理企业的模拟设计，掌握汽车修理企业设计的基本要求、相关程序，熟悉不同类汽车修理企业场地布局、人员配备、设备布置的基本要求，从而满足汽车维修企业所具备的经济性、美观性、服务性等基本特征。

8.2　学习目标

总体目标：

根据汽车服务工程专业人才培养目标、岗位(群)需求和前后续课程的衔接，统筹考虑和选取教学内容；根据技术领域和职业岗位(群)的任职要求，参照相关的职业资格标准，构建项目教学内容，使项目更加符合应用型工程技术教育的特点和规律。重视实践教学在高素质应用人才培养过程中的作用，体现教学过程的实践性、开放性和职业性。教学方法、手段运用上，基于行动导向的教学和工程技能实践的一体化；教学情景设计上，设计了完整的汽车修理企业设计作业流程，注重学习与实际工作的一致性；教学组织上实现了真正意义上的“理实一体化”教学。

8.2.1　专业能力

(1)具有相关的基本理论知识和分析能力。

(2)能熟练进行汽车修理企业设计，具有汽车修理企业设计的作业能力；通过对指定类别的汽车修理企业场地、设备配置及环境的设计，撰写设计报告。

8.2.2　社会能力

(1)计划、组织和交流的能力，有效利用资源和信息，提高学习效率；

(2)考虑社会、环境与发展的能力。

8.2.3　方法能力

(1)培养运用所学知识解决问题的能力；

(2)运用现有条件，能按汽车修理企业开业条件等规范要求进行汽车维修企业总体设计。

8.3　课题设计及内容

8.3.1　情景设计

根据指定的汽车维修企业(实习基地)，任选其一，制订设计目标，按照《汽车维修业开业条件》(GB/T 16739.1—2014)的相关规定，结合相关知识与要求，对指定的汽车维修企业主要的条件进行设计，撰写汽车维修企业设计说明书。

8.3.2　课题内容

(1)确定企业的任务及生产纲领；

(2)制订汽车修理企业车间的工艺过程；

(3)确定车间的工作制度、工人及设备的年度工作时数；

(4)制订各工种、产品的时间定额；

(5)计算年度工作量和企业各种人员数；

(6)计算生产厂房及其他建筑物面积；

(7)对全厂设备数量的计算与选型；

(8)对全厂用水，用电、用气的计算；

(9)确定生产厂房的平面布置；

(10)企业的总平面布置；

(11)计算企业的技术经济指标。

8.4　相关知识

8.4.1　汽车维修企业设计内容

汽车维修企业设计一般分为初步设计、工艺设计、技术设计和施工设计4个阶段。当采用典型设计或重复利用已有的，在实际工作中获得良好效果的设计时，可以免去技术设计阶段，每一设计阶段的内容、方法和目的各不相同。

1. 初步设计

初步设计是根据设计任务书和其他设计资料进行的全盘研究和计算。其目的是证明该建筑项目在技术上的可能性和经济上的合理性，保证正确选择建筑场地、水源和动力来源等。在初步设计的工艺部分中，确定企业的工人数、厂房面积、水和动力消耗量、设备和低值生产用具的概算价值，并且要设计各车间和办公室的平面布置草图以及厂区总平面布置草图。如果采用两阶段设计，初步设计要完成主要设备的计算和设备平面布置，并作出设备、低值生产用具的财务概算，以及建筑工程费(包括土建、暖气、煤气、给排水、照明等)的财务概算、主要技术经济指标等。

2. 工艺设计

汽车维修企业工艺设计程序为：论述企业任务→确定企业的生产纲领→简述生产工艺过程和工艺要点→确定生产车间的组成→确定企业的工作制度以及计算工人数和工作地点的年度工作时数→编制各工种作业工时定额→计算企业和车间的年度工作量和生产工人数→拟定企业的组织机构和编制企业定员表→计算生产厂房、辅助用房及行政生活用房的面积→计算主要生产设备的数量，并选型→计算水和动力消耗量，并说明选用的有关设备设施的型号－绘制业的总平面布置图、主厂房平面布置图、辅助用房和行政生活用房的布置图－拟订企业的济技术指标，并作出关于企业的技术经济效果判断。

3. 技术设计

技术设计是在被批准的初步设计的基础上进行的，主要任务是解决设计工作的各部分(工艺、动力、建筑、卫生环保和经济部分)的主要技术问题，并最后确定企业的经济技术指标及其建设投资。在技术设计的工艺设计部分中，根据总的生产纲领和各个车间的分配情况，并根据拟订的工艺过程，按精确的定额计算各车间的各项技术经济指标及其建设投资。其程序为：阐明车间任务→确定车间的工作制度和工人以及设备的年度工作时数→确定车间的年度生产纲领→根据生产纲领拟定车间生产工艺过程及工艺卡片→计算车间的年度工作量、工人数、工位数和设备数→编制车间定员表→设备选型，确定数量和车间面积→车间用水量和动力计算→进行车间平面布置→拟订车间的技术经济指标及其建设投资。

4. 施工设计

施工设计是根据批准的技术设计或初步设计(按两步设计)和所定的设备，绘制施工详细图纸。施工图纸包括设备安装基础结构图(地基、电源和水源布局)、施工场地的平面安装图和房屋的断面图、固定运输设备用的辅助零件图、管道及技术安全设备布置图。

1)设备安装图

标准设备安装图通常由制造厂家提供，可由产品说明书查出；非标准设备，安装一般由产品制造厂家来设计。根据批准的技术设计和定货设备数来拟订设备平面布置图和设备与土建结构的连接图。

2)起重运输设备的悬挂设计

起重运输设备的悬挂设计，包括单轨起重机和梁式起重机及悬挂式起重机的悬挂装置。绘制起重机运输轨道的平面图，图上应有悬挂总成的结构图。梁式起重机的轨道应与土建结构同时设计。

3)蒸汽、压缩空气、乙炔和氧气等管道设计

蒸汽、压缩空气、乙炔和氧气等管道设计，应绘出用气部位、管线布置和总成结构图。在采用三阶段设计时，初步设计只讨论最主要的问题，在以后的设计阶段中，也可能对初步初涉设计的资料进行修改，所以在初步设计时，没有必要花费很多的实践时间详细解决个别问题，只需根据扩大的指标进行设计。技术设计对问题进行全面的详细的讨论，提出设备订货和确定工程全部投资总额。

8.4.2　汽车维修企业的厂址选择原则

厂址选择要根据网民经济计划和城市规划的要求，以及该厂生产性质考虑。厂址选择的适当与否，将直接影响建厂的投资、建厂速度、生产发展、产品成本和经营管理费用等。同时，厂址直接关系到工艺、土建、动力和卫生等。所以，厂址的选择是整个设计过程中的重要问题。厂址选择，主要应贯彻下列原则。

1. 根据企业的隶属关系、规模大小和维修车型选择厂址

根据隶属关系，维修企业可以分为单位内部服务的维修厂和面向社会的维修厂。为本单位服务的维修厂，应该设置到单位附近车辆比较集中的位置；面向社会的维修厂，应该根据自己规模的大小、维修车型合理地选择厂址。规模比较大的一类维修企业，规模比较大的总成大修企业和零件修复企业等二类维修企业不宜设置在市中心和繁华街区，以设置在市区周围的公路干线附近为宜。规模比较小的一类维修企业和二类维修企业，如汽车美容店、小型的维修厂则应为方便用户，按照车辆的分布，以设置在车辆比较集中的地带为宜。一般面向社会的重型、中型汽车维修企业应设置在市区周围的公路干线附近。

2. 节约用地，考虑发展

厂址用地在符合生产工艺流程和厂内运输条件的要求下，用地要紧凑，要少占地面，尽量少拆房屋，场地面积和形状应满足各建筑物及构筑物的布置要求，使生产工艺过程得到合理组织。在厂区布置时要考虑发展远景，留有一定的发展空间。在选址时应同时考虑生活居住区的选择和布置。

8.4.3　汽车修理企业初步设计的工艺计算

1. 生产任务和生产纲领的计算

生产任务是汽车修理企业所承担的工作；生产纲领则指该企业的年产能力及任务的多少。大型汽车修理企业主要进行车辆大修，总成大修，汽车改造，零件制配，旧件修复，技术革新及其他任务。在计算生产纲领时，经常把生产任务换算成标准车型，或直接计算出年工作量。不同车型的换算系数如表8.1所示。

表8.1　不同车型换算系数 k_1

车型	北 BJ2020	解放 CA1091	济 JN1171	奥 100	上海桑塔纳
换算数 k_1	0.9	1	1.2	2.5	2.0

2. 各种作业时间定额的确定

在进行汽车维修企业初步设计时，只采用扩大时间定额计算全年的工作量，从而计算出

全厂的生产工人数。时间定额的选取一定要考虑其本身的先进性、现实性和可能性。企业投产后2~3年能够达到，因此它与工厂现在所采用的定额有一定区别。

时间定额的确定方法有两种，一种是先整车后工种，一种是先工种后整车。先整车后工种是指先确定整车的修理工时，然后再按各总成、组合件所占的工时比例系数分配到每个工种。如果有这方面的资料，计算起来比较方便，可以减少设计工作量。先工种后整车，是指先确定各工种的时间定额，然后把各工种的时间定额累计起来确定整车的修理时间定额。在缺少资料的情况下，该种方法可直接调研确定。不同车型的时间定额玎按表8.2折合成标准车型（解放CA1091或东风EQ1090）的时间定额。有商品总成需要大修时，也需要折合成整车，其折合系数见表8.3。

表8.2　汽车主要总成折合系数 k_2

汽车类别 / 汽车总成	载货汽车		轿车	大型客车	
	汽油机	柴油机		车架式	承载式
发动机附离合器	0.21	0.29	0.14	0.11	0.05
变速器	0.05	0.05	0.02	0.02	0.01
后桥（或驱动前桥）	0.08	0.10	0.06	0.04	0.02
前桥（或前悬架）	0.06	0.06	0.04	0.03	0.01
转向器	0.01	0.02	0.10	0.005	0.002
自动倾卸机构	0.07	0.05	–	–	–
传动轴	0.02	0.04	0.05	0.003	0.001
车身	–	–	0.65	0.62	0.85

表8.2给出的是生产纲领（能力）为1000辆的扩大时间定额，当生产纲领不是1000辆时，还应乘以批量系数 k_3 进行修正，如表8.3. 如果生产纲领介于表4.3两数字之间，需用插入法计算 k_3 的具体值。

表8.3　批量系数 k_3

生产能力（辆）	100	250	500	750	1000	2000	4000
批量系数 k_3	2.4	1.54	1.18	1.08	1.00	0.91	0.80

3. 年度工作量及职工人数

1）汽车修理企业年度工作量

汽车年度工作量：

$$Q = Z_i \sum t_i \tag{8-1}$$

式中：Z_i——某作业年度生产纲领；

t_i—— 各工种作业工时时间定额，h。

2）企业工人年度名义工作时数

企业工人年度名义工作时数：

$$T_M = [365 - (d_x + d_j)]t_y \tag{8-2}$$

式(8－2）中：d_x—— 全年周日天数，按双休日计算，全年工休息104 h；

d_j—— 全年国家规定的节假日休息天数，共11 d；

t_y—— 每班的工作时间，白班为8 h，其他班为7 h。

3）企业工人年度实际工作时数

企业工人年度实际工作时间数：

$$T_N = T_M \alpha\beta \tag{8-3}$$

式(8－3）中：α—— 工人出勤率(考虑到病、产、探亲假)；

β—— 工时利用率(考虑到用于本职以外的或停产的工时损失)。

交通部曾统计全国14家典型汽车维修厂出勤率为95%，工时利用率为86%左右。根据上面计算的年度工作量和年度工作时数，便可计算出生产工人数。生产工人出勤人数：

$$R_M = Q/T_M \tag{8-4}$$

4）生产工人在册人数

生产工人在册人数：

$$R_N = Q/T_N \tag{8-5}$$

生产工人数的计算，可按表8.4进行。

表8.4　各工种生产工人人数计算表

序号	作业名称	时间定额(h)	年度生产纲领	年度工作量(h)	年度工作数(h)		生产工人数				
					名义时数(h)	实际时数(h)	计算数	实际数	各班人数		
1											
2											

生产工人数确定后，便可计算其他人员数。

辅助生产工人数根据企业设备数量、设备维修制度、技术革新任务、动力站房和库房的设置及作业班次来确定。设备维修与技术革新工人数根据工作量计算的；动力站房工人，可按生产工人的8%～10%考虑；库房工人数可按生产工人的7%～9%确定。

非生产人员数根据企业的生产质和企业职工总数来确定。对汽车维修企业来说，非生产人员可按职工总数的18%左右选取。其中：管理人员占职工总数的8%～12%；服务人员占总职工总数的4%～5%；生产与非生产人员中的工程技术人员所占比例，一般不应低于企业职工总数的8%～12%。

4. 建筑面积计算

汽车维修企业的建筑面积一般分为生产车间面积、辅助设施面积、生活与公共服务设施面积。

1)生产车间面积

生产车间面积通常是指：发动机修理车间、底盘总成修理车间、汽车总装间、车身修理车间及修旧制配车间。其面积是根据车间生产工人数、设备台数、工位(或车位)、周转总成，以及汽车大修周期内的一些工件数等计算确定的。

(1)按生产工人计算面积：

$$F = f_r \times R_m (\mathrm{m}^2) \tag{8-6}$$

式(8-6)中：f_r—— 每个工人作业所需的面积定额，一般取 8 ~ 12 m^2/人

R_m—— 出勤生产工人数。

(2)按设备台数计算面积：

$$F = f_s \times Z_j (\mathrm{m}^2) \tag{8-7}$$

式(8-7)中：f_s—— 每台设备所需的面积指标，一般取 18 - 26 m^2/人

Z_j—— 设备台数。

对于发动机修理与装配间、底盘总成修理装配间，计算时 f_s 取最大值；对于发动机磨合调试间、机加工件、焊工间等，计算时 f_s 取最小值。

(3)按工位(或车位)数计算：

$$F = f_w \times N_w \times K_t \tag{8-8}$$

式(8-8)中：f_w—— 每工位(或车位)占地面积，与汽车外形尺寸有关；

N_w—— 工位(或车位)数；

K_t—— 车位的通道系数，一般取 4 ~ 6，汽车拆装车位取最大值，外部清洗和喷漆车位取最小值。

工位(或车位)可按下式计算：

$$N_w = R_m / R \times B_d \tag{8-9}$$

$$N_w = Z \times t \times K_d / T_w \tag{8-10}$$

式(8-9)、(8-10)中：R—— 同时在一个工位上工作的人数

B_d—— 每日工作班数

z—— 年度生产纲领

t—— 单位产品的时间定额，h

K_d—— 平衡系数，取 1.1 ~ 1.4

T_w—— 工位(或车位)年工作时数

(4)按扩大指标计算：

扩大指标是指每辆换算汽车(或人)的单位面积。

$$F = f_a \times Z_a \tag{8-11}$$

式(8-11)中：f_a—— 换算后的汽车车面积比，m^2/辆

Z_a—— 换算后的生产纲领，辆。

2)仓库面积计算

(1)按地面荷重计算仓库面积：

$$S = Q_c \times K_c \times n_c / 12q \quad (\mathrm{m}^2) \tag{8-12}$$

式(8-12)中：Q_c—— 物料年消耗量，t/年

n_x—— 年入库量占全年消耗量百分比

n_x—— 物料储备期(月)，一般1 ~ 2月

q—— 仓库单位面积上的平均荷重，t/m^2

(2) 按容积计算仓库面积：

$$S = G_c / q\delta \tag{8-13}$$

式(8-13)中：G_c—— 储备量，等于每日消耗量乘以储存日数，t

q—— 仓库单位面积上的有效负荷，t/m^2

δ—— 仓库面积利用系数，取0.25 ~ 0.60。

$$q = p \times V \times a_v / S' \tag{8-14}$$

式(8-14)中：p—— 物料单位体积质量，t/m^2

V—— 货架容积，m^3

a_v—— 货架容积系数，取0.4 ~ 0.6

S'—— 货架占地面积，m^2

(3)按百分比估算仓库面积：

在进行企业初步设计时，仓库面积可按生产面积的10% ~15%进行估算。

(4)按车面积比计算仓库面积：

每辆大修汽车平均占用仓库面积，可按2.2 ~2.3 m^2/车计算。生产规模大，物料储备期较短的维修企业取小值，反之取大值。

3)生活与公共服务设施面积

(1)行政办公用房面积。

行政办公楼的房间组成应根据生产任务、性质和规模大小来决定。

(2)生活福利设施面积。

汽车维修企业的生活福利设施，主要有单身宿舍、招待所、医务室、职工食堂、托儿所、幼儿园、浴室、运动场等。根据厂的生产规模、占地面积和地形等条件，生活福利设施可设在厂区内或设在厂外生活区。一般生产规模较小的修理厂，一部分生活福利设施可与行政办公楼合建。单身宿舍的面积可按4.0 ~6.5 m^2/人(楼房)考虑。单层床取大值，双层床取小值。招待所可按职工总人数计，每人0.25 m^2。医务室接待职工为300 ~1000人时，按30 ~40 m^2计。职工食堂面积，一般按最大班职工人数计量每人平均1.25 ~2.00 m^2。运动场可根据篮球、排球、网球、羽毛球场地面积要求设置，一般不宜设足球场地和大型运动场。

5.设备数量计算和配备

汽车维修企业的设备一般包括专用设备、检测设备、通用机械加工设备、焊接设备、木工设备、起重设备和动力设备。

1)金属切削机床

主要用于零星修配、旧件修复、零件配制和设备维修等。通常用下式计算：

$$N_i = \frac{t_i \cdot z}{B_d \cdot T_m \cdot r} \tag{8-15}$$

式(8-15)中：N_i—— 金属切削机床的台数，台；

Z—— 年度生产纲领，件(辆)；

t_i—— 机床作业的单件工时定额，h/件(辆)；

B_d—— 每日的工作班数;

T_m—— 年度名义工作时数

r—— 机床利用系数

2) 专用设备与检测设备

汽车修理专用设备主要指曲轴磨床、磨缸机、镗缸机、磨气门机、气门座修磨机、制动鼓镗磨机、曲轴动平衡机等。数量可用以下公示计算:

$$N_i = t \times (Z_1 + Z_2)(1 + K) / B_d \times T_m \times r \tag{8-16}$$

式(8-16)中: N_i—— 专用设备台数;

t—— 每个零部件的加工时间;

Z_1—— 换算成标准车型整车生产纲领;

Z_2—— 换算成标准车型总成生产纲领;

K—— 其他服务系数。

3)其他设备

锻压机械、焊接设备和热处理设备,是根据该项作业的年工作量和企业的具体情况来确定设备和配备设备的。生产规模比较小的修理企业,一般不设热处理车间,往往通过外协加工来解决。木工机械数量,通常不按机床工作量计算,而是从车间作业要求配备。

起重运输设备的选择,直接影响到劳动生产率、作业延续时间和工人劳动强度。所以,新建企业尽可能地采用机械化的起重运输工具。在各车间和库房内,可借助于桥式起重机的空间作业,减轻地面的拥挤情况。车间和车间之间的运输,可用地轨车和蓄电池车实现。

起重运输设备的型式和规格,按各车间所需的起重吨垃、起重设备的工作制度以及厂房的跨度等具体条件选择。起重设备的台数,按其服务线长度确定,服务线长度一般为 50 ~ 70 m。

在汽车修理企业中、经常用的起重机有:电动桥式起重饥、电动梁式悬挂起重机、手动桥式起重机、电动葫芦、手动葫芦、悬臂起重机等。厂内常用的运输设备有汽车吊车、电瓶车、地轨车、平板推车等。一些专门用于拆装的非标准小车,可根据需要自行选做。

8.4.4 厂区和车间设计

厂区总平面布置是工厂设计的一个重要组成部分,它的任务是根据选定的地形,按工厂的性质、规模和生产工艺的要求,对建筑物、构筑物、运输道路、厂房方位、上下管道和厂区绿化等进行合理的布置,使厂区的布置适合生产工艺的需要,并且经济合理、环境优美。

1. 厂区的划分

在进行总平面设计时,首先要对厂区进行合理的划分。当前我国的汽车维修企业规模比较小,厂区划分比较简单,一般划分为生产区、辅助区、厂前区和生活区几大部分。生产区主要由汽车维修、修旧制配等生产厂房组成,一般以汽车修理车间为中心,布置其他的生产车间和辅助部门。规模较大的汽车维修企业,可以分几个主汽车修理车间。如汽油车修理车间、柴油车修理车间;大中型汽车修理车间、小型车修理车间;发动机修理车间、底盘修理车间、汽车总装车间等。辅助区主要由动力部门和仓库等组成。布置动力站房时,应该考虑靠近客户,同时也应注意防火安全距离和环境卫生的要求。厂前区一般包括大门、门卫、传达室、行政办公楼。同时,也可以根据企业的地理位置和环境,门前区也可以是从事汽车配件经营、汽车美容等经营场所。生活区一般设在厂外，但个别生活用建筑物考虑厂区的大小和职工生活的方便，也可以设置在厂内，如职工食堂、浴室等。

2. 建(构)筑物的布置

在进行建筑物布置时，主要应该考虑生产工艺流程的需要。另外还要考虑节约用地，充分利用地形地质条件，考虑远近结合，合理划分厂区，满足安全生产、防火、卫生和环境美化。

在满足生产工艺流程的前提下，厂区的建筑物布置需要考虑如下原则：

1)合理缩小建筑间距

在企业区域面积中，建筑间距、道路等往往占着很大比重。在满足防火、安全等要求的条件下，应合理地缩小建筑物间距，减少用地面积，缩短地上地下工程管线长度，降低土建费用。

2)厂房集中布置或适当合并

厂房集中布置或车间加以合并的目的是为了节约用地、减少运输量、节省劳力和降低投资费用。车间的合并，必须按其性质和要求，将同类型的车间，如汽车零件修复、零件配制、机械加工车间等，可以考虑合并，金属材料、配件库和工具库等也可以合并。在厂房合并时，应注意以下几点：

(1)工艺要求。

要满足生产工艺的要求，并考虑扩建和工艺改造的可能性，为以后的发展留有发展空间。

(2)互相影响。

要消除生产上的互相影响。

(3)管线敷设合理。

地上地下管线敷设合理。

(4)通风、采光、卫生和消防等要求。

不能过分地影响通风、采光、卫生和消防等要求。对生产噪声比较大的车间，最好不要合并。

(5)利于生产管理。

能适应工厂管理机构的组织形式，要有利于生产管理。

3)按长年主导风向进行布置

将产生火源的热加工间、锅炉房等布置在全厂的下风向，散发有害气体的工间布置在全厂内的下风向，并尽量远离厂区，位于厂区的后面或侧面。易燃品存放库也应该布置于全厂下风口。

4)工厂动力站所的设置

变电所、压缩空气站、乙炔发生站、氧气(瓶)站、蒸汽站，要注意靠近主生产厂房或用量大的工间。

5)工厂出入口的设置

工厂大门、传达室、值班室等，一般应布置在全厂职工出入的主要通道附近。车辆出入口和人员出入口可分开设置，最好是单向行驶。出入口的数量可根据工艺流程、车(人)流量而定。

6)生活区的布置

生活区(如食堂、托儿所、医务室等)的布置,主要应该考虑安全、环境和环保的要求。应该远离厂主要道路,远离污染源、远离噪声源和变电站。

7)检测站的位置

有单独检测站的修理厂,检测站应尽量靠近汽车总装车间,可以与汽车总装车间对门或平行,以利于修竣车和检测车进出修理车间和检测站。

3. 厂区道路与美化

1)厂区道路

根据工厂的工艺要求,结合地形和生产区位置,在已确定各建筑物、构筑物位置的基础上,布置道路走向和选择布置形式。

厂区一般环绕各建(构)筑物布置,横直贯通的道路网构成环形。但通往非主要车间和生活福利设施的道路,可设计为尽头式。在山坡地布置时,道路随着地形的变化,以等高线走向布置,这样可以缓和道路的坡度和满足道路的技术要求。

道路网的布置应密切结合生产工艺流程,使厂内外运输畅通和行人方便。合理地分散人流、车流,保证主要流向距离最短。

道路布置除应符合道路技术要求,还要考虑卫生、防火、防爆和防震等方面的要求,并能使救护车、消防车并列到达出事地点。

厂区内道路应整齐,占道宽度和转弯半径应按标准(或计算)确定,不应盲目加宽道路和采用高级路面。当生产规模较大而厂区附近又没有合适的试车场地时,可以考虑在厂内设置试车道,试车道应设在车辆行人比较少的位置;一般应为专用试车道。

一般工厂酌道路占区域面积的10%~12%,所以在满足运输条件下,应尽量减少敷设面积,实行分期分批建设,使永久性道路和基建临时道路结合起来,以节省投资费用。

厂区道路分为主干道、次干道、辅助道、车间引道和人行道。

主干道是全厂性主要干道,一般有主要出入口道路和厂内试车道。次干道是厂内的车间和仓库等之间的主要交通运输道路。辅助道应保证车辆和行人可通行,但通行量较小的道路及消防车道等,如通往水泵站、变电站、乙炔站、压缩空气站等道路。分布于场后区、边缘区和运输量较小的车间、仓库之间的道路,可只设置辅助性单车道。车间引道是指车间、仓库等出人口与主、次干道或辅助道相连接的道路。一般对线路较长的单车道,应在200~300 m范围内,互相能看到对方来车的适当位置,设置一个不小于10 m长的会让车道,便以会车。厂内道路计算车速一般为15 km/h;试车车道要考虑在5.6 m/s (20 km/h)行使时进行制动或以8. 3 m/s(30 km/h)开始滑行到停止,其滑行距离一般应在200 m以上。因此,道路适当加宽,直线距离要满足试车需要。

在设计人行道时,如果顺道行走显著会增加走的距离,最好根据厂区的具体情况铺设专门的人行道。沿车道布置的人行道,有条件的最好在车道之间加绿化带。人行道宽度一般在1.2~1.5 m,道路横坡不大于2%,纵坡不大于8%。通达厂房、仓库和可燃原料堆场,都应设置消防车道,宽度不小于3.5 m,路面坚实,并应有排水坡道。

车辆在装卸上需要进行掉转和停放,所以在堆场、仓库等应设置一定面积的场地。在总平面设计时,要考虑待修和修竣汽车的停车场。

2)厂内弯道的转弯直径

厂内道路的转弯直径必须大于汽车的最小转弯直径，以保证汽车可靠转向和汽车进出建筑物。

3）厂内道路视距

厂内道路转弯处和纵向断面变坡处的最小视距如下：

会车视距 30 m；

停车视距 15 m；

交叉口停车视距 20 m；

当受条件限制，无法采用会车视距时，可采用停车视距，但必须设置分别行驶的标志或反光镜等设施。

4）道路与建筑物最小距离

厂内道路边缘与相邻建筑物的最小距离满足相关要求。

5）厂区的绿化

厂区的绿化是根据工厂的性质、交通运输的要求设计的。通常是采用公路旁和其他需要处种植树木、花草和铺设草坪等方法。一般可在人行道或道路两旁种植树木。种植时要注意不能影响周围建筑物和地下管线；道路弯道处不能影响运行汽车驾驶员的视线，不遮挡车间采光。

4. 厂房的形式和布置方案

厂房平面布置形式将直接影响以后的生产条件、运输路线和劳动作业环境，也将影响建筑结构和动力管道布置的合理性。

生产厂房的建筑形式分为单层和多层两种。多层厂房的主要优点是占地面积小，动力管线长度短，适合占地面积紧张的大城市采用。缺点是建筑费用高，使用维修费用也高。汽车修理厂一般多采用单层建筑。单层厂房又可分为分散营造和联合营造两种形式。分散营造是指厂房按车间或建筑物性质分散独立设置的建筑形式；联合营造是指把若干车间、工组或其他有关房屋联合设置在一个大厂房内的建筑形式。分散营造的优点是建筑结构简单，自然采光和通风条件好，防火性能好，工种之间互相干扰小。它的缺点是占地面积大，生产线与运输距离长，道路与动力管线长，建筑费用和管理费用高。联合营造的优点是占地面积小，生产线短，便于进行流水作业，同时减少了建筑费用和管理费用；缺点是防火性能差，通风采光条件不好，工种之间相互干扰多，房屋结构较复杂。

在进行主生产厂房平面布置时，厂房形状尽可能简单，占地面积要小，同时要考虑到企业的生产规模、工艺特点、土地条件以及发展远景，综合考虑厂房的建筑形式。

在设计汽车修理厂时，主生产厂房的布局可考虑以下几种布置方案。

1）直线形流水线

这种布置方案将拆装车间设置在厂房的中央，汽车车架在修理过程中以直线方向在生产厂房内移动；而汽车车身和发动机、底盘在各自的车间内修理时，也以直线型流水作业进行修理，它的移动方向与车架移动的方向相平行。采用该种方案时，主生产厂房一般呈矩形，而且矩形的长边伸得较长，这样就使得厂房墙长度增大，增加了厂房的造价。直线型流水线布局的优点是各车间的流水方向相同，便于安排生产，且运输不交叉，适于中、小型汽车修理厂及承修车型比较复杂的修理厂选用。缺点是布局不紧凑、运输距离长、房屋造价高。

2）直角形流水线

直角形流水线是指车架在修理与装配过程中要回转一个90°直角。车身与总成修理的移动路线则垂直或平行于车架的流动方向。一般正方形厂房多采用此方案。其主要优点是主生产线短，布局紧凑，房屋造价低，适任务较大的厂进行流水生产。缺点是个别车间距离主生产线远，需用桥式起重机运输，生产紧张时工种间容易相互干扰。

3）门形流水线

门形流水线是指汽车的车架在修理移动时回转两个90°的直角弯，主线成一“门”形。在布置车间时，可将发动机、底盘修理，零件修复车间，布置在主线的四周，使厂房呈正方形。该方案的优点是主线比较短，布局紧凑，便于安排大规模流水生产。缺点是个别车间距主线距离稍远，有时运输产生交叉，且增加了运输量。

4）尽头式布置

尽头式布置是指汽车的拆卸和装配是固定在一尽头式工段上进行的。有时可利用车间的入口和出口大门门廓来进行解体和最后调整。

这种布置方式在整个修理过程中，车架基本在原处不动，所以必须在整个车间内往返的运输车身、发动机和底盘总成等。为了避免笨重零件总成的运输，有时驾驶室、车厢、发动机和底盘总成的修理直接在车架附近进行。这种方案适宜于车型较复杂的小型修理厂。

在车间布置时，首先确定生产厂房的生产路线，然后根据计算出来的车间面积进行各车间、工间及辅助部门的布置工作。在布置时应考虑以下几个原则：按照生产工艺顺序，布置各车间和工间；围绕主要生产线布置各车间、工间和辅助部门时，要区别主要矛盾和次要矛盾。那些体积和重量大的零件，应在生产主线附近进行修理。对污染比较严重和噪声比较大的车间或工间，应布置在厂房的一边或角落，并设有单独的直接向外开的门。必须拟订几个方案，并进行综合比较分析，以寻求最佳方案。精细工作间，尽量布置在厂房四周，以便得到良好自然采光。

5. 厂房的方位

厂房的方位应根据自然采光及常年主导风向确定。在我国南方炎热地区，采用北向窗户采光，以避免夏季阳光直接照射引起的过分炎热。北方寒冷地区可采用南向窗户采光，可充分的采光和提高车间温度。在配置带庭院的复杂形状厂房时（如门型和山型厂房），建筑物各翼间的纵向，应与常年主导风向呈0～45°角，并使庭院开口部分面向主导风向。如背向主导风向，须在庭院的封闭端留有通风的门。

半闭锁庭院式建筑物各翼的间距，不得小于相对建筑物高度之和的1/2，一般须在15 m以上。庭院内不产生有害气体时，其间距可减至12 m。

8.4.5 动力站房设计

汽车修理厂用电主要为生产和照明之用。电源一般由厂外高压输电网供电，厂内设一座变电站，负责供给全厂用电；若用电大的车间很分散，并且距离很远，可以考虑分散布置几处小型变电站。但最后还须根据实际配备的工艺设备及其数量，对额定电容量进行修正。

1. 生产用额定电容量

生产用额定电容量，根据企业的生产工艺设备电容量的统计确定。企业的生产工艺不同，生产任务不同，所配备的设备不同，每辆大修车所耗的电量差异也较大。一般修理厂可按每辆大修车耗电1.74～3.30 kW/辆来估算全厂的生产用电容量。生产规模较大的维修企业，可选小值，反之选大值。

2. 照明用额定电容量

照明用额定电容量，一般根据单位容量计算法确定。单位容量，即每单位面积的灯泡安装功率，按下式计算：

$$W = P/S \ (\mathrm{W/m^2}) \tag{8-17}$$

式(8－17)中：P——全部灯泡的安装功率，W；

S——被照明面积，$\mathrm{m^2}$。

单位容量取决于照明器材的形式、要求的最小照度、计算高度、房间面积、天花板反射系数、小墙壁反射系数、地面反射系数、感光补偿系数等因素。此外，它还与灯具的布置，所选用灯泡的效率(灯泡功率越大，效率越高)有关。公式只适用于均匀照明的计算。

照明用额定电容量按以下公式计算：

$$Q_{照} = F \times W \tag{8-18}$$

式(8－18)中：F——照明的地面面积，$\mathrm{m^2}$；

W——单位电容量，$\mathrm{W/m^2}$。

1)电负荷计算

电力负荷是选择供电系统中的导线、变压器和开关设备的主要依据。电力负荷计算的方法有：需要系数法、二次项法、利用系数法和单位产品耗量法。汽车修理厂设计中，一般采用需要系数法。

2)全厂年电耗量计算

(1)年度生产用电量计算式：

$$Q_{生} = 3.6(P_{a1} + P_{a2}) \cdot K \cdot \gamma \cdot N_{生} \ (\mathrm{kW \cdot h}) \tag{8-19}$$

式(8－19)中：P_{a1}——白班生产用额定电容量之和；

P_{a2}——夜班生产用额定电容量之和；

K——生产用电负荷综合系数，取0.20～0.32；

γ——设备平均利用系数；

$N_{生}$——生产用电设备年时基数。

(2)年度照明用电量计算式：

$$Q_{照} = 3.6P_{照} \times N_{照} \tag{8-20}$$

式(8－20)中：$P_{照}$——全厂照明用额定电容量之和；

$N_{照}$——全年照明时间平均值，室内照明年时数。

全年年度用电量：

$$Q = Q_{生} + Q_{照} \ (\mathrm{kW \cdot h}) \tag{8-21}$$

3. 变电站及压缩空气的建筑要求

1)变压器间的设计

变压器间的耐火等级为二级，其门窗材料应满足防火要求，大门建议采用钢丝网门，并在大门上开小门(宽×高为0.8 m×1.8 m)。变压器基础轨梁建议采用两种轨道通用的形式，底座要考虑变压器漏油问题。从变压器间到高低压配电间和电气间均设电缆沟。进风窗应加装孔为10 mm×10 mm的防小动物的金属网。当变压器间上面有房间时，顶板应为整块的钢筋混凝土板，若上面房间的窗户在变压器大门的上方，还应在出风百叶窗的上部，沿变压器内外墙挑出 0.7 m 防火挡板。门应向外开，耐火极限不小于 0.75 h，开启角度不应小于 150°，门上可设金属百叶窗，以补充进风口的进气不足。地面坡度为 2%，有油坑时，地面向坑孔中心倾斜，无油坑时，地面向门方向倾斜。

2)压缩空气站的设计

在汽车维修企业中，压缩空气用以驱动各种风动机械和风动工具。如喷漆、喷砂、轮胎充气、气动千斤顶、气动铆钉机、气动起重机、零件吹净等。常采用压力为 0.196～0.78 0 MPa 的压缩空气。小型汽车修理厂一般使用可移动式的空气压缩机，这种压缩机投资小，但是噪声大。大型汽修厂用气量比较大，而且用气点比较多，一般应该设置专门的压缩空气站。在进行压缩空气站工艺设计时，首先要掌握和了解必要的资料，如压缩空气消耗量，需要压缩空气的位置等，然后进行机组选型、贮气罐的选用等。

3)设计的基本资料

(1)压缩空气消耗量。

压缩空气消耗量包括各作业班中的用气设备名称、规格及数量，使用压力要求，最大消耗量，理论平均消耗量等。

(2)工程项目总图。

了解各用气在总图上分布情况，确定压缩空气站在总图上的位置，以便考虑压缩空气站的设备布置和管道敷设。

(3)气象条件和地质资料。

资料包括建站地区的气温、大气压力、常年主导风向，空气中含尘量、土壤性质等因素。

(4)水质资料。

所使用水源的水质硬度、悬浮物含量、氢离子浓度和夏季最高水温等，考虑水质能否满足水冷空压机的使用条件和决定冷却水进排水温差的条件。

(5)扩建余地。

工程项目近期和远期发展情况，以便在压缩空气站设计时对扩建余地的考虑。

4)压缩空气消耗量计算

多数用户在工作中对压缩空气的使用不是连续的，其负荷的波动也比较大。压缩空气的消耗量的确定并不是一个简单的公式就可以解决的，需要进行统计分析，力求设计符合生产实际。

所谓压缩空气设计消耗量，是指在同一个压缩空气的供应系统中，在总和各用户消耗量的基础上，计入所需要的计算系数后，所得到的计算结果。因此，用户负荷资料的准确程度和计算系数的选取，是确定压缩空气设计耗量的关键问题。

5)空气压缩安装容量计算和机组选型

压缩空气站的设备安装容量，是安装在同一供气系统中所有空气压缩机额定生产能力的总和，其中包括工作和备用的机组容量。为了确定设备安装容量，须考虑设备生产效率和备用系数。所谓备用系数，指在一个压缩空气站内所安装的相同压力参数的机组，当其中一台或最大的一台机组因检修停止运行时，其余投入运行机组的设备容量与设计消耗量的百分比数值。一般机械厂压缩空气的备用系数不低于 75%。

空气压缩机组的选型应考虑以下几点因素：

(1)空气压缩机的台数。

空气压缩机的台数及其生产能力须与设计消耗量相适应，同时要考虑机组效率高、占地面积小、运行可靠、维修方便。

(2)备用机组。

考虑必要的备用机组，即采用适当的备用系数，但是在空气压缩机维修停车期间，对用户影响不大的情况下，也可以安装一台机组。

(3)操作、维修和备件简便。

为了使操作、维修和备件简便，应选用同一型号的空气压缩机。但是在各班的压缩空气负荷不均衡的情况下，为了适应负荷波动起见，可选用容量大小不同的机组，这样就可避免用气负荷大幅度波动时压缩机经常起动和停车。同一压力参数的空气压缩机，最好不超过两种型号。

(4)相同压力参数的空气压缩机数。

相同压力参数的空气压缩机，在一个站房内一般不少于两台，最多不宜超过四台。

(5)充分利用原有的或者调拨来的设备。

在改建和扩建的工程项目中，应充分利用原有的或者调拨来的设备。

6)储气罐的选用。

用以储存压缩空气，稳定压缩空气和管路中的压力，并再一次冷却压缩空气、分离压缩气中的油水。储气罐安装在机器间外露天场地上，其基础应高出地坪。当有多台储气罐时，以列布置，相邻两储气罐之间的净空距离通常不小于1 m。储气罐和机器间外墙之间的距离一般保持在1.5 m以上。储气罐的位置应避开机器间的门、窗，以免影响机器间的自然采光和通风。

8.5　课程实施

8.5.1　教学方法建议

在教学过程中，应立足于加强学生实际动手操作能力的培养，采用小组讨论协作、任务驱动法、情景教学法等教学方法，以工作任务引领提高学习兴趣，激发学生学习的热情，并辅之以团队能力、表达沟通能力、职业规范等培养和教育；重视行业实际，贴近企业、贴近生产。

8.5.2　教学条件及资源基本要求

选择实习基地一、二类汽车维修企业，通过实地调研、考察，利用所学专业理论知识，对其现有设计状况，撰写优化、改进报告。

8.6 参考资料

1. 参考教材

[1]胡立伟，冉广. 汽车维修企业设计与管理(第二版)[M]. 北京：人民交通出版社，2017.

[2]王耀斌，刘玉梅. 汽车运输企业设计［M］. 北京：人民交通出版社，2004.

[3] 傅厚扬，冉广仁. 汽车维修企业设计与管理[M]. 北京：人民交通出版社，2006.

2. 政策、法规和标准规范

[1]机动车维修管理规定

[2]中华人民共和国道路运输条例

[3]关于促进汽车维修业转型升级提升服务质量的指导意见

[4]关于汽车维修行业开展二氟二氯甲烷(CFC－12)制冷剂回收利用工作的通知

[5]汽车维修业开业条件

8.7 报告

汽车维修企业设计报告书

1. 设计报告书总体要求

(1)设计报告书应符合《汽车维修业开业条件》(GB/T 16739.1—2014)的基本要求；

(2)设计内容全面，计算分析及结果正确；

(3)图纸：企业总体布置平面图、主生产厂房的平面布置图。

2. 设计说明书主要内容

前言

第一章　汽车修理企业概述

1.1　汽车修理企业分类

1.2　汽车修理企业的组成

1.3　汽车修理制度

第二章　汽车修理企业初步设计的工艺计算

2.1　生产任务和生产纲领的计算

2.2　各种作业工间定额的确定

2.3　汽车修理厂职工人数的确定

2.4　建筑面积计算

第三章　汽车修理企业的技术设计

3.1　技术设计概述

3.2　设备的计算和选型

3.3　动力站房设计

3.4　建筑设计要求

第四章　汽车修理企业的平面布置

4.1　主生产厂房的平面布置

4.2　汽车修理企业总平面布置

4.3　汽车修理企业的技术经济指标

小结

参考资料

项目9　二手车评估实践

9.1　目的和基本要求

二手车鉴定评估是指由专门的鉴定评估人员，按照特定的目的，遵循法定或公允的标准和程序，运用科学的方法，对经济活动中涉及二手机动车交易的手续检查、技术鉴定和价格估算等一系列评估服务过程。随着我国市场经济和汽车后市场的快速发展，二手车交易的活动日益频繁及地位日益重要。由于二手车鉴定评估涉及的知识面较宽广，要求既要了解汽车的构造和原理，又要掌握各种汽车主要性能的技术鉴定方法，还要具备一定的市场经济学知识，因此二手机动车鉴定评估已自成体系，逐渐发展为汽车行业一个独立的多种学科知识交叉的分支。

本实践项目的目的是：在全面掌握二手机动车鉴定评估的技术基础知识和二手机动车鉴定估价的基本理论知识基础上，较系统地掌握国家对二手机动车交易的相关政策、法规和有关条例规定；通过对二手机动车的实车模拟鉴定评估，掌握二手机动车鉴定评估工作程序，熟悉鉴定评估作业表的填写，能运用科学的鉴定估价标准和方法，熟练地进行二手机动车的性能鉴定、价格估算及鉴定评估报告的撰写，公平公证地为二手机动车的交易服务。

9.2　学习目标

总体目标：

根据汽车服务工程专业人才培养目标、岗位(群)需求和前后续课程的衔接，统筹考虑和选取教学内容；根据技术领域和职业岗位(群)的任职要求，参照相关的职业资格标准，构建项目教学内容，使项目更加符合应用型工程技术教育的特点和规律。重视实践教学在高素质应用人才培养过程中的作用，体现教学过程的实践性、开放性和职业性。教学方法、手段运用上，基于行动导向的教学和工程技能实践的一体化；教学情景设计上，设计了完整的二手车鉴定评估作业流程，注重学习与实际工作的一致性；教学组织上，实现了真正意义上的“理实一体化”教学。

9.2.1　专业能力

(1)具有二手汽车鉴定评估的基本理论知识和分析能力；

(2)具有二手汽车鉴定评估作业能力，能熟练进行二手机动车的性能鉴定、价格估算及鉴定评估报告的撰写；

(3)具有二手车交易与置换的汽车营销能力。

9.2.2　社会能力

(1)计划、组织和交流的能力，有效利用资源和信息，提高学习效率；

(2)遵守职业道德和规范，履行职责的能力。

9.2.3　方法能力

(1)运用所学知识解决问题的能力；

(2)运用现有条件进行二手汽车鉴定评估与交易的能力。

9.3　课题设计及内容

9.3.1　二手车鉴定评估

1. 情景设计

根据指定的实验车辆，任选其一，假定一二手车鉴定评估目的，以虚拟的有资质的评估机构和鉴定评估师身份，按照国家对二手机动车交易的相关政策、法规和有关条例规范，鉴定评估其价值，并撰写鉴定评估报告，评估基准日在指定范围内自定。

2. 课题内容

(1)制订评估方案，体现于鉴定评估报告的“鉴定评估过程”中；

(2)二手车技术状况鉴定，进行全面的静态检查和动态检查；

(3)二手车价值评估，根据假定的鉴定评估目的选用适当的二手车价格评估计价标准，利用相应的估价计算方法计算其评估基准日的价格；

(4)撰写二手车鉴定评估报告书。

3. 要求

(1)鉴定评估工作应按照《二手车流通管理办法》及《二手车鉴定评估技术规范》(GB/T30323)等相关政策、法规和有关条例规范的要求开展；

(2)评估作业符合标准的二手车鉴定评估作业流程；

(3)按照“二手车鉴定评估作业表”“二手车技术状况表”对被评估车辆进行全面的静态检查和动态检查；

(4)鉴定评估报告应符合GB/T30323要求，内容齐全、真实客观、前后一致，格式规范；

(5)根据预先假定的二手车鉴定评估目的，计算评估价值，其鉴定估价标准和计算方法选择合理，计算过程及结果正确；

(6)鉴定评估报告附件齐全(含鉴定评估委托书、技术状况表、鉴定评估作业表、车辆证件税费等复印件、虚拟评估机构及估价师职业资格证复印件、车辆照片等)；

(7)评估报告的“评估过程”须详细记录本人的评估工作过程及各阶段成果；

(8)分组作业(5~8人一组),以小组形式开展现场鉴定评估,独立完成评估报告及其附件的撰写编制。

9.3.2 二手车交易程序

1. 情景设计

根据指定的实验车辆,任选其一,假定一二手车交易模式,按照国家对二手机动车交易的相关政策、法规和有关条例规范,虚拟完成其交易程序。

2. 课题内容

(1)设计一二手车交易情景;

(2)完成车辆交易、车辆所有权转移登记、税险变更等交易程序;

(3)建立二手车交易档案。

3. 要求

(1)所设计的二手车交易情景符合常见二手车交易模式,并满足《二手车流通管理办法》及《二手车交易规范》的基本要求;

(2)阐述交易程序,要求交易行为、交易资料符合国家相关规定;

(3)建立的二手车交易档案应符合规范。

9.4 相关知识

9.4.1 二手车鉴定评估程序

1. 二手车鉴定评估作业流程

二手车鉴定评估机构开展二手车鉴定评估活动按图9.1流程作业,并填写《二手车鉴定评估作业表》,如图9.2所示。二手车经销、拍卖、经纪等企业开展业务涉及二手车鉴定评估活动的,参照图9.1有关内容和顺序作业,即查验可交易车辆—登记基本信息—判别事故车—鉴定技术状况,并填写《二手车技术状况表》,如表9.1所示。

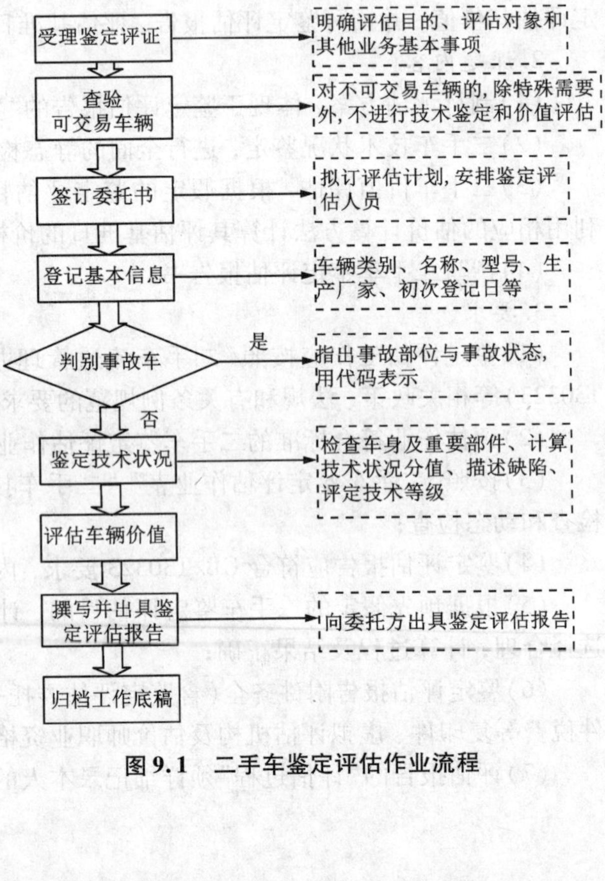

图9.1 二手车鉴定评估作业流程

二手车鉴定评估作业表(示范文本)

流水号：　　　　鉴定评估日　　年　　月　　日

评估单位名称(盖章)：

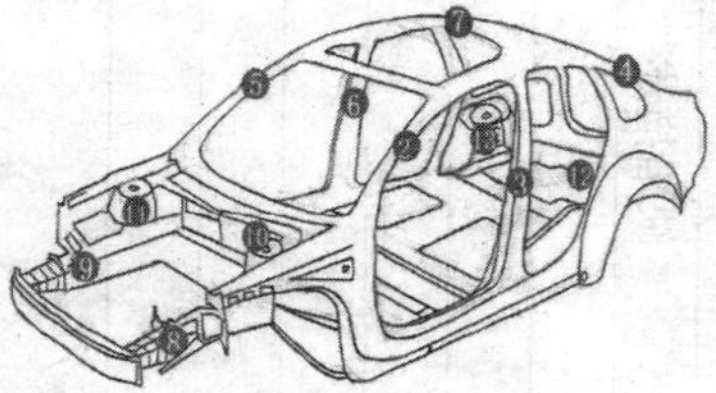

2 左A柱　6 右B柱　10 左减震器悬挂部位
3 左B柱　7 右C柱　11 右减震器悬挂部位
4 左C柱　8 左纵梁　12 左后减震器悬挂部位
5 右A柱　9. 右纵梁　13 右后减震器悬挂部位

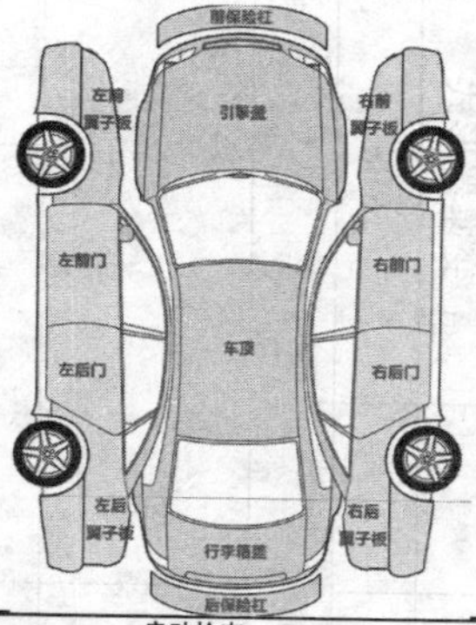

厂牌型号				行驶里程	仪表		km
牌照号码					推定		km
VIN码				车身颜色			
发动机号				车主姓名/名称			
法人代码/身份证号码		首次登记日期 年　月　日			使用性质		
年检证明	□有（至__年__月）□无		车船税证明	□有（至__年__月）□无			
交强险	□有（至__年__月）□无		购置税证书	□有 □无			
其他法定凭证、证明	□号牌 □行驶证 □登记证书 □保险单 □城市						
是否为事故车	□否 □是	损伤位置及损伤状况					
车辆主要技术缺陷描述							

车体骨架检查项目					
车体左右对称性					
左A柱			左前纵梁		
左B柱			右前纵梁		
左C柱			左前减震器悬挂		
右A柱			右前减震器悬挂		
右B柱			左后前减震器悬挂		
右C柱			右后前减震器悬挂		
代码	BX	NQ	GH	SH	ZZ
描述	变形	扭曲	更换	烧焊	褶皱
缺陷描述					
事故判定	□事故车		□正常车		

车身检查	扣分	状态描述
发动机舱盖表		划痕 HH
左前翼子板		变形 BX
右后翼子板		锈蚀 XS
右前翼子板		裂纹 LW
右后翼子板		凹陷 AX
左前车门		修复痕迹XF
右前车门		缺陷程度
左后车门		1——面积≤100mm×100mm
右后车门行		
李箱盖		2——100×100mm<面积≤200mm×300mm
行李箱内则		
车顶		
前保险杠		3——面积>200mm×300mm
后保险杠		
左前轮		4——轮胎花纹深度<1.6mm
左后轮		
右前轮		缺陷描述
右后轮		
前大灯		
后尾灯		
前挡风玻璃		
后挡风玻璃		
四门风窗玻		
左后视镜		
右后视镜		
轮胎		
其他项目		
合计扣分		

发动机舱检查	程度			扣分
机油有无冷却液混入	无	轻微	严重	
缸盖外是否有机油渗漏	无	轻微	严重	
前翼子板内缘、水箱框架、横拉梁有无凹凸或修复痕迹	无	轻微	严重	
散热器格栅有无破损	无	轻微	渗漏	
蓄电池电极桩柱有无腐蚀	无	轻微	严重	
蓄电池电解液有无渗漏、缺少	无	轻微	严重	
发动机皮带有无老化	无	轻微	严重	
油管、水管有无老化、裂痕	无	轻微	裂痕	
线束有无老化、破损	无	轻微	破损	
其它				
合计扣分				

驾驶舱检查			扣分
车内是否无水泡痕迹	是	否	
车内后视镜、座椅是否完整、无破损、功能正常	是	否	
车内是否整洁、无异味	是	否	
方向盘自由行程转角是否小于15度	是	否	
车顶及周边内饰是否无破损、松动及裂缝和污迹	是	否	
仪表台是否无划痕，配件是否无缺失	是	否	
排档把手柄及护罩是否完好、无破损	是	否	
储物盒是否无裂痕，配件是否无缺失	是	否	
天窗是否移动灵活、关闭正常	是	否	
门窗密封条是否良好、无老化	是	否	
安全带结构是否完整、功能是否正常	是	否	
驻车制动系统是否灵活有效	是	否	
玻璃窗升降器、门窗工作是否正常	是	否	
左、后视镜折叠装置工作是否正常	是	否	
其它			
合计扣分			

启动检查			扣分
车辆启动是否顺畅(时间少于5秒，或一次启动)	是	否	
仪表板指示灯显示是否正常，无故障报警	是	否	
各类灯光和调节功能是否正常	是	否	
泊车辅助系统工作是否正常	是	否	
制动防抱死系统（ABS）工作是否正常	是	否	
空调系统风量、方向调节、分区控制、自动控制、制冷工作是否正常	是	否	
发动机在冷、热车条件下怠速运转是否稳定	是	否	
怠速运转时发动机是否无异响，空档状态下逐渐增加发动机转速，发动机声音过渡是否无异响	是	否	
车辆排气是否无异常	是	否	
驻车制动系统结构是否完整	是	否	
其它			
合计扣分			

路试检查			扣分
发动机运转、加速是否正常	是	否	
车辆启动前踩下制动踏板，保持5-10秒钟，踏板无向下移动的现象	是	否	
踩住制动踏板启动发动机，踏板是否向下移动	是	否	
行车制动系最大制动效能在踏板全行程的4/5以内达到	是	否	
行驶是否无跑偏	是	否	
制动系统工作是否正常有效、制动不跑偏	是	否	
变速箱工作是否正常、无异响	是	否	
行驶过程中车辆底盘部位是否无异响	是	否	
行驶过程中车辆转向部位是否无异响	是	否	
其它			
合计扣分			

路试检查			扣分
发动机油底壳是否无渗漏	是	否	
变速箱体是否无渗漏	是	否	
转向节臂球销是否无松动	是	否	
三角臂球销是否无松动	是	否	
传动轴十字轴是否无松框	是	否	
减震器是否无渗漏	是	否	
减震弹簧是否无损坏	是	否	
其它			
合计扣分			

车辆功能性零部件列表			
发动机舱盖锁止		千斤顶	
发动机舱盖液压撑杆		轮胎扳手及随车工具	
		三角警示牌	
后门液压支撑杆		灭火器	
后备箱液压支撑杆		全套钥匙	
各车门锁止		遥控器及功能	
前雨刮器		喇叭高低音色	
后雨刮器		玻璃加热功能	
立柱密封胶条			
排气管及消音器			
车轮轮毂			
车内后视镜			
座椅调节与加热			
仪表板出风管道			
中央集控			
备胎			

总得分	
技术等级	
估价方法	
参考价值	
评估师（签章）	
评估师证号	
审核人（签章）	
二手车鉴定评估结论	

图 9.2　二手车鉴定评估作业表

表 9.1　二手车技术状况表

车辆基本信息	厂牌型号			牌照号码	
	发动机号			VIN 码	
	初次登记日期	年　月　日		表征里程	万公里
	品牌名称		□国产 □进口	车身颜色	
	年检证明	□有(至____年____月)□无		购置税证书	□有　□无
	车船税证明	□有(至____年____月)□无		交强险	□有(至____年____月)□无
	使用性质	□营运用车　□出租车　□公务用车 □家庭用车　□其他			
	其他法定凭证、证明	□机动车号牌　□机动车行驶证　□机动车登记证书 □第三者强制保险单　□其他			
	车主名称/姓名			企业法人证书代码/身份证号码	
重要配置	燃料标号		排量		缸数	
	发动机功率		排放标准		变速器形式	
	气囊		驱动方式		ABS	□有　□无
	其他重要配置					
是否为事故车	□是　□否	损伤位置及损伤状况				
鉴定结果	分值		技术状况等级			
车辆技术状况鉴定缺陷描述	鉴定科目	鉴定结果(得分)	缺陷描述			
	车身检查					
	发动机检查					
	车内检查					
	启动检查					
	路试检查					
	底盘检查					

二手车鉴定评估师：____________　　鉴定单位：__________(盖章)

鉴定日期：_____年______月______日

声明：

本二手车技术状况表所体现的鉴定结果仅为鉴定日期当日被鉴定车辆的技术状况表现与描述，若在当日内被鉴定车辆的市场价值或因交通事故等原因导致车辆的价值发生变化，对车辆鉴定结果产生明显影响时，本技术状况鉴定说明书不作为参考依据。

说明：

本二手车技术状况表由二手车经销企业、拍卖企业、经纪企业使用，作为二手车交易合同的附件。车辆展卖期间，放置在驾驶室前风挡玻璃左下方，供消费者参阅。

2. 受理鉴定评估

了解委托方及其车辆的基本情况，明确委托方要求，主要包括委托方要求的评估目的、评估基准日、期望完成评估的时间等。

3. 查验可交易车辆

1) 查验机动车登记证书、行驶证、有效机动车安全技术检验合格标志、车辆购置税完税证明、车船使用税缴付凭证、车辆保险单等法定证明、凭证是否齐全，并按照表9.2检查所列项目是否全部判定为"Y"。

表9.2　可交易车辆判别表

序号	检查项目	判别
1	是否达到国家强制报废标准	Y否N是
2	是否为抵押期间或海关监管期间	Y否N是
3	是否为人民法院、检察院、行政执法等部门依法查封、扣押期间的车辆	Y否N是
4	是否为通过盗窃、抢劫、诈骗等违法犯罪手段获得的车辆	Y否N是
5	发动机号与机动车登记证书登记号码是否一致，且无凿改痕迹	Y是N否
6	车辆识别代号或车架号码与机动车登记证书登记号码是否一致，且无凿改痕迹	Y是N否
7	是否走私、非法拼组装车辆	Y否N是
8	是否法律法规禁止经营的车辆	Y否N是

2) 如发现上述法定证明、凭证不全或表9.2检查项目任何一项判别为"N"的车辆，应告知委托方，无须继续进行技术鉴定和价值评估(司法机关委托等特殊要求的除外)。

3) 发现法定证明、凭证不全或表9.2中第1项、第4项至第8项任意一项判断为"N"的车辆应及时报告公安机关等执法部门。

4. 签订委托书

对相关证照齐全、表9.2检查项目全部判别为"Y"的，或者司法机关委托等特殊要求的车辆，签署二手车鉴定评估委托书，如图9.3所示。

二手车鉴定评估委托书

委托书编号：________________

委托方名称(姓名)：　　　　　　　法人代码证(身份证)号：

鉴定评估机构名称：　　　　　　　法人代码证：

委托方地址：　　　　　　　　　　鉴定评估机构地址：

联系人：　　　　　　　　　　　　电话：

因 □交易 □典当 □拍卖 □置换 □抵押 □担保 □咨询 □司法裁决需要，委托人与受托人达成委托关系，号牌号码为__________，车辆类型为________________，车架号(VIN 码)为________________的车辆进行技术状况鉴定并出具评估报告书，______年______月______日前完成。

委托评估车辆基本信息

车辆情况	厂牌型号			使用用途	营运 □ 非营运 □
	总质量/座位/排量			燃料种类	
	初次登记日期	年　月　日		车身颜色	
	已使用年限	年　个月	累计行驶里程(万公里)		
	大修次数	发动机(次)		整车(次)	
	维修情况				
	事故情况				
价值反映	购置日期	年　月　日		原始价格(元)	

备注：

委托方：(签字、盖章)　　　　　　　受托方：(签字、盖章)

(二手车鉴定评估机构盖章)

年　月　日　　　　　　　　　　　　年　月　日

1. 委托方保证所提供的资料客观真实，并负法律责任。

3. 仅对车辆进行鉴定评估。

4. 评估依据：《机动车运行安全技术条件》《二手车鉴定评估技术规范》等。

5. 评估结论仅对本次委托有效，不做它用。

6. 鉴定评估人员与有关当事人没有利害关系。

7. 委托方如对评估结论有异议，可于收到《二手车鉴定评估报告》之日起 10 日内向受托方提出，受托方应给予解释。

图 9.3　二手车鉴定评估委托书

5. 登记基本信息

(1)登记车辆使用性质信息，明确营运与非营运车辆。

(2)登记车辆基本情况信息，包括车辆类别、名称、型号、生产厂家、初次登记日期、表征行驶里程等。如果表征行驶里程如与实际车况明显不符，应在《二手车鉴定评估报告》或《二手车技术状况表》有关技术缺陷描述时予以注明。

6. 判别事故车

(1)参照图9.4所示车体部位，按照表9.3要求检查车辆外观，判别车辆是否发生过碰撞、火烧，确定车体结构是完好无损或者有事故痕迹。

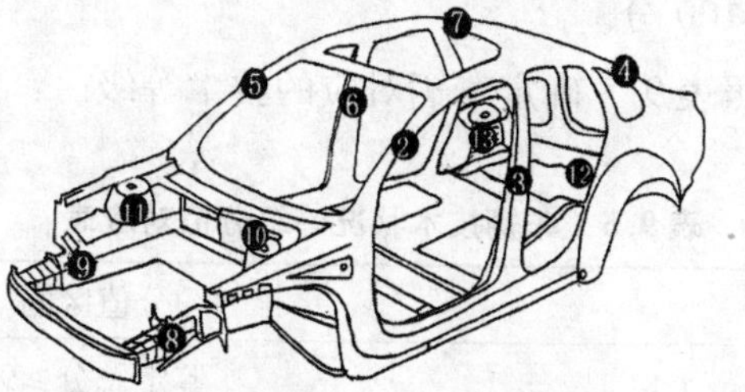

2 左A柱　3 左B柱　4 左C柱　5 右A柱
6 右B柱　7 右C柱　8 左纵梁　9. 右纵梁
10 左减震器悬挂部位　11 右减震器悬挂部位　12 左后减震器悬挂部位　13 右后减震器悬挂部位

图9.4　车体结构示意图

(2)使用漆面厚度检测设备配合对车体结构部件进行检测；使用车辆结构尺寸检测工具或设备检测车体左右对称性。

(3)根据表9.3、表9.4对车体状态进行缺陷描述。即：车身部位＋状态。例：4SH，即：左C柱有烧焊痕迹。

(4)当表9.3中任何一个检查项目存在表9.4中对应的缺陷时，则该车为事故车。

(5)事故车的车辆技术鉴定和价值评估不在本规范的范围之内。

表9.3　车体部位代码表

序号	检查项目	序号	检查项目
1	车体左右对称性	8	左前纵梁
2	左A柱	9	右前纵梁
3	左B柱	10	左前减震器悬挂部位
4	左C柱	11	右前减震器悬挂部位
5	右A柱	12	左后减震器悬挂部位
6	右B柱	13	右后减震器悬挂部位
7	右C柱		

表 9.4　车辆缺陷状态描述对应表

代表字母	BX	NQ	GH	SH	ZZ
缺陷描述	变形	扭曲	更换	烧焊	褶皱

7. 鉴定车辆技术状况

(1) 按照车身、发动机舱、驾驶舱、启动、路试、底盘等项目顺序检查车辆技术状况。

(2) 根据检查结果确定车辆技术状况的分值。总分值为各个鉴定项目分值累加，即鉴定总分 = $\sum$ 项目分值，满分 100 分。

(3) 根据鉴定分值，按照表 9.5 确定车辆对应的技术等级。

表 9.5　车辆技术状况等级分值对应表

技术状况等级	分值区间
一级	鉴定总分≥90
二级	60≤鉴定总分＜90
三级	20≤鉴定总分＜60
四级	鉴定总分＜20
五级	事故车

8. 评估车辆价值

(1) 根据按照车辆有关情况，确立估值方法，并对车辆价值进行估算。

(2) 估值方法选用原则：一般情况下，推荐选用现行市价法；在无参照物、无法使用现行市价法的情况下，选用重置成本法。

(3) 现行市价法的运用方法：评估价值为相同车型、配置和相同技术状况鉴定检测分值的车辆近期的交易价格；如无参照，可从本区域本月内的交易记录中调取相同车型、相近分值，或从相邻区域的成交记录中调取相同车型、相近分值的成交价格，并结合车辆技术状况鉴定分值加以修正。

(4) 当无任何参照体时，使用重置成本法计算车辆价值。

车辆评估价值 = 更新重置成本 × 综合成新率

①更新重置成本为相同型号、配置的新车在评估基准日的市场零售价格；

②综合成新率由技术鉴定成新率与年限成新率组成，其中，年限成新率 = 预计车辆剩余使用年限/车辆使用年限(乘用车使用年限 15 年，超过 15 年的按实际年限计算；有年限规定的车辆、营运车辆按实际要求计算)；由评估人员根据市场行情等因素确定。

9. 撰写及出具鉴定评估报告

(1) 根据车辆技术状况鉴定等级和价值评估结果等情况，按照要求撰写《二手车鉴定评估报告》(见示范文本)，做到内容完整、客观、准确，书写工整。

(2) 按委托书要求及时向客户出具《二手车鉴定评估报告》，并由鉴定评估人与复核人签章、鉴定评估机构加盖公章。

10. 归档工作底稿

将《二手车鉴定评估报告》及其附件与工作底稿独立汇编成册，存档备查。档案保存一般不低于5年；鉴定评估目的涉及财产纠纷的，其档案至少应当保存10年；法律法规另有规定的，从其规定。

11. 拍摄车辆照片

(1)外观图片

分别从车辆左前部与右后部45度角拍摄外观图片各1张。拍摄外观破损部位带标尺的正面图片1张。

(2)驾驶舱图片

分别拍摄仪表台操纵杆、前排座椅、后排座椅正面图片各1张，拍摄破损部位带标尺的正面图片1张。

(3)发动机舱图片

拍摄发动机舱图片1张。

9.4.2　二手车静态检查

1. 识伪检查

1)汽车真伪身份的鉴别

(1)查勘汽车型号 看其是否在我国国产或进口汽车产品目录上；

(2)看外观是否有重新做过油漆、焊接或改装的痕迹；

(3)打开发动机盖，观察发动机室内线路、管路布置是否有条理，是否有重新装配和改装痕迹。

2)汽车主要身份证件及VIN码防伪检查

审核校对机动车辆登记证、机动车辆行驶证、税费证及车架号等。

2. 外观检查

1)目测检查

(1)车辆标志检查。

检查车辆的商标、铭牌、发动机型号和出厂编号、底盘型号和出厂编号。

(2)车身的技术状况检查。

①检查车身是否发生碰撞受损；

②检查车门；

③检查保险杠有无明显变形、损坏，有无校正、重新补漆的痕迹；

④检查车门、车窗；

⑤检查车身金属零部件锈蚀情况；

⑥检查车身油漆；

⑦检查后视镜和车窗玻璃；

⑧检查灯光是否齐全。

(3)驾驶室和车厢内部检查。

①驾驶员坐椅、成员坐椅安装应牢固可靠；

②查看坐椅的新旧程度，坐椅表面应平整、清洁、无破损；

③车顶的内篷是否破裂，车辆内部是否污秽发霉；

④检查地毡或地板胶是否残旧；

⑤揭开地毡或地板胶，查看车厢底板是否有潮湿或生锈的痕迹，是否有烧焊的痕迹；

⑥检查行李箱；

⑦检查仪表盘是否原状；

⑧检查里程表；

⑨检查离合器踏板、制动踏板、加速踏板有无弯曲变形、干涉现象及踏板有无弹性。

(4)发动机检查。

①检查发动机外部清洁状况；

②检查发动机罩；

③检查机油油平面高度；

④检查机油颜色；

⑤检查机油盖口；

⑥检查发动机冷却液，检查水箱；

⑦检查蓄电池；

⑧检查变速箱油；

⑨检查空气滤清器。

(5)附属装置检查。

雨刮器、CD、收音机、仪表、后视镜、加热器、灯具、转向信号灯、喷水装置、空调设备等。

(6)车辆底盘检查。

车辆底盘检查要将车辆开进地沟或上举生器的工位进行；

①检查发动机固定是否可靠，检查发动机与传动系的连接情况；燃油箱及燃油管路应固定可靠，不得有渗、漏油现象，燃油管路与其他部件不应有磨蹭现象；软管不得老化开裂、有磨损等异常现象。

②检查传动轴中间支撑轴承及支架、万向节等有无裂纹和松旷现象。

③检查转向节臂、转向横拉杆有无裂纹和损伤，有无拼接现象。

④检查车架是否有裂纹和影响车辆正常行驶的变形，螺栓和铆钉不得缺少和松动，车架不得进行焊接加工。

⑤检查前、后桥是否有变形、裂纹。

⑥检查钢板弹簧有无裂纹、断片和缺片现象，减震器是否漏油，车架与悬架之间的各拉杆和导杆应无松旷和移位现象。

⑦检查排气管、消声器是否齐全及固定情况，有无破损和漏气现象。

⑧检查制动总泵、分泵、制动管路，不得漏气、漏油现象；软管不得有老化开裂、磨损异常等。

⑨检查减震和悬架；

2)常用量具检查

(1)车体周正检测；

(2)车轮轮胎检测；

(3)车轮的横向和径向摆动量检测；
(4)车外廓尺寸检测；
(5)汽车后悬检测；
(6)最小离地间隙检测。

9.4.3　二手车技术状况动态检查

1.无负荷时的工况检查
1)发动机启动状况的检查
2)发动机无负荷时的检查
①检查发动机怠速运转情况；
②检查急加速；
③检查发动机窜油、窜气；
④检查排气颜色；
⑤检查发动机熄火情况。
3)检查转向系
①方向盘自由行程检查；
②转向系传动间隙检查。
2.路试检查
1)检查离合器
①离合器分离不彻底检查；
②离合器打滑检查；
③离合器异响检查；
④离合器自由行程检查。
2)检查制动性能
①检查行车制动；
②检查制动效能；
③检查制动失效；
④检查驻车制动。
3)检查变速器
①检查机械变速器换挡是否有异响、乱挡和跳挡现象；
②检查自动变速器在平坦道路上起步是否需踩加速踏板；
③检查自动变速器换挡是否有迟滞现象；
④检查自动变速器换挡有无明显感觉。
4)转向操纵检查
①转动方向盘沉重检查；
②摆振检查；
③跑偏检查；
④转向噪声检查。
5)检查汽车的动力性；

①检查汽车的加速性能;

②检查汽车的爬坡性能;

③检查汽车的最高车速。

6)检查传动系统间隙

路试中,将汽车加速至40~60 km/h迅速抬起加速踏板,检查有无明显的金属撞击声。如果有,说明传动间隙大。

7)检查机械传动效率

在平坦的路面上作滑行试验,将汽车加速到50 km/h时,踏下离合器,将变速器空挡滑行,通过滑行距离评判汽车传动效率。

8)检查传动系统与行驶系统的动平衡,汽车在任何车速下都不应抖动。

3. 动态试验后的检查

1)检查各部件温度(水温90℃、机油95℃、齿轮油85℃)

2)检查渗漏现象:不应有漏水、漏油、漏气和漏电(四漏)现象。

9.4.4 正常车辆技术状况鉴定有关要求

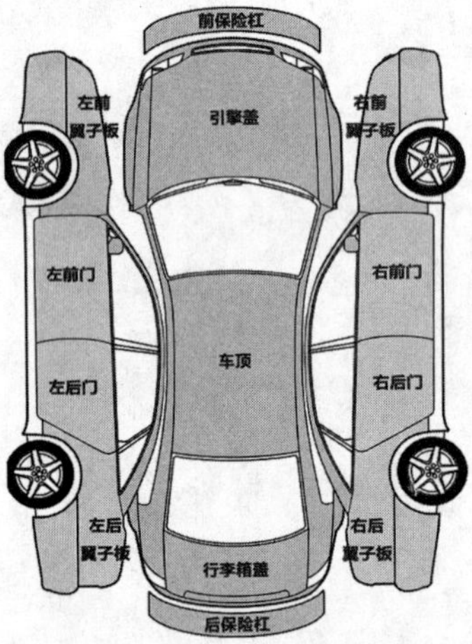

图9.5 车体外观展开示意图

1. 车身

(1)参照图9.5车体外观展开示意图的标示,按照表9.6、表9.7要求检查26个项目,程度为1的扣0.5分,每增加1个程度加扣0.5分。共计20分,扣完为止。轮胎部分需高于程度4的标准,不符合标准扣1分。

(2)使用车辆外观缺陷测量工具与漆面厚度检测检测仪器结合目测法对车身外观进行检测。

(3)根据表9.6、表9.7描述缺陷,车身外观项目的转义描述为:

车身部位+状态+程度。

例:21XS2对应描述为:左后车门有锈蚀,面积为大于100 mm×100 mm,小于或等于

200 mm×300 mm。

表 9.6　车身外观部位代码对应表

代码	部位	代码	部位
14	发动机舱盖表面	27	后保险杠
15	左前翼子板	28	左前轮
16	左后翼子板	29	左后轮
17	右前翼子板	30	右前轮
18	右后翼子板	31	右后轮
19	左前车门	32	前大灯
20	右前车门	33	后尾灯
21	左后车门	34	前挡风玻璃
22	右后车门	35	后挡风玻璃
23	行李箱盖	36	四门风窗玻璃
24	行李箱内则	37	左后视镜
25	车顶	38	右后视镜
26	前保险杠	39	轮胎

表 9.7　车身外观状态描述对应表

代码	HH	BX	XS	LW	AX	XF
描述	划痕	变形	锈蚀	裂纹	凹陷	修复痕迹

程度：1——面积小于或等于 100 mm×100 mm；

2——面积大于 100 mm×100 mm 并小于或等于 200 mm×300 mm；

3——面积大于 200 mm×300 mm；

4——轮胎花纹深度小于 1.6 mm。

2. 发动机舱

按表 9.8 要求检查 10 个项目。选择 A 不扣分，第 40 项选择 B 或 C 扣 15 分；第 41 项选择 B 或 C 扣 5 分；第 44 项选择 B 扣 2 分，选择 C 扣 4 分；其余各项选择 B 扣 1.5 分，选择 C 扣 3 分。共计 20 分，扣完为止。

如检查第 40 项时发现机油有冷却液混入、检查第 41 项时发现缸盖外有机油渗漏，则应在《二手车鉴定评估报告》或《二手车技术状况表》的技术状况缺陷描述中分别予以注明，并提示修复前不宜使用。

表 9.8 发动机舱检查项目作业表

序号	检查项目	A	B	C
40	机油有无冷却液混入	无	轻微	严重
41	缸盖外是否有机油渗漏	无	轻微	严重
42	前翼子板内缘、水箱框架、横拉梁有无凹凸或修复痕迹	无	轻微	严重
43	散热器格栅有无破损	无	轻微	严重
44	蓄电池电极桩柱有无腐蚀	无	轻微	严重
45	蓄电池电解液有无渗漏、缺少	无	轻微	严重
46	发动机皮带有无老化	无	轻微	严重
47	油管、水管有无老化、裂痕	无	轻微	严重
48	线束有无老化、破损	无	轻微	严重
49	其他	只描述缺陷，不扣分		

3. 驾驶舱

按表 9.9 要求检查 15 个项目。选择 A 不扣分，第 50 项选择 C 扣 1.5 分；第 51、52 项选择 C 扣 0.5 分；其余项目选择 C 扣 1 分。共计 10 分，扣完为止。

如检查第 60 项时发现安全带结构不完整或者功能不正常，则应在《二手车鉴定评估报告》或《二手车技术状况鉴定书》的技术状况缺陷描述中予以注明，并提示修复或更换前不宜使用。

表 9.9 驾驶舱检查项目作业表

序号	检查项目	A	C
50	车内是否无水泡痕迹	是	否
51	车内后视镜、座椅是否完整、无破损、功能正常	是	否
52	车内是否整洁、无异味	是	否
53	方向盘自由行程转角是否小于 15 度	是	否
54	车顶及周边内饰是否无破损、松动及裂缝和污迹	是	否
55	仪表台是否无划痕，配件是否无缺失	是	否
56	排档把手柄及护罩是否完好、无破损	是	否
57	储物盒是否无裂痕，配件是否无缺失	是	否
58	天窗是否移动灵活、关闭正常	是	否
59	门窗密封条是否良好、无老化	是	否
60	安全带结构是否完整、功能是否正常	是	否
61	驻车制动系统是否灵活有效	是	否
62	玻璃窗升降器、门窗工作是否正常	是	否
63	左、右后视镜折叠装置工作是否正常	是	否
64	其他	只描述缺陷，不扣分	

4. 启动

按表9.10要求 检查10个项目。选择A不扣分，第65、66项选择C扣2分；第67项选择C扣1分；第68至71项，选择C扣0.5分；第72、73项选择C扣10分。共计20分，扣完为止。

如检查第66项时发现仪表板指示灯显示异常或出现故障报警，则应查明原因，并在《二手车鉴定评估报告》或《二手车技术状况鉴定书》的技术状况缺陷描述中予以注明。

优先选用车辆故障信息读取设备对车辆技术状况进行检测。

表9.10　启动检查项目作业表

序号	检查项目	A	C
65	车辆启动是否顺畅(时间少于5秒，或一次启动)	是	否
66	仪表板指示灯显示是否正常，无故障报警	是	否
67	各类灯光和调节功能是否正常	是	否
68	泊车辅助系统工作是否正常	是	否
69	制动防抱死系统(ABS)工作是否正常	是	否
70	空调系统风量、方向调节、分区控制、自动控制、制冷工作是否正常	是	否
71	发动机在冷、热车条件下怠速运转是否稳定	是	否
72	怠速运转时发动机是否无异响，空挡状态下逐渐增加发动机转速，发动机声音过渡是否无异响	是	否
73	车辆排气是否无异常	是	否
74	其他	只描述缺陷，不扣分	

5. 路试

按表9.11要求检查10个项目。选择A不扣分，选择C扣2分。共计15分，扣完为止。

如果检查第80项时发现制动系统出现刹车距离长、跑偏等不正常现象，则应在《二手车鉴定评估报告》或《二手车技术状况表》的技术缺陷描述中予以注明，并提示修复前不宜使用。

表9.11　路试检查项目作业表

序号	检查项目	A	C
75	发动机运转、加速是否正常	是	否
76	车辆启动前踩下制动踏板，保持5～10秒钟，踏板无向下移动的现象	是	否

续表 9.11

序号	检查项目	A	C
77	踩住制动踏板启动发动机，踏板是否向下移动	是	否
78	行车制动系最大制动效能在踏板全行程的 4/5 以内达到	是	否
79	行驶是否无跑偏	是	否
80	制动系统工作是否正常有效、制动不跑偏	是	否
81	变速箱工作是否正常、无异响	是	否
82	行驶过程中车辆底盘部位是否无异响	是	否
83	行驶过程中车辆转向部位是否无异响	是	否
84	其他	只描述缺陷，不扣分	

6. 底盘

按表 9.12 要求检查 8 个项目。选择 A 不扣分，第 85、86 项，选择 C 扣 4 分；第 87、88 项，选择 C 扣 3 分；第 89、90、91 项，选择 C 扣 2 分。共计 15 分，扣完为止。

表 9.12　底盘检查项目作业表

序号	检查项目	A	C
85	发动机油底壳是否无渗漏	是	否
86	变速箱体是否无渗漏	是	否
87	转向节臂球销是否无松动	是	否
88	三角臂球销是否无松动	是	否
89	传动轴十字轴是否无松框	是	否
90	减震器是否无渗漏	是	否
91	减震弹簧是否无损坏	是	否
92	其他	只描述缺陷，不扣分	

7. 功能性零部件

对表 9.13 所示部件功能进行检查。结构、功能坏损的，直接进行缺陷描述，不计分。

表9.13　车辆功能性零部件项目表

序号	类别	零部件名称	序号	类别	零部件名称
93	车身外部件	发动机舱盖锁止	105	随车附件	备胎
94		发动机舱盖液压撑杆	106		千斤顶
95		后门/后备箱液压支撑杆	107		轮胎扳手及随车工具
96		各车门锁止	108		三角警示牌
97		前后雨刮器	109		灭火器
98		立柱密封胶条	110	其他	全套钥匙
99		排气管及消音器	111		遥控器及功能
100		车轮轮毂	112		喇叭高低音色
101	驾驶舱内部件	车内后视镜	113		玻璃加热功能
102		座椅调节及加热			
103		仪表板出风管道			
104		中央集控			

9.4.5　二手车交易程序

1. 二手车交易类型

二手车交易是一种产权交易，实现二手车所有权从卖方到买方的转移过程。二手车必须完成所有权转移登记(即过户)才算是合法、完整的交易。

二手车交易必须符合《二手车交易规范》的相关规定，并按照规定的程序进行。

二手车交易类型包括：

1)直接交易

二手车直接交易是指二手车所有人不通过经销企业、拍卖企业和经纪机构将车辆直接出售给买方的交易行为。

2)中介经营(二手车经纪、二手车拍卖)

中介经营是指二手车买卖双方通过中介方的帮助而实现交易，中介方收取约定佣金的一种交易行为。

3)二手车经销(二手车收购、二手车销售、二手车置换、二手车典当)

二手车交易者类型：

(1)个人对个人交易；

(2)单位对单位交易；

(3)单位对个人交易；

(4)个人对单位交易。

2. 二手车交易档案

交易后，二手车交易市场经营者、经销企业、拍卖公司应建立交易档案。交易档案主要内容如下：

(1)法定证明、凭证复印件(主要包括车辆号牌、机动车登记证书、机动车行驶证和机动车安全技术检验合格标志)；

(2)购车原始发票或者最近一次交易发票复印件；

(3)买卖双方身份证明或者机构代码证书复印件；

(4)委托人及授权代理人身份证或者机构代码证书，以及授权委托书复印件；

(5)交易合同原件；

(6)二手车经销企业的《车辆信息表》、二手车拍卖公司的《拍卖车辆信息》和《二手车拍卖成交确认书》；

(7)其他需要存档的有关资料。

3. 二手车转移登记需要的资料

二手车转移登记需要的手续如表9.14所示。

表9.14　二手车转移登记需要的资料

1. 个人车辆过户给个人	2. 个人车辆过户给单位
①卖方身份证原件	①卖身份证原件
②卖方身份证原件	②单元组织机构代码证书及公章
③车辆原始购置发票/二手车销售发票	③车辆原始购置发票/二手车销售发票
④车辆的机动车登记证书	④车辆的机动车登记证书
⑤车辆行驶证原件	⑤车辆行驶证原件
⑥机动车买卖合同	⑥机动车买卖合同
3. 单位车辆过户给个人	4. 单位车辆过户给单位
①单位组织机构代码证书及公章	①单位组织机构代码证书及公章
②买方身份证原件	②单位组织机构代码证书及公章
③车辆原始购置发票/二手车销售发票	③车辆原始购置发票/二手车销售发票
④机动 车登记证书	④机动 车登记证书
⑤车辆行驶证原件	⑤车辆行驶证原件
⑥机动车买卖合同	⑥机动车买卖合同

买卖双方身份证明要求如下：

①个人:本地个人,居民身份证件;外地个人,需身份证原件和暂住证原件。

②单位:组织机构代码证书、公章、单位代理人身份证。

③军人:军官证、士兵证。

⑤使馆:使馆签署的照会。

⑥外国人:护照、通行征、外交部核发的有效身份证件。

4. 二手车交易合同

二手车交易合同的主要内容如下：

1)主要条款

①车辆基本情况。

②车辆价款、过户手续费及支付时间、方式。

③车辆的过户、交付及风险承担。

④双方的权利和义务。

⑤违约责任。

⑥合同争议的解决方式。

⑦合同的生效时间。

2)其他约定

包括上述条款中没有说明的但是双方(或单方)关心的、需要特别约定以便今后发生时能够得到解决的问题。

9.5　课程实施

9.5.1　教学方法建议

在教学过程中，应立足于加强学生实际动手操作能力的培养，采用小组讨论协作、任务驱动法、情景教学法等教学方法，以工作任务引领提高学习兴趣，激发学生学习的热情，并辅之以团队能力、表达沟通能力、职业规范等培养和教育；重视行业实际，贴近企业、贴近生产。

9.5.2　教学条件及资源基本要求

1.实验车辆

实验车辆的使用年限3~5年，原始配置齐全，未经过改装，技术状况正常，车辆法定证件、车辆所有人信息、车辆税费单据等齐全。

2.主要检查工具及仪器

主要检查工具及仪器有：笔记本、笔、手电筒、棉丝头或纸巾、旧毛毯或帆布、300~400 mm的清洁橡胶管或塑料管、卷尺或小金属直尺、盒式录音带和光盘(用来测试磁带收放机和CD唱机)、汽车电脑故障诊断仪、漆膜厚度测试仪、蓄电池测试仪、制动液检测仪、轮胎检测仪、车载分贝仪、小型工具箱(含成套套筒棘轮扳手、火花塞筒扳手、各种旋具、尖嘴钳子、轮胎撬棒等)、小磁铁、万用表、汽车举升机或地沟、路试场地等。

9.6　参考资料

1.参考教材

[1]庞昌乐.二手车评估与交易实务[M].北京：北京理工大学出版社，2012.

[2]成英.汽车评估[M].北京：清华大学出版社，2014.

[3]毛矛. 二手车鉴定与评估[M].北京：国防工业出版社，2016.
[4]高群钦.二手车鉴定与评估[M].北京：国防工业出版社，2006.
[5]韩建保.旧车鉴定与评估[M].北京：高等教育出版社，2006.
[6]范钦满. 汽车服务工程实训指导[M].北京：中国电力出版社，2008.
[7]荆旭龙. 汽车概论实训项目作业书[M].北京：同济大学，2011.
2.政策、法规和标准规范
[1]二手车流通管理办法
[2]机动车强制报废标准规定
[3]二手车交易规范
[4]二手车鉴定评估技术规范
[5]国务院办公厅关于促进二手车便利交易的若干意见
[6]商务部等11部门办公厅关于促进二手车便利交易、加快活跃二手车市场的通知
[7]机动车登记规定
3.网络学习资源
[1]毛矛.汽车评估实务教程：http://www.doc88.com/p-5445997764132.html
[2]黄费智.二手车鉴定与评估：http://www.doc88.com/p-979464999913.html

9.7 报告

9.7.1 二手车鉴定评估报告书

二手车鉴定评估报告书应符合《二手车鉴定评估技术规范》(GB/T30323)的基本要求。

(1)委托评估方名称：应写明委托方、委托联系人的名称、联络电话及住址；指出车主的名称。

(2)受理评估方名称：主要是写明评估机构的资质、评估人员的资质。

(3)评估对象概括：须简要写明纳入评估范围车辆的厂牌型号、号牌号码、发动机号、车辆识别代号/车架号、注册登记日期、年审检验合格有效日期、公路规费交至日期、购置附加税(费)证号、车辆使用税缴纳有效期。特别是对车辆的使用性质及法定使用年限有定量的结论年限。

(4)评估目的：应写明旧机动车是为了满足委托方的何种需要及其所对应的经济行为类型。

(5)评估基准日(时点)：按委托要求的基准日，式样为：鉴定评估基准日是XXXX年XX月XX日

(6)评估依据：一般可划分为法律法规依据、行为依据和取价依据。法律法规依据应包括车辆鉴定评估的有关条法、文件及涉及车辆评估的有关法律、法规等。行为依据主要是指旧机动车鉴定评估委托书及载明的委托事项。取价依据为鉴定评估机构收集的国家有关部门发布的技术资料和统计资料，以及评估机构经市场调查询价资料和相关技术参数资料。

(7)评估采用的方法、技术路线和测算过程：应简要说明评估人员在评估过程中选择并

使用的评估方法，并阐述选择该方法的依据或者原因。如选用两种或两种以上的方法，应当说明原因，并详细说明评估计算方法的主要步骤。

(8)评估结论，即最终评估额：应同时有大小写，并且大小写数额一致。

(9)决定评估额的理由。

(10)评估前提及评估价额应用的说明事项(包括应用时应注意的问题)：评估报告中陈述的特别事项是指在已确定的前提下，评估人揭示在评估过程中已发现可能影响评估结论，但非评估人员执业水平和能力评定估算的有关事项；提示评估报告使用者应注意特别事项对评估结论的影响；揭示鉴定评估人员认为需要说明的其他问题。

(11)参与评估的人员与评估对象有无利害关系的说明。

(12)评估作业日期，即进行评估的期间，是指从何时开始评估作业至何时完成评估作业，具体是进行评估的起年月日。

(13)若干附属资料，如评估对象的评估鉴定委托书、产权证明(机动车登记证书、车辆行驶证)，购置附加税(费)、评估人员和评估机构的资格证明等。

鉴定评估报告模板如下所示。

二手车鉴定评估报告

××××鉴定评估机构评报字(20　　年)第××号

一、序言

________(鉴定评估机构)接受________的委托，根据国家有关评估及《二手车流通管理办法》和《二手车鉴定评估技术规范》的规定，本着客观、独立、公正、科学的原则，按照公认的评估方法，对牌号为________的车辆进行了鉴定。本机构鉴定评估人员按照必要的程序，对委托鉴定评估的车辆进行了实地查勘与市场调查，并对其在________年______月______日所表现的市场价值作出了公允反映。现将该车辆鉴定评估结果报告如下：

二、委托方信息

委托方：____________________　　委托方联系人：____________________

联系电话：____________________　　车主姓名/名称：(填写机动车登记证书所示的名称)

三、鉴定评估基准日

____________年__________月__________日

四、鉴定评估车辆信息

厂牌型号：____________________　　牌照号码：____________________

发动机号：____________________　　车辆VIN码：____________________

车身颜色：__________　表征里程：__________　初次登记日期：____________

年审检验合格至：________年________月　交强险截至日期：______年______月

车船税截至日期：______年______月

是否查封、抵押车辆：□是 □否　　车辆购置税(费)证：　　□有 □无

机动车登记证书：　　□有 □无　　机动车行驶证：　　□有 □无

未接受处理的交通违法记录：□有 □无

使用性质：□公务用车 □家庭用车 □营运用车 □出租车　□其他：____________

五、技术鉴定结果

技术状况缺陷描述：________________

重要配置及参数信息：________________

技术状况鉴定等级：________　等级描述：________

六、价值评估

价值估算方法：□现行市价法□重置成本法□其他________

价值估算结果：车辆鉴定评估价值为人民币______元，金额大写：______

七、鉴定评估过程

（含评估方案、评估依据、过程记录、阶段成果、评估计算过程等）

八、特别事项说明[1]

九、鉴定评估报告法律效力

本鉴定评估结果可以作为作价参考依据。本项鉴定评估结论有效期为90天，自鉴定评估基准日至　　年　　月　　日止。

十、声明：

（1）本鉴定评估机构对该鉴定评估报告承担法律责任；

（2）本报告所提供的车辆评估价值为评估基准日的价值；

（3）该鉴定评估报告的使用权归委托方所有，其鉴定评估结论仅供委托方为本项目鉴定评估目的使用和送交二手车鉴定评估主管机关审查使用，不适用于其他目的，否则本鉴定评估机构不承担相应法律责任；因使用本报告不当而产生的任何后果与签署本报告书的鉴定评估人员无关；

（4）本鉴定评估机构承诺，未经委托方许可，不将本报告的内容向他人提供或公开，否则本鉴定评估机构将承担相应法律责任。

附件：

一、二手车鉴定评估委托书

二、二手车技术状况鉴定作业表

三、车辆行驶证、机动车登记证书、购置附加税（费）证复印件

四、被鉴定评估二手车照片（要求外观清晰、车辆牌照能够辨认）

五、其他（鉴定估价师职业资格证书、鉴定评估机构营业执照复印件等）

二手车鉴定评估师（签字、盖章）　　**复核人**[2]**（签字、盖章）**

年　　月　　日　　**（二手车鉴定评估机构盖章）**

年　　月　　日

注：[1]特别事项是指在已确定鉴定评估结果的前提下，鉴定评估人员认为需要说明在鉴定过程中已发现可能影响鉴定评估结论，但非鉴定评估人员执业水平和能力所能鉴定评定估算的有关事项以及其他问题。

[2]复核人指具有高级二手车鉴定评估师资格的人员。

备注：1.本报告书和作业表一式三份，委托方二份，受托方一份；

2.鉴定评估基准日即为《二手车鉴定评估委托书》签订的日期。

9.7.2　二手车交易实践报告

二手车交易实践报告的内容包括：

1）实践报告

二手车交易情景设计，车辆交易、车辆所有权转移登记、税险变更等交易环节阐述，实践心得体会等。

2）二手车交易档案资料

车辆交易、车辆所有权转移登记、税险变更等交易环节所要求的档案资料，主要包括：车辆法定证明、凭证、交易发票、买卖双方证件、授权委托书及证件、交易合同、车辆信息表（拍卖车辆信息表、二手车拍卖成交确认书）、其他有关资料。

《二手车交易》实践报告模板如下。

汽车市场服务综合实践
《二手车交易》实践报告

一、目的、意义
二、计划及安排
三、项目设计
（二手车交易情景设计）
四、二手车交易
1. 交易过程
（交易工作过程及分析记录）
2. 二手车交易档案
（交易档案资料符合国家相关规定）
五、总结及收获

项目 10　汽车配件供应管理实践

10.1　目的和基本要求

汽车配件作为汽车工业的基础，是支撑着汽车工业及其汽车后市场持续发展关键因素。然而汽车配件品种复杂、数量繁多，汽车配件如果供应管理不当，会导致企业库存过高或过低。库存水平过高，不仅占用大量的资金，增加仓储费用，而且承受着巨大市场风险；库存过低，不仅影响企业生产活动，而且可能导致其失去市场机会。汽车零配件供应管理已成为企业经营的一个核心环节与获取利润的重要来源。因此，掌握汽车零部件供应管理相关知识，对培养满足企业需求的优秀应用型人才有着重要意义。

实践的目的：在全面熟悉了汽车配件知识的基础上，通过学习汽车零配件采购与管理相关理论知识，借助情景式模拟实训，掌握汽车配件采购与管理流程，熟悉相关单据填写，初步具备汽车零配件供应链管理人员的基本作业能力。

10.2　学习目标

总体目标：

依据对应课程大纲要求，选取相应教学内容，构建相关实训模拟场景，通过情景带入式的教学手段，使得学生理解汽车配件管理知识和基本规律，熟悉相关业务处理流程，掌握汽车配件管理的相关作业操作，使得理论教学与工程实际机结合，强化知识应用，全面培养学生操作技能、管理方法和服务意识，提升学生实践综合能力。

10.2.1　专业能力

(1) 掌握汽车零配件采购及仓储理论知识。

(2) 能够基本完成汽车零配件的采购管理、入库管理、在库管理以及出库管理工作。

10.2.2　方法能力

(1) 掌握汽车零部件采购基本原则及方式、采购量核算方法、供应商评估基本原则、采购合同订立方法。

（2）掌握汽车零部件出库入库原则、货品验收方法、货物堆垛方法、货号编制、货物保养办法、货仓消防管理要求。

10.2.3　个人素养目标

（1）能够提升个人计划、组织和交流的能力。

（2）遵守职业道德和规范，履行职责的能力。

10.3　课题设计及内容

10.3.1　采购作业流程

1. 情景设计

依照所设定汽车零配件采购要求，以虚拟采购员身份，完成汽车零配件的采购工作。

2. 课题内容

（1）构建汽车零配件采购要求，实现采购计划的编撰。

（2）构建虚拟供应商，完成汽车零部件询价、比价及供应商评估工作。

（3）构建虚拟供应商，完成采购合同编撰及签订工作。

3. 设计要求

（1）采购计划编撰应满足库存合理性的原则要求。

（2）供应商评估应综合考虑质量、价格、交付、服务等因素。

（3）采购合同应包含采购关键内容，其中表述字意要确切。

10.3.2　仓库管理流程

1. 情景设计

依照所设定的仓储空间与指定的配件，以虚拟仓库管理员身份，完成汽车配件入库验收、汽车配件日常管理以及配件出库管理工作。

2. 课题内容

（1）构建汽车零配件入库情景，完成汽车零部件验收，实现汽车零配件顺利入库上架。

（2）构建汽车零配件管理场景，完成汽车零部件在仓储内的维护及盘点任务。

3. 设计要求

（1）入库流程应保证汽车配件入库及时性及准确性等要求。

（2）汽车配件日常管理原则应保证汽车配件安全及易盘点等要求。

10.4 相关知识

10.4.1 汽车配件采购理论知识

1. 汽车配件采购基本认知

采购是物流管理的重点内容之一，在供应链企业之间、原材料和半成品生产合作交流方面架起一座桥梁，沟通生产需求与物料供应的联系，是企业经营的一个核心环节与获取利润的重要来源。汽车配件的采购是将供应链中供应商生产的零配件转移到企业用户内的过程，是企业进行生产、服务活动的基础，其及时性、有效性及经济性直接影响企业利润。

1）汽车配件采购原则

（1）库存合理原则：汽车配件库存过大会增加持有成本与经营风险，过小会给企业自身经营带来损失。为保证库存量在供需的合理区间内，在进货时，应做以下三点：第一，勤进快销。保证采购间隔短，采购批量少，避免配件积压；第二，以销定进，以进促销。按照销售状况决定采购，同时对适销产品，主动扩大进货量，组织扩大销售；第三保管报销，企业应保持一定进货量，维持合理库存量，保证企业正常运转。

（2）四不进原则：进货成本高于本地零售价的不进；倒流的配件不进；搭配的配件、质次价高或大量滞销积压的配件不进；本地批发企业同时向同地大批量购进的配件不进。

（3）三坚持原则：坚持看样选购；坚持签订订购销合同；坚持先验收后货款。

2）汽车配件进货方式

（1）集中进货：由企业专职部门统一进行货物采购以及相应分配。其特点是人力物力集中，采购成本较低，但是缺乏一定的灵活性。

（2）分散进货：在核定的资金范围内，由企业相关配件部门自行组织采购。其特点是可按各自需要安排进货，灵活高效，但是人员相对分散，成本较高。

（3）集散进货：集散式进货是集中进货与分散进货组合进货模式。对于需要外阜或非固定合作关系的进货，由业务部门汇总需求进行统一采购。对于本地或有固定合作关系的采取分散进货。

（4）联购合销：企业之间组成采购联盟，统一向生产企业或批发企业进货。其特点是节省人力，采购成本较低，但是不同企业采购需求要相近。

3）采购注意事项

（1）质量督查：配件采购时应注意配件质量，防止假冒伪劣配件进入企业。

（2）证件督查：采购的配件应该有相应的产品合格证书及商标，对于生产认证制的产品，购进时必须附有生产许可证、产品技术标准及使用说明。

（3）包装督查：购进的配件应有完整的内、外包装，外包装上需有厂名、厂址、产品名称、规格型号、数量以及出厂日期等。

（4）到货日期督查：供货商应按合同规定发货，防止因无法及时到货造成配件的缺失，影响企业生产经营。

2. 采购的基本流程

汽车配件一般采购流程如图 10.1 所示，主要由采购计划制订、供应商评估、询价及比价、采购订单及到货单据填制等工作组成。

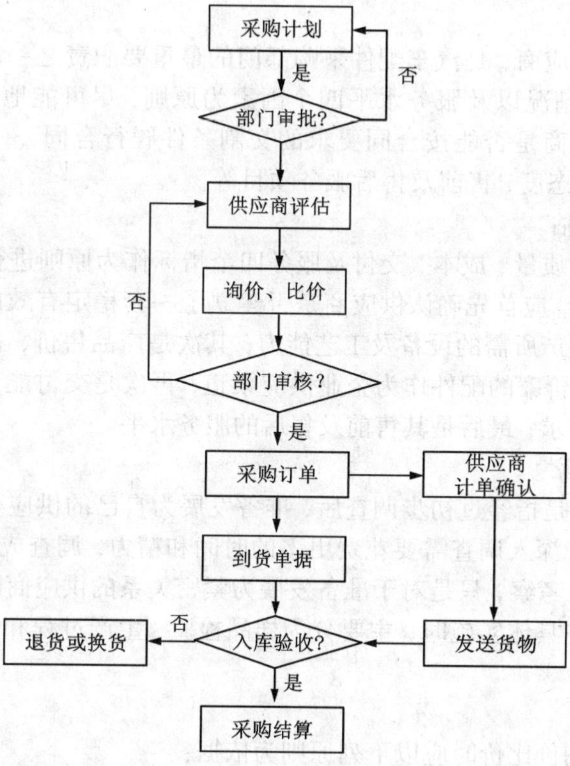

图 10.1　采购基本流程

1）采购计划

（1）采购计划定性分析

采购计划是否合适，对资金周转和经济效益有着关键性作用。采购计划一般可以从以下三个定性的方面分析：第一，根据当前销售情况，统计分析出本期应进配件的品种、名称、规格、及数量；第二，参照当前库存情况以及资金情况，库存多的可以减少采购，销路好的可适当提高采购量；第三，根据当前市场行情，配置采购配件。

（2）采购计划定量计算

订货量通常以月均需求量以及标准库存量为基础进行相应计算。

①月均需求量（*MAD*）：通常以过去 6 个月的平均数或期望值来计算月均需求量。

②标准库存量（*SSQ*）：$SSQ = MAD \times (OC + LT + SS)$

其中标准库存量 *SSQ* 是指针对每个配件件号，综合考虑订货周期、在途配件以及安全库存因素时，保证及时供应配件的最大库存量数；*OC* 表示以月为单位的订货周期，指两次相邻订货的间隔时间；*LT* 是以月为单位的到货周期，指配件从订货到入库为止的时间；*SS* 表示以月为单位的安全库存周期，是综合考虑货期延迟以及特殊要求两个因素时，必须在库存有的安全库存量。

③订货量(SOQ)计算：$SOQ = MAD \times (LT + OC + SS) - (OH + OO) + BO$

$= SSQ - (OH + OO) + BO$

其中 SOQ 表示订货量；OH 表示订货时现有库存数；OO 表示在途货物数量；BO 表示无库存时，客户预定配件数。

2)供应商评估

如何选择适当的供应商，是汽车配件采购部门的最重要职责之一。一般而言，应以配件价格、产品质量、交付情况以及服务水平四个因素为原则，尽可能地扩大候选供应商数量。其中交付情况是指供应商是否能按合同要求的交割条件履行合同，一般用合同兑现率来表示；服务水平是指服务态度、售前及售后服务项目等。

(1)供应商初步评估。

供应商选择一般以质量、成本、交付及服务四个指标作为原则进行参考挑选。在这四者中，质量因素居于首位，应首先确认供应商是否建立了一套稳定有效的质量保障体系，然后确认供应商是否具有生产所需的设备及工艺能力；其次是产品售价，在满足企业质量要求的前提下，可以选择物美价廉的配件作为企业供应渠道；再次是交付能力，应确保企业有足够的生产能力满足企业需求；最后是其售前及售后的服务水平。

(2)供应商深入考察。

供应商深入调查，是指经过初步调查后，准备发展为自己的供应企业而进行的更加深入仔细的考察活动。由于深入调查需要花费更多的时间和精力，调查成本高，因此并不是所有供应商都需要进行深入考察，只是对于准备发展为紧密关系的供应商或关键零部件供应商时才需要进行的活动。在具体实施时，主要分为样品检验、生产过程和管理全面考察和供应商相应的配合整改查验。

3)询价、比价

汽车采购人员在询价比价时应以下列原则为依据：

(1)信息公开化。

对于金额较大或者配件精度要求高、加工难度大采购项目，应尽可能提高信息传达率，让尽可能多的供应商获取项目资讯。同时，信息发布也应有时效性，让供应商有足够相应时间做好响应。

(2)供应商数量最大化。

对于金额较大或者配件精度要求高、加工难度大的采购项目，在符合企业需求的供应商名单中，应争取更多或至少不低于三家的供应商供应商成为询价对象，增加询价竞争的激烈程度。

(3)不应定牌采购。

在询价采购中应采取定项目、定配置、定质量、定服务而不定品牌的原则，最大限度地引入品牌竞争，让企业真正采购到质优价廉的产品。

(4)不以价格舍取原则。

在询价过程中应综合考虑产品质量、质量、服务与交付能力等因素，不以价格作为唯一标准。过低的价格往往是以牺牲产品品质与服务为代价的，采购人员应理性对待价格问题。

4)采购合同签订

采购合同是供需双方的法律依据，必须按照合同法规定的要求拟订，合同的内容要简明，文字要清晰，字意要确切。品种、型号、规格、单价、数量、交货时间、交货地点、交货方式、质量要求、验收条件、双方权责等都要明确规定。签订进口配件合同时，需要特别注意配件型号、规格、生产年代、零件编码等，不能有一字之差；此外在价格上也要标明何种价格，如离岸价格、到岸价格等，以防不必要的损失。

(1)采购合同的内容。

零售企业采购合同的条款，应当在力求具体明确，便于执行，避免不必要纠纷的前提下，具备以下主要条款：

①货品的品种、规格和数量。

货品的品种应具体，避免使用综合品名；货品的规格应具体规定颜色、式样、尺码和牌号等；货品的数量多少应按国家统一的计量单位标出；必要时可附上商品品种、规格、数量明细表。

②货品的质量和包装。

合同中应规定货品所应符合的质量标准，注明是国家或部颁标准；无国家和部颁标准的应由双方协商或凭样订(交)货；对于副、次品应规定出一定的比例，并注明其标准；对实行保换、保修、保退办法的商品，应写明具体条款；对货品包装的方法，使用的包装材料，包装式样、规格、体积，重量、标志、及包装物的处理等，均应有详细规定。

③货品的价格和结算方式。

合同中对商品的价格要作具体的规定，规定作价的办法和变价处理等，以及规定对副品、次品的扣价办法；规定结算方式和结算程序。

④交货期限、地点和发送方式。

交(提)货期限(日期)要按照有关规定，并考虑双方的实际情况、货品特点和交通运输条件等确定。同时，应明确货品的发送方式是送货、代运，还是自提。

⑤货品验收办法。

合同中要具体规定在数量上验收和在质量上验收货品的办法、期限和地点。

⑥违约责任。

签约一方不履行合同，必将影响另一方经济活动的进行，因此违约方应负物质责任，赔偿对方遭受的损失。在签订合同时，应明确规定供应者有以下三种情况时须付违约金或赔偿金：

a. 不按合同规定的商品数量、品种、规格供应商品。

b. 不按合同中所规定商品质量标准交货；

c. 逾期发送商品。购买者逾期结算货款或提货、临时更改到货地点等，应付违约金或赔偿金。

⑦合同的变更和解除的条件。

合同中应规定，在什么情况下可变更或解除合同，什么情况下不可变更或解除合同，通过什么手续来变更或解除合同等。此外，采购合同应视实际情况，增加若干具体的补充规定，使签订的合同更切实际、行之有效。

(2)签订采购合同的程序。

签订合同的程序是指合同当事人对合同的内容进行协商，取得一致意见，并签署书面协议的过程。一般有如下五个步骤：

①订约提议。订约提议是指当事人一方向对方提出的订立合同的要求或建议，也称要约。订约提议应提出订立合同所必须具备的主要条款和希望对方答复的期限等，以供对方考虑是否订立合同。提议人在答复期限内不得拒绝承诺，即提议人在答复期限内受自己提议的约束。

②接受提议。接受提议是指提议被对方接受，双方对合同的主要内容表示同意，经过双方签署书面契约，合同即可成立，也叫承诺。承诺不能附带任何条件，如果附带其他条件，

应认为是拒绝要约，而提出新的要约。新的要约提出后，原要约人变成接受新的要约的人，而原承诺人成了新的要约人。实践中签订合同的双方当事人，就合同的内容反复协商的过程，直至承诺的过程。

③填写合同文本。

④履行签约手续。

⑤报请签证机关签证，或报诸公证机关公证。有的经济合同，法律规定还应获得主管部门的批准或工商行政管理部门的签订。对没有法律规定必须签证的合同，双方可以协商决定是否签证或公证。

10.4.2 汽车配件仓储管理理论知识

1.汽车配件仓储管理基本认识

1)汽车配件仓储管理的定义

仓储是指通过仓库对暂时不用的或用于待检验的物品进行储存和管理。汽车配件仓储是指在确保没有损耗、变质和丢失的情况下，有效储存日常工作所需的汽车备用配件。

仓储管理，是一种对仓库及仓库内储存的各种物资所进行的各种管理活动，如仓库规划、出入库管理、库存管理等活动。汽车配件仓储管理，就是以汽车配件入库、保管、保养和出库为中心而开展的一系列活动。

2)汽车配件仓储管理的意义

(1)汽车相关企业物流运转的关键。

汽车配件仓储是汽车相关企业物流节点的一部分，具有维持正常生产、调节供需平衡等作用。由于汽车配件仓储所耗费的时间、空间、人力在汽车相关企业的整个物流系统中占比很高，因此其运作效率对汽车相关企业的整个物流系统的效率影响很大。一个高效的仓储管理，既能够保证物资在储存过程中其原有的使用价值不变，又能在一定程度上降低企业作业流程时间，减少社会资源的浪费，提高整个行业的效率。

(2)提升车辆售后服务质量的必要条件。

汽车配件仓储管理是汽车售后服务的重要载体，仓储管理中配件到货时长、库存总量资金占用比、周转效率、拣配流程等直接影响着企业运行成本。仓储管理成本与提高售后服务质量的背反关系决定了在其他条件相似的前提下，高额仓储管理的成本会使得企业负担沉重，过低的成本会影响企业提供服务的质量。为了顺利落实汽车企业三包维修以及提升售后配件服务质量，必须有效地提高配件仓储管理水平，以提高售后服务质量。

3)汽车配件仓储管理任务

汽车配件仓储管理的基本任务就是依照保质、保量、及时、低耗、安全以及低成本的原则，做好汽车配件入库、在库和出库等管理工作.

(1)保质：是要保持库存零部件的原有功能价值不受损害。

(2)保量：是指仓库保管按照科学的储存原则，在满足企业生产及客户需求条件下，保持最佳库存数量。

(3)及时：在保证工作质量的前提下，零部件在入库和出库的各个环节中，实现配件的快速流转。

(4)低耗：是指汽车配件在库期间损耗降到最低限度。

(5)安全：指做好防火、防盗、防破坏、防工伤、防自然灾害、防霉变残损等，确保零部件、设备和人身安全。

(6)低成本：是指提高仓储管理水平，降低汽车配件的进库、保管、出库等相关成本。

4)汽车配件管理流程

汽车配件管理流程是汽车配件仓储管理的核心，按配件的流转状态，仓储管理流程可以分，为入库流程、出库流程和在库管理三个方面。

(1)入库流程。

汽车配件在进入库前，送货方首先要填写入库申请单和清单，仓储部门根据入库清单做入库准备，并做好各项交接记录和单据审核工作；配件到达仓库后，由保管人员按照入库清单，进行审核验收和存放记录；配件入库卸货时，要现场监督指导，确保卸货质量，并指引卸货员按照计划和要求对货物进行搬运和存放。在货物入库工作后，对入库过程中的全部记录要及时存档和录入。

(2)出库流程。

大多数企业的车辆配件出库主要服务于企业间和企业内部的配件往来。无论哪种形式，在出库时，提货方都须按照管理流程填写出库申请和清单，并且提货人和仓库管理员要清点货物并办理交接手续后，才能实际发货，出库后，管理员应及时将出库流程手续归档和数据录入。

(3)在库管理

在库管理，指汽车配件存储在仓库中的管理，包括存放位置、存放数量、存放条件、定期检验等。

2.汽车配件入库机制

汽车配件入库验收是配件存储活动的开始，是仓储管理的重要阶段，其工作的完成，标志着仓库保管工作的正式开始，同时也意味着入库与未入库之间责任的明晰。其整体流程如图10.2所示。

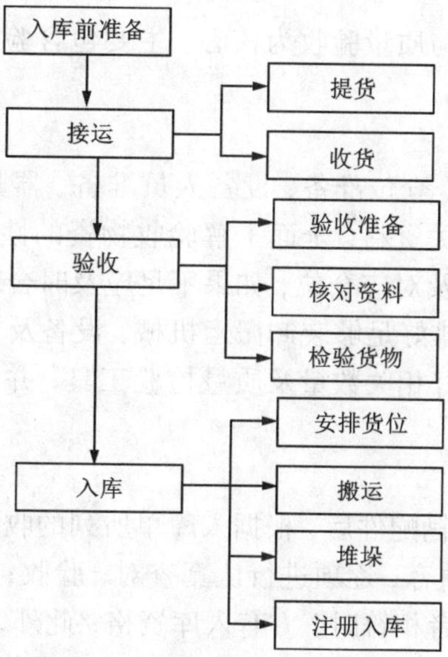

图10.2　汽车配件入库流程

1)接运工作

接运是指配件仓储部门向承运部门或至供货地点提取配件的工作，按接货地点不同可以分为专线接运、供货单位提货、码头与车站提货、库内接货四种，如图10.3所示。

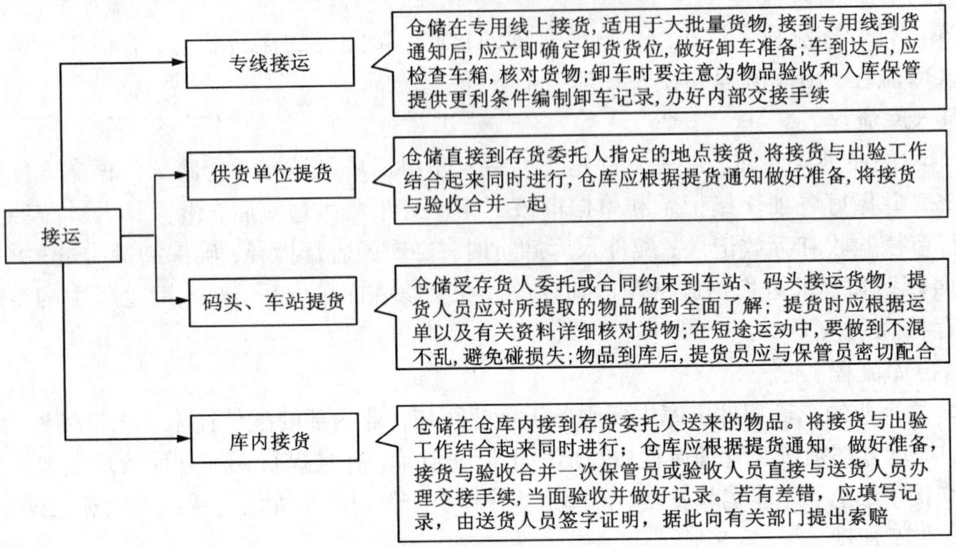

接运
专线接运
仓储在专用线上接货,适用于大批量货物,接到专用线到货通知后,应立即确定卸货货位,做好卸车准备;车到达后,应检查车箱,核对货物;卸车时要注意为物品验收和入库保管提供更利条件编制卸车记录,办好内部交接手续
供货单位提货
仓储直接到存货委托人指定的地点接货,将接货与出验工作结合起来同时进行,仓库应根据提货通知做好准备,将接货与验收合并一起
码头、车站提货
仓储受存货人委托或合同约束到车站、码头接运货物，提货人员应对所提取的物品做到全面了解；提货时应根据运单以及有关资料详细核对货物;在短途运动中,要做到不混不乱,避免碰损失;物品到库后,提货员应与保管员密切配合
库内接货
仓储在仓库内接到存货委托人送来的物品。将接货与出验工作结合起来同时进行；仓库应根据提货通知，做好准备，接货与验收合并一次保管员或验收人员直接与送货人员办理交接手续,当面验收并做好记录。若有差错，应填写记录，由送货人员签字证明，据此向有关部门提出索赔

图10.3 接运分类

2)验收工作

(1)验收原则。

汽车配件入库验收，应按照及时准确的要求，根据入库凭证注明的名称、规格、型号、等级、产地、单价、数量等各项内容，通过采样开箱验收的手段，依据国家质量要求对入库单所列内容与实物进行逐项核对。

(2)验收内容。

配件入库验收以数量清点与质量验收为核心，主要包含验收准备、资料核对、开箱点验以及异常处理四个内容。

①验收准备。

验收准备主要由文件准备、仓位准备、设备人员准备、器具准备等组成。文件准备过程中应收集和熟悉验收凭证及有关资料，全面了解验收物资的性能、特点和数量；仓位准备过程中应核对配件堆码所需材料及对应仓位，如果不足应及时合理设置相应仓位及补充相关材料；设备人员准备过程中应安排好足够装卸搬运机械、设备及人力保证入库上架工作及时顺利完成；器具准备过程应准备好相关数量及质量检验工具，并做好事前检查，保证校验过程的顺利。

②资料核对。

仓储管理员接到送来的车辆配件后，根据入库单所列的收货单位、品名、规格、型号、等级、产地、单价、数量等各项内容，逐项进行认真查对、验收；同时，对实物、包装标志与入库凭证进行单据核实，只有三者相符时，方有入库资格；此外，还须对包装物是否合乎保管、运输的要求要进行检查验收。如果在上述核查过程中发现票物不符或包装破损或异状时，应将其单独存放，并协助有关人员查明情况，妥善处理。

③开箱点验。

针对不同产品以及不同情况而言，开箱点验所取得样品数量一般不同。对于出厂原包装的产品，一般可以随机采样5%～10%的数量进行开箱点验。如果发现包装含量不符或外观质量有明显问题时，可以调整上述比例，适当增加开箱检验的样品数，直至全额开箱；对于新产品入库，采样数量可以不受上述比例限制。针对数量不多而且价值很高的汽车配件、非生产厂原包装的或拼箱的汽车配件、国外进口汽车配件、包装损坏或异状的汽车配件、易损件等，应当全部开箱点验，并按入库单所列内容进行核对验收，同时还要查验合格证。

④入库验收异常处理。

在汽车配件入库验收中发现的数量、质量或包装的问题都应按规定如实做好记录，交接双方或有关人员签字后根据情况分别处理。

ⓐ单货匹配问题。

单货匹配主要问题见图10.4。

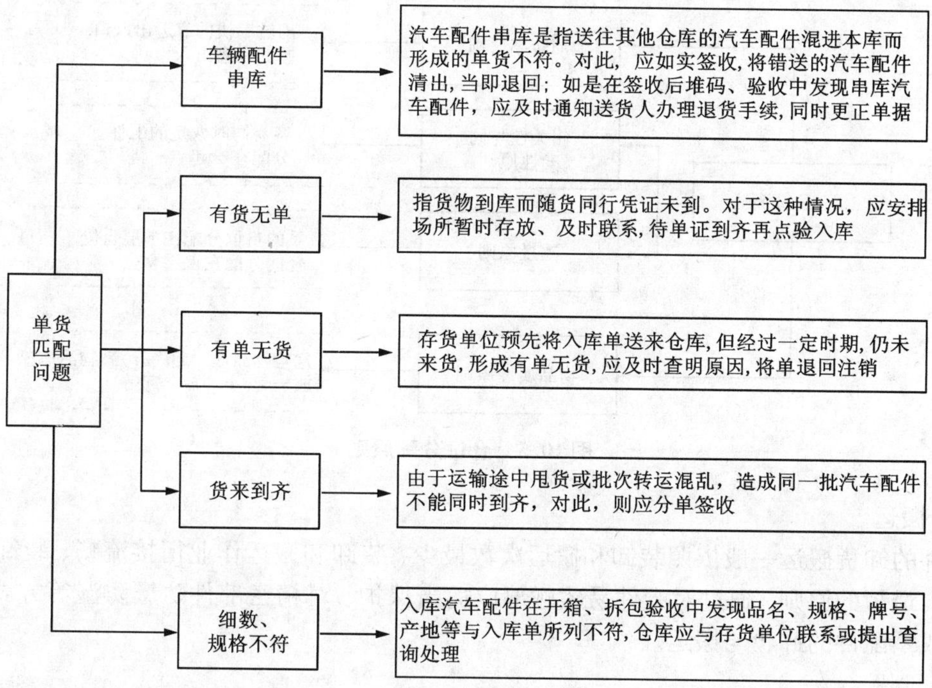

单货匹配问题
车辆配件串库
汽车配件串库是指送往其他仓库的汽车配件混进本库而形成的单货不符。对此，应如实签收，将错送的汽车配件清出，当即退回；如是在签收后堆码、验收中发现串库汽车配件，应及时通知送货人办理退货手续，同时更正单据
有货无单
指货物到库而随货同行凭证未到。对于这种情况，应安排场所暂时存放、及时联系，待单证到齐再点验入库
有单无货
存货单位预先将入库单送来仓库，但经过一定时期，仍未来货，形成有单无货，应及时查明原因，将单退回注销
货来到齐
由于运输途中甩货或批次转运混乱，造成同一批汽车配件不能同时到齐，对此，则应分单签收
细数、规格不符
入库汽车配件在开箱、拆包验收中发现品名、规格、牌号、产地等与入库单所列不符，仓库应与存货单位联系或提出查询处理

图10.4　单货匹配问题

ⓑ质量问题。

质量问题包括汽车配件异状、残损、变质等。在接货时发现的质量问题，应会同交通运输部门清查点验，并由运输部门编制商务记录或出具证明书，以便按章索赔。如确认责任不在运输部门，也应作出普通记录，以便作为向供货单位联系处理的依据。

ⓒ包装问题。

在清点大数时，发现包装有水渍、沾污、损坏、变形等情况，应会同送货人开包检查内部细数和质量，并由送货人出具入库汽车配件异状记录，或在送货单上注明，同时通知保管员另行堆放。

d. 数量不符。

数量不符是指汽车配件到库实数与随行单证上所列数量不一致，有件数不符和细数不符两种情况。件数不符，应由收货人在送货单各联上注明后按实签收，短少的品名、规格、数量，应通知运输人员及供货单位；细数不符是开包检验发现汽车配件的溢余短少或者规格不符，对于此情况，应如实签收，注明情况，并通知发货方和业务单位。发生这种情况既不能作溢余处理，也不能以长补短，互相抵补，应填写残损短缺溢出记录进行处理，转发货方。

3) 入库工作

在清点验收无误后，仓储人员应进行相关配件入库上架操作，其中主要包括仓位分配、搬运、堆垛、册入库手续等工作。

(1) 仓位分配。

汽车配件在库房的仓位决定了仓储作业效率的高低、库存盘点的难度等，因此在零配件的入库上架过程中应做好货位的设置。仓位分配一般原则如图 10.5 所示。

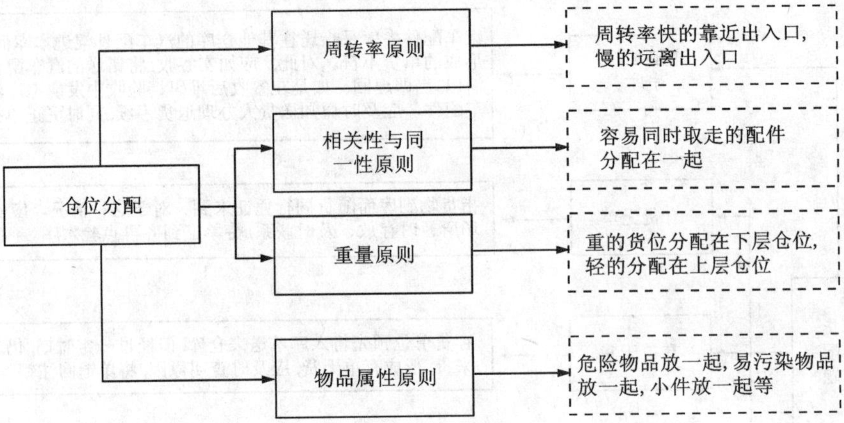

图 10.5　仓位分配原则

(2) 搬运。

配件的卸货搬运一般依照装卸和搬运次数最少、装卸和搬运作业衔接流畅、装卸和搬运移动距离最短的原则，通过对配件易磕碰部位适当保护、对精密部件防震防湿等方式，顺利安全完成零配件的卸妆与搬运。

(3) 堆垛。

汽车零配件应按照合理、安全、定量、整齐、低耗以及方便的原则进行堆垛。合理要求是指对不同品类、规格、型号、等级以及批次等的货物应该分开堆码，不应混合；安全要求是指堆垛的货物必须考虑部件承压能力、堆垛间距、堆垛的稳定性等因素，保证部件的安全与堆码的牢固；定量要求是指货物堆码时，垛、行、层等数理力求整数，每垛应有固定数理方便检查与盘点；整齐要求是指堆垛排列整齐有序，充分有效利用仓库面积以及方便作业；低耗要求是指尽可能进行一次堆码、紧凑堆码，减少重复搬运以及提高仓库利用率；方便要求是指堆码应便于装卸搬运、便于收发保管、便于日常养护及盘点。目前而言，主要有以下几种常用堆垛方式。

①重叠法：按入库汽车配件批量，视地坪负荷能力与可利用高度，确定堆高层数，摆定

底层汽车配件的件数，然后逐层重叠加高。上一层每件汽车配件直接置于下一层汽车配件之上并对齐。硬质整齐的汽车配件包装、长方形的包装和占用面积较大的钢板等采用此法，垛体整齐、稳固，操作比较容易。但不能堆太高，尤其是孤立货垛以单件为底，如直叠过高易倒垛，如图 10.6(a)所示。

②压缝式：针对长方形汽车配件包装的长度与宽度成一定比例，汽车配件每层压缝堆码，即上一层汽车配件跨压下一层两件以上的汽车配件，下纵上横或上纵下横，货垛四边对齐，逐层堆高。用此法每层汽车配件互相压缝，堆身稳固，整齐美观，又可按小组出货，操作方便易于腾出整块可用空仓。每层和每小组等量，便于层批标量，易于核点数量，如图 10.6(b)所示。

③通风式：为便于汽车配件通风散潮，有的汽车配件的件与件不能紧靠，要前后左右都留一点空隙，宜采用堆通风垛的方法。其堆码方法多种多样，常见的有“井”字形、“非”字形、“示”字形、旋涡形等。需要通风散热、散潮，必须防霉及怕霉的汽车配件常用此法，如图 10.6(c)所示。

④仰伏相间式：钢轨等物品，一层仰放，一层伏放，两层相扣，使货架稳定。露天存放要一头稍高，方便排水。该方法适用于钢轨、工字钢、槽钢、角钢等物资的堆码，稳定性强度不高，如图 10.6(d)所示。

⑤纵横交错式：相邻两层货物的堆放旋转90°，一层横向放置，另一层纵向放置，综合交错堆码。该方式有咬合效果，但是稳定性强度不高，适合自动装盘操作，如图 10.6(e)所示。

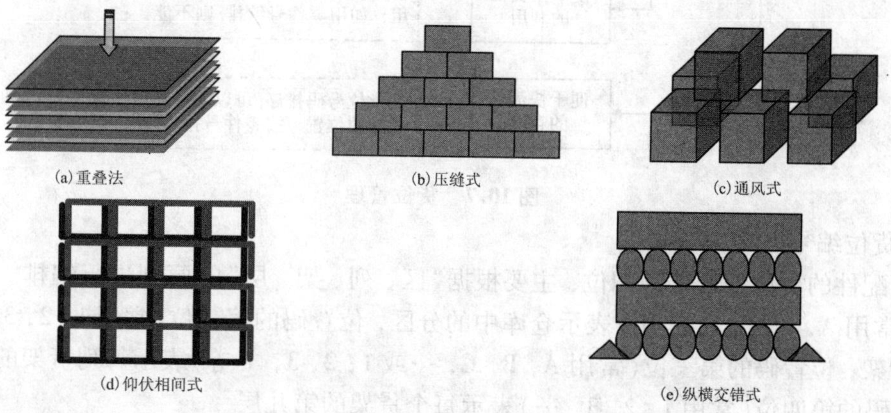

图 10.6　堆垛方法

(4)注册入库。

验收无误、上架堆码后应办理入库手续，进行登账、立卡和建档，保管产品的证件、说明书及账单资料。

①登账：指仓库管理人员对每一种规格及不同质料的配件都必须建立收、发、存明细账，以便及时反映配件存储动态。

②立卡：指货物入库或上架后，将货物名称、规格、数量等内容填在物料卡并挂在货位上的作业过程。

③建档：历年的产品技术资料及出入库资料应存入产品档案，以便积累报告经验，并且档案应一物一档，统一编号，账、卡、物三者相符，以便查询盘点。

3. 汽车配件在库管理

汽车配件库存管理可以分为广义库存管理与狭义库存管理。广义库存管理是指为了达到公司的财务运营目标，特别是现金流运作，通过优化整个需求与供应链管理流程，合理设置企业资源计划(EPR)控制策略，并辅之以相应的信息处理手段、工具，从而实现在保证及时交货的前提下，尽可能降低库存水平，减少库存积压与报废、贬值的风险，是实现公司财务目标的一种手段；狭义库存管理主要是针对仓库的物料进行盘点、数据处理、保管、发放等，通过执行防腐、防锈、温湿度控制等手段，达到使保管的实物库存保持最佳状态的目的，是实物库存控制的方式。本节所涉及的配件在库管理，均指狭义意义上的库存管理，主要包括了货位管理、仓储条件管理、配件养护管理、配件盘存管理、配件报损管理以及仓库消防管理等。

1)货位管理

配件货位管理主要是针对汽车配件的货位进行编号。货位编号可以带来如图 10.7 所示的几种便利。

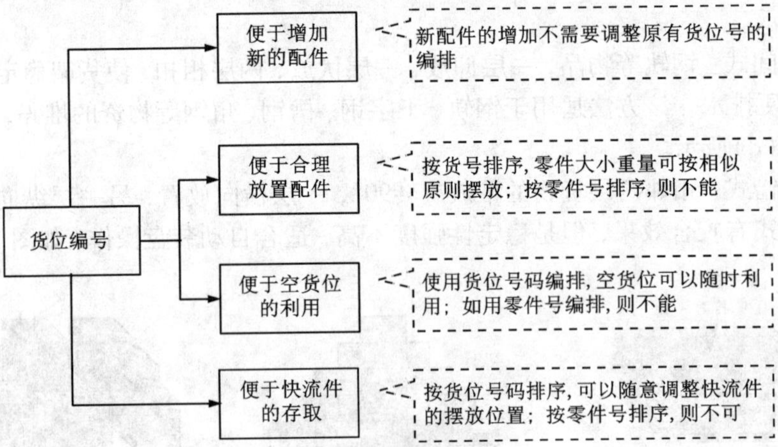

图 10.7　货位管理

(1)货位编号方法。

汽车配件的货位编号常为四位，主要根据“区、列、架、层”的原则进行编排。位置码的第一位(常用 A，B，C，…表示)表示仓库中的分区，位置码的第二位(常用 1，2，3，…)表示第几列货架，位置码的第三位(常用 A，B，C，…或 1，2，3，…等)表示每列货架的第几个货架，位置码的第四位(常用 1，2，3，…)表示每个货架的第几层。

(2)货位编号说明。

①位置码中的数字最好通过英文字母分开书写，当 26 个英文字母不够用时，可将 26 个英文字母排列组合，以增加表示的范围，如：AA，AB，AC，…；同一过道或同一货架，大小写相同或相似的英文字母不要同时使用(Cc，Ii，Jj，Kk，Oo，Pp，Ss，Uu，Vv，Ww，Xx，Zz)，否则容易发生混淆。

②列号、货架号、层号的编排顺序一般列号编排的顺序和货架号编排的顺序。列号编排的顺序是以仓库的入门处为三维坐标的原点，位置码的列号依次增大，可以方便查找；货架号编排的顺序一般是指从左到右编排顺序和环形编排顺序。

2)仓储条件管理

(1)清洁：尘土和杂物不但影响仓库卫生，同时也威胁配件的质量和安全，同时还可能引来蛇虫鼠蚁啃咬部件，应当在经常保证仓储条件的干净卫生。

(2)温度：一般配件应存放在干燥通风的仓库内，库房温度一般应在20～30℃，相对湿度一般在75%以下；存储轴承、工具、精密仪表的仓库相对湿度不应超过60%；存储橡胶、塑料制品，防止阳光直接照射，保存在温度不超过25℃的专用仓库内，以防老化。

(3)防潮：在梅雨季节，当仓库内湿度过大，在仓库内常常采用吸潮的办法，以降低仓库内的湿度。对于易吸潮生锈的零部件，应在部件踱底铺设离地至少15cm的架空垫板，必要时还应在地面铺置少量生石灰或在地板下放置氯化钙、氯化锂等吸潮剂。

(4)隔离：对于化学易燃品、易自燃品或危险物品，应符合安全要求专库隔离存放。

3)配件养护管理

汽车配件的养护，是指汽车配件在储存过程中，库房管理人员定期或不定期地对其进行保养和维护的工作。

(1)防锈养护：对于齿轮及轴类等易生锈部件，应定期进行涂防锈油、防锈脂等工作，以防生锈。对于轻微生锈部件，可以机械抛光或砂纸打磨后在重新涂油防护。

(2)性能养护：对于仪器仪表灯工作性能失控或失准，则必须进行烘干，擦洗(接触件)调整并进行重新校验，以恢复其工作性能；对于蓄电池阴阳极板，由于包装不善或未注意防潮，短期内便造成极板的氧化发黄，较长期后则会造成极板的硫酸铅化。橡胶配件的老化，无法进行修补，在储存中应应注意防护。

(3)防止损伤：铸铁部件易在搬运中磕碰而造成破裂或缺损，玻璃制品的破损，石棉制品的损伤裂缺，多数情况下都无法修复，只能报废，在储存中注意防护。

(4)期限管理：各类汽车配件出厂时都规定了保证产品质量的存储日期，超过存储日期，部件性能及寿命都会有所下降。

4)配件盘存管理

为了及时了解配件的库存情况，避免配件的短缺、丢失或积压而影响生产，必须定期对配件进行盘存，保证仓库实际库存数量与账面数量一致，核查配件质量有无损坏，配件盘点形式如图10.8所示。

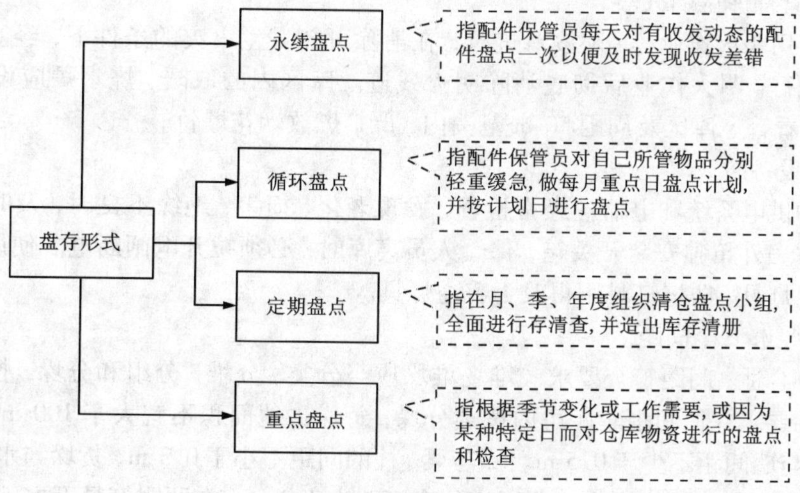

图10.8　配件盘点的形式

5）配件报损管理

（1）报损件标准。

报损配件是指无法继续销售，且不能进行三包索赔、退货和修复处理的必须报废的在账配件。

（2）报损件的确认。

在日常经营中产生或库存盘点中清理出的无法继续销售的配件，必需经由服务经理、三包索赔主管、配件主管三方鉴定，确认不能进行三包索赔、退货和修复处理的配件方可作报损处理。由于人为因素而造成的质量配件不予报损批示，损失由责任人和连带责任人承担。

（3）报损配件的申报。

各分子公司在每季度的配件库存全面清点工作中，将需报损的配件整理、确认后，填制《报损配件明细表》，并填写《配件报损申请单》，上报服务部配件主管；服务部配件主管鉴定审核后进入《配件报损申报流程》。

（4）报损配件的处理方法。

配件报损批准后，配件由申报单位暂作保管，以便服务部做进一步处理，申报单位不允许私自将报损配件丢弃、变卖。

6）仓库消防管理。

在仓库的安全工作中，造成不安全的因素主要有两大类：一类是管理人员知识上的局限性造成的，如对某些化学物品、危险品、易燃品、腐蚀品的性质不了解，对某些商品储存的规律没有完全掌握，以至于发生事故；另一类是管理人员素质不高引起的，如有的仓库管理人员失职等。仓库消防管理坚持"预防为主，防消结合"的方针，就是要把火灾预防工作放在消防安全工作的首位，同时也应把消防组织的建设和消防设施的建设放在重要位置，真正把火灾预防和火灾扑救有机地结合起来。

（1）严禁将火种带入仓库。

库区内严禁吸烟、严禁用明火炉取暖。存货仓库内严禁明火作业。库房内不准设置和使用移动式照明灯具。库房内不得使用电炉、电烙铁等电热器具和电视机、电冰箱等家用电器。库房不得作为办公场所和休息室。

（2）严格管理库区明火。

库房外使用明火作业，必须按章进行，在消除可能发生火灾的条件下，经主管批准，在专人监督下进行，明火作业后彻底消除明火残迹。库区内的取暖、烧水炉应设置在安全地点，并有专人看管。库区及周围 50 m 范围内，严禁燃放烟花爆竹。

（3）电气设备防火。

库区内的供电系统和电器应经常检查，发现老化、损害、绝缘不良时，及时更换。每个库房应该在库房外单独安装开关箱，保管人员离库时，必须拉开电闸断电。使用低温照明的不能改为高温灯具，防爆灯具不得改为普通灯具。

（4）保留足够安全间距。

货垛大小合适，间距符合要求。堆场堆垛应当分类、分堆、分组和分垛，按照防火规范的防火距离的要求保留间距。库房内按类分垛，每垛占地面积不宜大于 100 m^2 米垛间距不少于 1 m，垛与墙间距不少于 0.5 m。垛与梁、柱的间距不小于 0.3 m，货垛与水暖取暖管道、散热器间距不小于 0.3 m，库内主要通道的宽度不小于 2 m。在照明灯具下方不得堆放物品，其垂线下方与存货品间距不得小于 0.5 m，电器设备周围间距保留 1.5 m，架空线路下方严禁堆放货物。不得占用消防通道、疏散楼梯存放货物和其他物品，不得围堵消防器材。

(5)配件防火保管。

对已入库货物的防火保管是仓库保管的重要工作，仓库管理人员应经常检查仓库内的防火情况，按防火规程实施防火作业。经常检查易自燃货物的温度，做好仓库通风.对货场存放较久的货物时常掀开部分苫盖通风除湿。气温高时对易燃液体、易燃气体洒水降温。烈日中苫盖好货物，阻止阳光直射入仓库或反射入仓库照射货物。经常查看电气设备工作状态，及时发现不良情况。仓库保管中发现不安全情况时要及时报告，迅速采取有效措施，消除隐患。

(6)作业机械防火。

进入库区的内燃机械必须安装防火罩，电动车要装设防火星溅出装置。蒸汽机车要关闭灰箱和送风器。车辆装卸货物后，不准在库区、库房、货场内停放，更不得在库内修理。作业设备会产生火花的部位要设置防护罩。

(7)及时处理易燃杂物。

对于仓库作业中使用过的油污棉纱、油手套、油污垫料等沾油纤维、可燃包装、残料等，应当存放在库外的安全地点，如封闭铁桶、铁箱内，并定期处理。仓库作业完毕，应当对仓库、通道、作业线路、货垛边进行清理清扫，对库区、库房进行检查，确定安全后，方可离开。

(8)危险品库的防火。

危险品仓对消防工作有更高的要求，严禁一切火源入库，汽车、拖拉机不得进入，仓库内使用防爆作业设备，使用防爆电气，特别危险的危险仓不接入电，人员穿戴防静电服装作业，且不得在库内停留。

4.汽车配件出库流程

零配件出库是根据业务部门开出的零配件出库凭证，按其所列信息组织核对、备货、装箱、搬运、点交等一系列工作。在零配件出库时应做到“三不、三核、五检查”的要求。三不是指未接单据不翻账、未审单据不备货、未经复核不出库；三核是指发货时应核对凭证、核对帐卡、核对实物；五检查是指对单据所需货物做到品名检查、规格检查、包装检查、件数检查以及质量检查。其整体工作流程如图10.9所示。

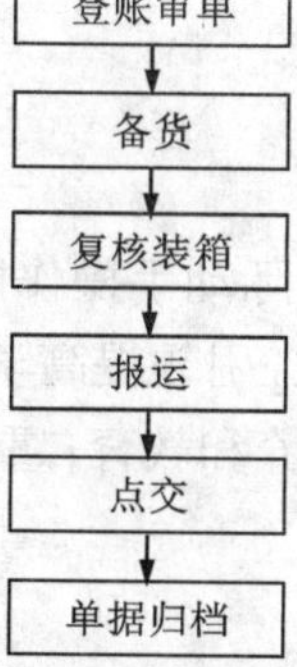

图10.9　配件出库流程

1)登账审单

在汽车配件仓库发货作业中，常采用先登账后付货的形式。采用这种形式，审单与登账连接在一起，由仓管员一次连续完成，可以对付货工作起到预先把关作用。审单主要对领料单的合法性和真实性，配件货物的品名、型号、数量、单价和规格属性进行审查。如若发现印鉴不全、数量有涂改、品名规格不对等不符合要求之处，均不能发货；登账主要是指根据仓储账页，在领料单上批注账面结存数，方便仓管员在付货后核对余数，同时对于移动货位的物质，须随即更正货位，便于仓管员按位找货。

2)备货

备货前应将供应单据与卡片、实物核对，核对无误后方可备货。备货有两种形式：一种是将配件发到理货区，收货单位分别存放并堆码整齐，以便复查；另一种是外运的大批量发货，为了节省人力，可以在原垛就地发货。

3)复核装箱

为了避免汽车零配件在备货时出错，应进行货物的复核，主要核实汽车配件名称、规格、型号、批次、数量、单价等项目是否同出库凭证所列的内容一致，配件自身外观质量、包装是否完好等。复核完毕后，用户自提的可以当面点交，需要外运的则将随货同形联与配件一起装箱发送。装箱时应在箱外书写运输信息，以防运输途中发错站。

4)搬运

配件经复核、装箱后，要及时过磅称重，然后按照装箱单的内容填写有关信息，报送运输部门，向承运单位申请准运手续。

5)清点交接

运输部门凭装箱单到仓库提货时，仓管员在核实单据内容、印章及经手人签字等后，应向提货人点交出库汽车配件及随行证件，交代相关注意事项。点交完毕后，应清理现场，整理货位，以备再用。

6)单据归档

发货完毕后，应及时将提货单据归档，并按照其时间顺序分月装订，妥善保管，以备考查。

10.5 课程实施

10.5.1 教学方法建议

在教学过程中，应立足于加强学生实际动手操作能力的培养，采用小组讨论协作、任务驱动法、情景教学法等教学方法，以工作任务引领提高学习兴趣，激发学生学习的热情，并辅之以团队能力、表达沟通能力、职业规范等培养和教育；重视行业实际，贴近企业、贴近生产。

10.5.2 教学条件及资源基本要求

1. 仓库及配件

实训情景教学应具备相应的仓库场地，库内设置有相应货架，同时还应具备一定数量的汽车配件，配件种类应具有一定规模。

2. 主要工具及仪器

主要工具及仪器有：笔记本、笔、电脑、磅秤、相关单证、书桌、可粘贴便签、采购计划单、询价表、供应商评估表、书面合同、到货单、盘查单、出货单据等。

10.6 参考资料

[1]汪海红. 汽车配件管理及营销[M]. 镇江：江苏大学出版社，2017.
[2]黄敏熊. 汽车配件营销与管理[M]. 北京：人民邮电出版社，2017.
[3]刘军. 汽车配件采购、营销、运营实战全书[M]. 北京：化学工业出版社，2015.

10.7 报告

10.7.1 实践报告

实践报告主要内容如下。
一、目的、意义
二、计划及安排
三、项目设计
1. 采购流程管理情景设计
2. 仓库管理情景设计
四、采购流程管理情景
1. 编制采购计划单
（依据库存约需确定采购量）
2. 评估供应商
（依据询价单及其资料评估供应商）
3 采购合同草拟及配件清单
五、仓库管理情景
1. 验收入库货品
2. 堆垛货物，编制货号
3. 对在库配件进行盘点
六、总结及收获

10.7.2 主要作业单证

1. 采购计划单

配件编号	配件名称	适用车型	参考订量	安全量	单价	现存量	平均月需量

2. 询价单

	询价单							
							编号：	
报价单位名称			联系人			部门		
邮　箱		QQ/微信		电 话		传真		

序号	产品名称	规格型号	技术参数	数量	市场报价（面价）	单价（优惠价）	金额	厂家/品牌	备注
1									
2									
3									
4									
5									

1. 请务必 EMAIL 或传真产品的详细资料，包括图片及主要技术参数等。（代理商：请提供代理证）

2.（1）报价是否含税：　　（2）有无增值税发票（17%）　（3）是否包含运费：

3.（1）是否包含售后服务：　　（2）售后服务项目：

4. 产品供应能力（数量/月）：

5.（1）到货期：　　（2）质保期：

6. 结算方式：

	报价单位：　　（签章）
	报价人：　　（签章）
	日期：　　年　　月　　日

3. 采购合同范本

合同编号：

公司汽车配件采购合同

购货方：________________（以下简称甲方）　　　签订地点：________

供货方：________________（以下简称乙方）　　　签订地点：________

本着互利互惠共同发展的原则，根据中华人民共和国合同法的有关规定及其他法令、法规，甲乙双方平等友好协商，经双方协商一致，特制本协议，具体条款如下。

第一条　签订合同的乙方必须达到甲方要求的配套零件的生产供应企业资格要求，在质量、工艺、注册资金等方面不能达到或继续保持甲方的要求的，甲方有权取消对方的配套产品供应资格。

第二条　产品的规格及价格

序号	品名	原厂编号	规格	数量	单位	单价（元）	总价（元）	交提货时间	备注
1									
2									
3									
4									
合计									
	合计人民币大写：								

第三条　产品的质量要求、技术标准。

（1）按国家标准执行；

（2）无国家标准而有部颁标准的，按部颁标准执行；

（3）无国家和部颁标准的，按企业标准执行；

（4）没有上述标准的，或虽有上述标准，但需方有特殊要求的，按甲乙双方在合同中商定的技术条件、样品或补充的技术要求执行。

第四条　乙方就交付的标的物，负有保证第三人不得向甲方主张任何权利的义务，否则，乙方应当赔偿因此给甲方造成的一切损失。

乙方应当在自己的产品上标注商品标识便于识别，标识样式、内容及产品编号按甲方的要求为准。

第五条　供方对质量负责的条件和期限及责任。供方对产品质量的保证期限为____月，自购车用户购车之日起计算。甲方非最终用户，因为乙方的产品缺陷，不能保证质量的，乙方应当依合同承担违约责任；给购车用户造成财产人身损害的，乙方应当依据《中华人民共和国产品质量法》承担责任，甲方有权向乙方追偿乙方产品问题给甲方造成的一切损失，包括赔偿费用、处理事故的费用及其他损失。

乙方提供货款的______%作为质量保证金，保证期满后甲方支付给乙方。

第六条　产品的包装标准和费用

国家或业务主管部门有技术规定的，按技术规定执行，国家与业务主管部门无技术规定的，由甲乙双方商定。国家没有规定约定不明的，应当按照通用的方式包装，没有通用方式的，应当采取足以保全、保护标的物的包装方式。产品的包装由乙方自己解决，产品的包装费用，不得向甲方另外收取。乙方没有明确要求收回的，甲方有权不予保存。

第七条　产品交货方法、运输方式、到货地点(包括专用线、码头)费用的承担。

乙方负责将货物运送至甲方仓库，运输费用由乙方的承担。

第八条　产品的交(提)货期限

以甲方月度订货传真件要求为准。

本合同所指的交货期限指乙方在本公司仓库交货的时间。

逾期交货或提前交货要事先经甲方同意，否则，甲方有权拒绝接受货物。

第九条　产品的价格与货款的结算

甲方应当在对标的物检验合格后______个工作日内以电汇、承对汇票、汇票等方式付款

第十条　验收方法及验收费用的承担

产品的检测按国家标准进行，或按部颁标准执行；甲方有特殊要求的，按甲乙双方在合同中商定的技术条件、样品或补充的技术要求执行。验收费用由乙方承担。

乙方的化工原料必须接受甲方指定的国家权威机构的检测，所有发生的费用由乙方承担。

第十一条　对产品提出异议的时间和办法

1. 甲方在验收中，如果发现产品的品种、型号、规格、花色和质量不合规定，应一面妥为保管，一面在______天内向乙方提出书面异议；在托收承付期内，甲方有权拒付不符合合同规定部分的货款。

2. 乙方在接到需方书面异议后，应在两天内负责作出处理，否则，视为乙方默认甲方提出的异议和处理意见。

第十二条　乙方的违约责任

1. 乙方不能交货的，应向甲方偿付不能交货部分货款的______%的违约金。

2. 乙方所交产品品种、型号、规格、花色、质量不符合合同规定的，如果甲方同意利用，应当按质论价；如果甲方不能利用的，应根据产品的具体情况，由乙方负责包换或包修，并承担修理、调换或退货而支付的实际费用。乙方不能修理或者不能调换的，按不能交货处理。

3. 乙方因产品包装不符合合同规定，必须返修或重新包装的，乙方应负责返修或重新包装，并承担支付的费用。甲方不要求返修或重新包装而要求赔偿损失的，乙方应当偿付甲方该不合格包装物低于合格包装物的价值部分。因包装不符合规定造成货物损坏或灭失的，乙方应当负责赔偿。

4. 乙方逾期交货的，每天向甲方只付迟延履行金______元。逾期一周供货的，甲方有权解除合同，取消乙方的配套资格。

5. 乙方提前交货的产品、多交的的产品、和品种、型号、规格、花色、质量不符合合同规定的产品，甲方在代保管期内实际支付的保管、保养等费用以及非因甲方保管不善而发生的损失，应当由乙方承担。

6. 产品错发到货地点或接货人的，乙方除应负责运交合同规定的到货地点或接货人，还

应承担甲方因此多支付的一切实际费用和逾期交货的违约金。乙方未经甲方同意，单方面改变运输路线和运输工具的，应当承担由此增加的费用。

7. 乙方提前交货的，甲方接货后，仍可按合同规定的交货时间付款；合同规定自提的，甲方可拒绝提货。乙方逾期交货的，乙方应在发货前与甲方协商，甲方仍需要的，乙方应照数补交，并负逾期交货责任；甲方不再需要的，应当在接到乙方通知后十五天内通知乙方，办理解除合同手续，逾期不答复的，视为同意发货。

8. 因为乙方不能交货、延迟交货或货物不合格，造成甲方停产的，乙方应按人民币______元/小时向甲方赔偿，计算损失赔偿的时间以________为限；部分履行造成甲方减少产量的，乙方按未履行部分所占该批货物的比例向甲方赔偿损失；乙方延迟交货，虽未造成停产，但是由于乙方的货物有瑕疵，由于乙方的原因甲方未来得及验货，直接使用乙方的产品造成损失的，乙方应当承担赔偿责任。

第十三条　甲方的违约责任

1. 甲方中途无故退货，应向乙方偿付退货部分货款______%的违约金。

2. 甲方逾期付款的，应按照中国人民银行有关延期付款的规定向乙方偿付逾期付款的违约金。

3、甲方违反合同规定拒绝接货的，应当承担由此造成的损失和运输部门的罚款。

4. 甲方如错填到货地点或接货人，或对乙方提出错误异议，应承担乙方由此所受的损失。

第十四条　不可抗力

甲乙双方的任何一方由于不可抗力的原因不能履行合同时，应及时向对方通报不能履行或不能完全履行的理由，在取得有关主管机关证明以后，允许延期履行、部分履行或者不履行合同，并根据情况可部分或全部免予承担违约责任。

第十五条　合同的变更、未尽事宜

合同执行期内，甲乙双方均不得随意变更或解除合同，合同变更应采用书面形式。

本合同正本一式二份，甲乙双方各执一份，具有同等的法律效力。

合同未尽事宜，经双方共同协商一致，作出补充规定，补充规定与本合同具有同等效力。

第十六条　解决合同纠纷的方式

执行本合同发生争议，由当事人双方友好协商解决。协商不成的可向甲方所在地人民法院起诉。

第十七条　甲乙双方签订的质量协议、技术协议、售后补偿协议是合同的组成部分，有关条文与本合同相冲突的，本合同条款优先适用。

第十八条　按本合同规定应该偿付的违约金、赔偿金、保管保养费和各种经济损失，应当在明确责任后十天内，按银行规定的结算办法付清，否则按逾期付款处理。

购货方(甲方)：	供货方(乙方)：
(公章)	(公章)
代表人	代表人
地址	地址
电话	电话
传真	传真
日期：	日期：

4. 入库验收单

供应商			收件人				
送货日期		送货数量		送单金额		送货单号	
订货日期		订货号		订货人			
入库日期		入库批次		入库数量		入库金额	
配件明细							

配件编号	配件名称	配件品牌	型号规格	数量	单价（元）	总价（元）	采购时间	供应商	合格证号	备注

检验结果	证书审查	
	标记复核	
	外观质量	
	数量审查	
	存在问题	
	问题处理	
结论		
货品入库验收部门	收件人	
	验收人	

5. 配件入库单

单位名称		入库时间	
入库单号		供应单位	
对应单据号			
配件明细			

备件编号	备件名称	单位	数量	含税单价	税率	价税合计	仓库	库区	库位	备注

价税合计		入库成本合计		采购部门	
业务员		负责人		制单员	
备注			审核人		

6. 配件盘存表

配件编码	配件名称	库存单位名称	实盘数	系统数	差异数	损坏数量	损坏程度	盘存日期	配件主管	备注

项目11　汽车电子商务实践

11.1　目的和基本要求

汽车电子商务是指网络化的新型经济活动，使整个汽车贸易活动自动化和电子化，利用各种电子工具和电子技术从事各种商务活动，从而实现汽车企业高效率、低成本的商务活动。汽车电子商务涵盖了整车、汽车配件以及汽车后市场三大领域，并分为B2B、B2C和供应链集成等模式。随着我国市场经济和互联网技术的迅速发展，汽车制造、汽车销售、汽车售后服务管理、二手车交易等汽车行业也随着网络经济的发展发生着巨大的变化，新的经营模式使企业获得新的活力，也需要汽车营销类专业人才适应现代汽车市场的发展和变化，向汽车电子商务领域拓展和更高层次水平提升。由于汽车电子商务涉及的知识面较宽，要求既要了解汽车的结构和原理，又要掌握信息网络技术，还要具备一定的汽车营销和市场经济学知识，因此汽车电子商务逐渐发展为汽车行业一个独立的多种学科知识交叉的分支。

本实践项目的目的是：在全面掌握信息网络技术基础知识和汽车电子商务的基本理论知识基础上，较系统地掌握电子商务的支付体系、B2B、B2C、电子商务安全体系等相关内容。能运用相关相关软件设计和建设汽车电子商务网站。

11.2　学习目标

根据汽车服务工程专业人才培养目标、岗位需求和前后续课程的衔接，统筹考虑和选取教学内容，使项目更加符合应用型工程技术教育的特点和规律。重视实践教学在高素质应用人才培养过程中的作用，体现教学过程的实践性、开放性和创新性。教学方法、手段运用上，基于行动导向的教学和工程技能实践的一体化；教学情景设计上，设计了具有完整功能的综合性汽车电子商务网站，注重学习与实际工作的一致性；教学组织上，实现了真正意义上的“理实一体化”教学。

11.2.1　专业能力

(1)具有汽车电子商务的基本理论知识；

(2)具有信息网络技术的基本知识，能熟练设计汽车电子商务网站框架、实施流程和总体规划。

11.2.2 社会能力

(1)计划、组织和交流的能力，有效利用资源和信息，提高学习效率；

(2)遵守职业道德和规范，履行职责的能力。

11.2.3 方法能力

(1)运用所学知识解决问题的能力；

(2)运用网页设计软件建设汽车电子商务网站的能力。

11.3 课题设计及内容

选择中小型汽车企业、二手车营销服务企业和汽车售后服务企业其中一种，分析企业的主营业务、运行状况，制订其电子商务策略，完成网站设计。

1. 总体规划并建立网络站点

(1)网站总体规划，包括市场需求分析、网站定位和网站风格设计；

(2)确定网站内容结构，包括确定网站功能、画出网站结构草图、规划网站导航；

(3)在网站软件中创建站点文件。

2. 汽车网页详细规划与布局

(1)各网页详细规划与设计，确定主页、内页的布局结构；

(2)使用软件和 HTML 利用布局表格布局网页。

3. 汽车网页基础编辑与美化

(1)素材准备；

(2)网页基础编辑，在指定的位置放置合适的文字、图片，完成基础性编辑工作；

(3)网页细化、美化，在指定位置放置合适的网页超链接、动画、交互式表单，对网页进行整体细化和美化。

4. 网站的发布

在局域网本地 IIS 建站发布网站，申请域名和虚拟主机将网站发布。

11.4 相关知识

11.4.1 相关概念

1. 网页(web)

网页，是网站上的某一个页面，其为一个纯文本文件，是向浏览者传递信息的载体，以超文本和超媒体为技术，采用 HTML、CSS、XML 等语言来描述组成页面的各种元素，包括文字、图像、音乐等，并通过客户端浏览器进行解析，从而向浏览者呈现网页的各种内容。

网页是一个纯文本文件，通过HTML、CSS等脚本语言对页面元素进行标识，然后由浏览器自动生成的页面。构建网页的基本元素包括文本、图像和超链接，其他元素包括声音、动画、视频、表格、导航栏、表单等。

目前，常见的网页有静态网页和动态网页两种；静态网页的URL通常以htm、html、shtml、xml等形式为后缀，而动态网页的URL一般以asp、jsp、, php，perl.，cgi等形式为后缀。从网页制作者使用的不同技术来看，也可以将网页分为ASP、ASP. NET、JSP、PHP等多个种类。

2. 网站(Website)

网站是指在互联网上，根据一定的规则，使用HTML等工具制作的用于展示特定内容的相关网页集合，其建立在网络基础之上，以计算机、网络和通信技术为依托，通过一台或多台计算机向访问者提供服务。平时所说的访问某个站点，实际上访问的就是提供这种服务的一台或多台计算机。

网站是Internet发布和传播信息的计算机系统。一般地，网站是由网站的空间、文件、资源和地址组成的。用户可以通过各种浏览器对其进行访问，网站通常是由许多网页组成的，网页组成网站的各个栏目。

3. Web服务器

Web服务器可以解析HTTP协议。通俗地讲，Web服务器传送页面使浏览器可以浏览。确切地说，Web服务器专门处理HTTP请求。在Internet上所浏览的各种网站，归根到底其实就是用浏览器打开存储于Web服务器上的网页文档及其他相关资源。

利用Dreamweaver网页设计软件，可以在本地计算机上创建出站点的框架，从整体上对站点全局进行把握。在站点设计完毕，可以利用各种上传工具，例如FTP程序，将本地站点上传到Web服务器上以形成Web站点，供广大用户浏览。

4. 网页制作工具Dreamweaver

Web页的制作不是用一个工具、一个程序就能完成的，由于网页内容的多样化，需要对不同形式的对象进行编辑就需要用到不同的应用工具。网页又分为静态和动态两种。初期的网页都是静态的，一般只有文字、图形、图像等，用户只能被动地接收这些信息。因此，这一类Web的服务仅限于提供大量的信息。而随着网络的发展，人们希望Web能反馈用户所提交的信息要求，更有效率而准确地提供相关内容，使得用户与站点之间具有交互性。所以动态的网页利用HTML的表单收集用户信息，并把信息要求发送到服务器端，服务器根据具体的需要生成内容符合用户要求的内容，并按照动态页面指定的格式回送到客户端浏览器。动态页面数据处理的要求比静态页面强得多，所以仅用HTML是不能满足这种需求的，还必须要有编写动态网页的语言，例如CGI、ASP、PHP加上数据库等，这属于网页的高级应用。

目前常用的网页设计工具有InterDev、Dreamweaver等。其中由Macromedia公司开发出来的Dreamweaver以其强大的操作功能和方便的操作，赢得了网页制作专业人士的青睐，成为专业制作网页的首选工具。Dreamweaver是Macromedia公司开发的集网页制作和管理网站于一身的“所见即所得”网页编辑器，利用其可以轻而易举地制作出跨越平台限制和跨越浏览器限制的充满动感的网页。Dreamweaver、Flash以及之后推出的针对专业网页图像设计的Fireworks，三者被称为“网页三剑客”，几乎是每个网页设计者必须学习使用的工具套件。Dreamweaver工作界面如图11.1所示。

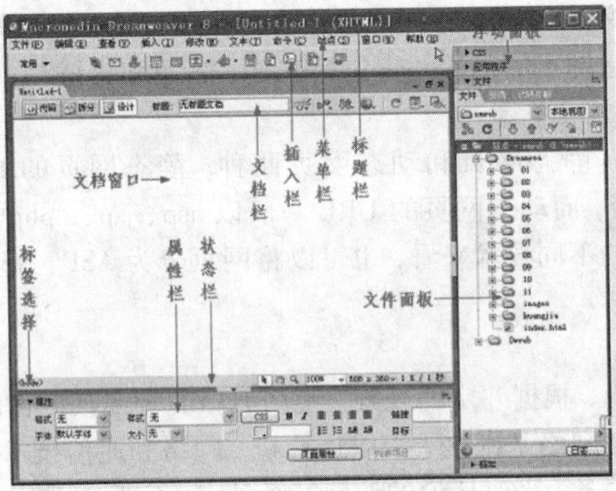

图 11.1　dreamweaver 工作界面

Dreamweaver8 的标准工作界面包括：标题显示、菜单栏、插入面板组、文档工具栏、标准工具栏、文档窗口、状态栏、属性面板和浮动面板组。

11.4.2　汽车电子商务网页总体规划设计

1. 汽车电子商务网站建设

汽车电子商务网站建设步骤如图 11.2 所示。

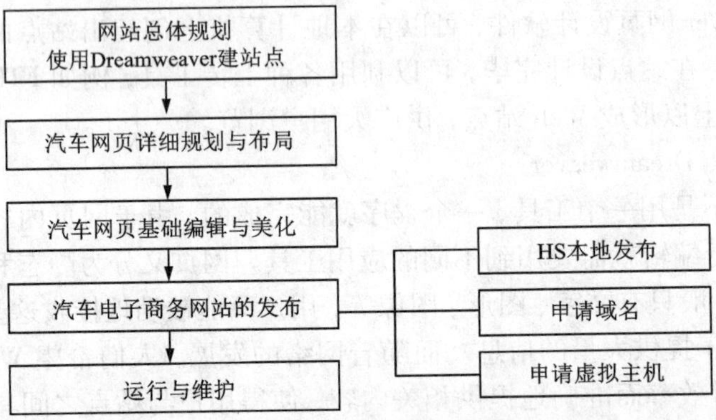

图 11.2　汽车电子商务网站建设步骤

使用 Dreamweaver 软件建立站点实施流程如图 11.3 所示。

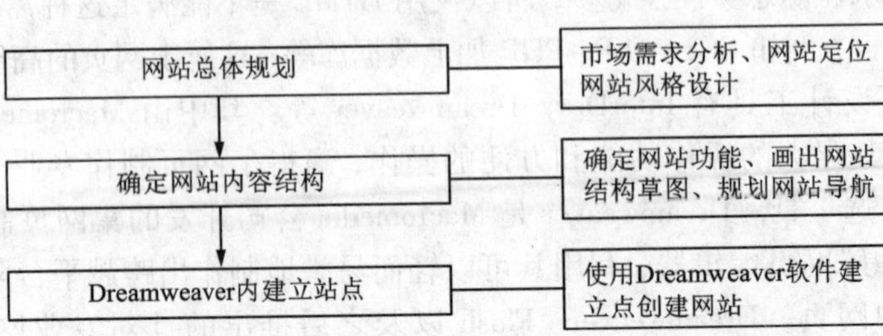

图 11.3　使用 Dreamweaver 软件建立站点实施流程

2. 网站总体规划

网站的总体规划与设计是网站建设的第一步。在这一步上，需要对网站进行整体分析，明确网站的建设目标、确定网站的访问对象、网站的风格等各方面的内容。这一步是网站建设成功与否的前提，因为所有的后续步骤都必须按照第一步的规划与设计来实施。网站的总体规划包含以下三个方面。

1）市场需求分析

汽车企业要适应迅猛发展的网络信息时代，必须建立电子商务B2C网站。某汽车企业由于成立时间不长，知名度不高，销售渠道单一，全靠传统的店面和老客户维持经营，客户面狭隘，交易方式落后。为此该企业首先需要宣传公司和产品，并尽可能增加受众，而新客户了解公司服务最快的途径就是建立网站；对于老客户或较稳定的受众，需要为其提供更方便快捷的服务，现在网民早已适应电子商务的生活，汽车配件的特点又特别适合B2C电子商务模式，因此配件网站必须具备电子商务B2C的功能，让客户足不出户就能享受相应的产品和服务。

2）网站定位

网站定位就是网站在Internet上扮演什么角色，要向目标群（浏览者）传达什么样的核心概念，通过网站发挥什么样的作用。因此，网站的定位相当关键，换句话说，定位是网站建设的策略，网站架构、内容、表现等都围绕这些定位展开。根据不同人群访问心理，本汽车企业的网站要达到以下几点要求。

（1）网站管理员期望网站的后台管理功能强大、能够很方便地分配其栏目的会员管理权限。

（2）网站内容维护员期望网站的后台栏目模块分布既详细又细致，这样维护起来会很方便快捷。

（3）信息发布维护员期望网站有强大的信息发布管理平台，能对信息的发布、设置热点、添加图片等管理一目了然。

（4）网站注册会员期望更多地了解公司的现状、规模、服务、政策、在线购买等服务，并且可以用"即时通"进行交流。

（5）网站一般浏览者期望能很快地了解公司的背景、服务、现状，并能很快地找到自己感兴趣的内容，进行咨询和购买引导服务。

根据以上分析，某汽车企业网站定位如下：

（1）结合国内外先进技术，树立公司互联网文化新形象。

（2）建立全面而又安全的商品发布、出售平台。

（3）建立完善的网上信息沟通平台。

（4）形成良性发展，使网站能够形成自我增值。

（5）建立完善的网上服务系统和用户管理系统。

（6）提高公司管理、运营效率。

（7）整合公司的产品、服务，进行统一风格定位、展示。

3）网站风格设计

风格是抽象的，往往无法用一个具体的物体来描述，其为用户对网站整体形象的一种感觉。这个整体形象包括网站标志、色彩、版面布局、交互方式、文字编排、图片、动画等诸多因素。

风格又是独特的，是网站最不同于其他网站的地方。统一的风格使用户无论处在网站的哪一个网页，都明确知自己在访问的是这个网站。

站点中的网页风格应该具有统一性，这样既能够突出站点要表述的主题，同时也能够帮助用户快速了解站点的结构和浏览机制。网站风格的统一体现在两个方面，即色彩在网页设计上统一和网站版式的统一。

(1)网页色彩的搭配。网站的色彩搭配通常分为两个步骤，第一步就是为整个网站选取一种主色调，第二步再为主色调搭配多种适合的颜色。主色调指的是整个网站给人印象最深的颜色，或者说除白色之外用得最多的颜色。

选好主色调之后，接下来要考虑的就是在什么地方使用主色调。主色调最常表现在三个位置，首先是顶部，也就是网页最上面的部分，通常包含导航条。顶部是最能体现主色调的地方，所以所有的网站都会在顶部表现主色调。其次是栏目索引条上，栏目索引条虽然面积小，但是出现在网页的各个部位，所以能非常有效地渲染主色调。最后是网页上的文字，文字笔画虽细，但大面积的文字也能很好地突出主色调。接着要考虑的是别的地方使用什么颜色去搭配这种主色调，比如背景颜色、文字颜色、导航条颜色、插图颜色等都如何选择。

色形搭配是一项非常精细的工作，因为往往一个细节就会影响整个网页的色彩均衡。色彩搭配没有固定的模式与步骤，但是如果从大面积用色到小细节去搭配颜色，会使得这项工作更 轻松一些。

(2)版面风格布局。网站分为很多不同的网页，比如主页、栏目首页、内容网页等，不同的网页需要不同的版面布局。网站的所有网页组成的是一个层次型结构，每一层网页都需要建立到下一层网页的超链接索引，所以网页所处的层次越高，网页中的内容就越丰富，网页的布局就越复杂。但众多的网页如果结构过于分散，读者会有视觉和心理的疲劳。因此网站在版面布局上要保持统一风格，切忌杂乱无章。

网站在版面布局上的另一个特点，就是从网站层次型结构的顶层主页到最底层的内容网页，版面布局不断简化。如果将这个特点反过来，便得到了网站在进行版面布局设计时应采用的原则，那就是首先对主页进行版面布局，其次在主页布局的基础上对栏目首页进行版面布局，最后对内容网页进行版面布局。

4)确定网站内容结构

(1)画出网站结构图。

根据企业对网站的要求，网站中必须涉及公司的产品介绍、后台管理、B2C交易、订单管理等主题内容。经过分析，需要四个内页网页来展示这个网站的主题，结构如图11.4所示。

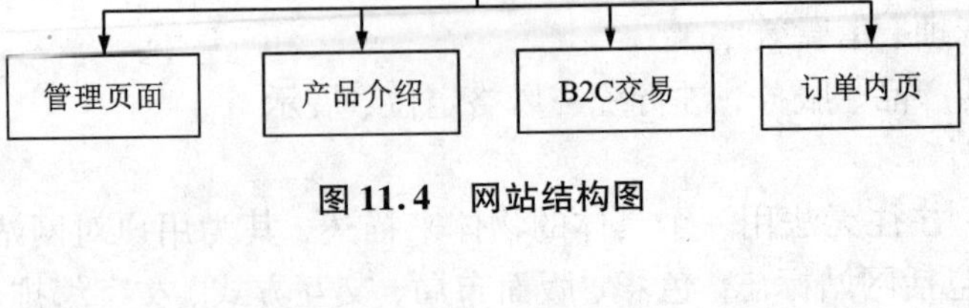

图11.4 网站结构图

(2)确定网站内容和功能。

一般来说，网站都有几个主要的栏曰，这些栏目是网站的核心内容，体现了网站的核心价值。合理的栏目安排，可以使网站的作用更大、效率更高，使浏览网站的用户更方便、直接地浏览到自己所需要的内容。

①主页。主页是浏览者上网之后所看到网站的第一个内容，它是网站的门面。网站以简单明快的理念为基础，网站的首页不会设计很繁复的内容，而是简单大方地展示出本网站的功能，即产品展示和交易。

②管理页面。提供汽车配件的各个车系资料，包括某些汽车品牌车型和类别，并提供后台管理编辑功能。

③产品介绍。提供汽车产品的基本情况，包括生产日期、零件编号、产品状态、价格等。详细地为浏览页面的客户提供全面的零件指南。

④B2C 交易。网站最主要功能是提供 B2C 交易功能，所以需要完整的购物流程网页，包括购物车和支付等。

⑤订单内页。当交易完成后，管理员和客户可登录查看订单最新状态和完成情况。

(3)规划站点的导航。

一个优秀的站点，应该具有明确的导航系统，避免使用户在页面上迷失方向，找不到自己想要浏览的内容。在规划站点的导航时，应做到以下几个方面。

①返回首页链接。一般在站点的每个页面上都有首页的链接，方便用户回到开始的地方，寻找新的导航目标。同时，当用户在页面上迷失方向时，可以返回首页，重新开始。

②导航标题明确。导航标题文字或图像具有明确的导航指示作用，标题性文字一般是页面内容的概括，例如零件详情，用户一看到该标题文字，就可知道该链接的内容是零件的详细资料，如果想对该零件作进一步了解，单击该链接即可。

11.4.3　汽车电子商务网站设计

1. 建立本地站点

搭建站点可以有两种方法，一是利用向导完成，二是利用高级设定来完成。在搭建站点前，我们先在自己的电脑硬盘上建一个以英文或数字命名的空文件夹。

(1)选择菜单栏—站点—管理站点，出现“管理站点”对话框。点击“新建”按钮，选择弹出菜单中的“站点”项。

(2)在打开的窗口上方有“基本”和“高级”两个标签，可以在站点向导和高级设置之间切换。下面选择“基本”标签。

(3)在文本框中，输入一个站点名字以在 Dreamweaver 中标识该站点。这个名字可以是任何你需要的名字。单击“下一步”。出现向导的下一个界面，询问是否要使用服务器技术。

(4)我们现在建立的是一个静态页面，所以选择“否”。

(5)点“下一步”，在文档框设置本地站点文件夹的地址。

(6)点“下一步”，进入站点定义，我们将在站点建设完成后在与 FTP 链接，这里选择“无”。

(7)单击“完成”按钮，结束“站点定义“对话框的设置。

(8)单击“完成”按钮，文件面板显示出刚才建立的站点。

2. 搭建站点结构

站点是文件与文件夹的集合，下面我们根据前面对 xmweb 网站的设计，来新建 xmweb 站点要设置的文件夹和文件。

新建文件夹，在文件面板的站点跟目录下单击鼠标右键，从弹出菜单中选择“新建文件夹”项，然后给文件夹命名。这里我们创建新建 8 个文件夹，分别命名为：img、med、swf、txt、css、js、moan 和 fy，如图 11.5 所示。

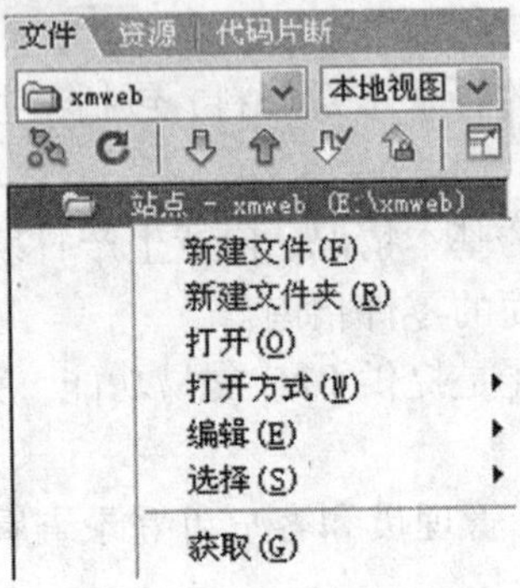

图 11.5　新建文件夹

创建页面，在文件面板的站点跟目录下单击鼠标右键，从弹出菜单中选择“新建文件”项，然后给文件命名。首先要添加首页，我们把首页命名为 index. html，再分别新建 01. html、02. html、03. html、04. html 和 05. html，如图 11.6 所示。

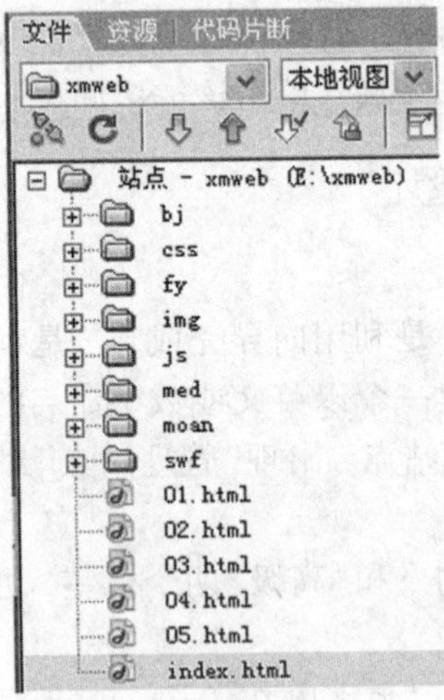

图 11.6　创建页面

3. 文件与文件夹的管理

对建立的文件和文件夹，可以进行移动、复制、重命名和删除等基本的管理操作。单击鼠标左键选中需要管理的文件或文件夹，然后单击鼠标右键，在弹出菜单中选“编辑”项，即可进行相关操作。

4. 页面的总体设置

1) 设置页面的头内容

头内容在浏览器中是不可见的，但是却携带着网页的重要信息，如关键字、描述文字等，还可以实现一些非常重要的功能，如自动刷新功能。

鼠标左键单击插入工具栏最左边按钮旁的下拉小三角，在弹出菜单中选择“HTML”项，出现“文件头”按钮，点开下拉菜单，就可以进行头内容的设置了，如图11.7所示。

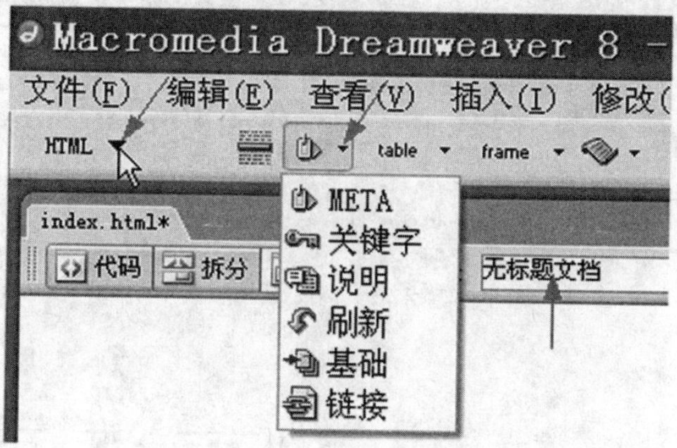

图11.7　页面头内容

设置标题，网页标题可以是中文、英文或符号，显示在浏览器的标题栏中。在设计窗口上方的标题栏内输入或更改，就可以完成网页标题的编辑了。

插入关键字，关键字用来协助网络上的搜索引擎寻找网页。

插入META，META标记用于记录当前网页的相关信息，如编码、作者、版权等，也可以用来给服务器提供信息。单击上图所示的“META”项，弹出“META”对话框，在“属性”栏选择“名称”属性，在“值”文本框中输入相应的值，可以定义相应的信息。

2）设置页面属性

单击“属性栏”中的“页面属性”按钮，打开的“页面属性”对话框，如图11.8所示。

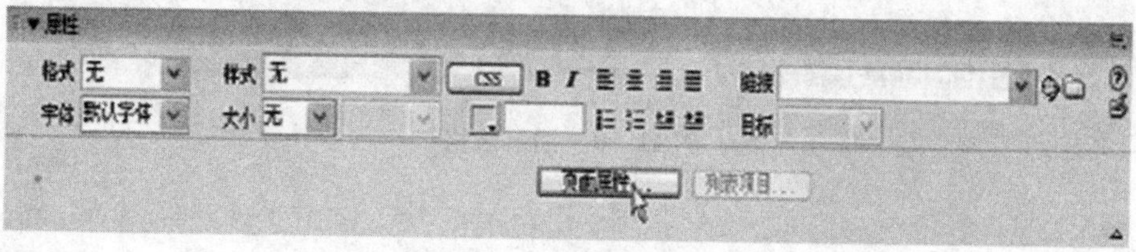

图11.8　页面属性设置

设置外观，“外观”是设置页面的一些基本属性。我们可以定义页面中的默认文本字体、文本字号、文本颜色、背景颜色和背景图像等。

设置链接，“链接”选项内是一些与页面的链接效果有关的设置。“链接颜色”定义超链接文本默认状态下的字体颜色，“变换图像链接”定义鼠标放在链接上时文本的颜色，“已访问链接”定义访问过的链接的颜色，“活动链接”定义活动链接的颜色。“下划线样式”可以定义链接的下划线样式。

设置标题，“标题”用来设置标题字体的一些属性。如图11.9所示，在左侧“分类”列表中选择“标题”，这里的标题指的并不是页面的标题内容，而是可以应用在具体文章中各级不同标题上的一种标题字体样式。我们可以定义“标题字体”及6种预定义的标题字体样式，包括粗体、斜体、大小和颜色。可按自己喜欢的风格进行设置。

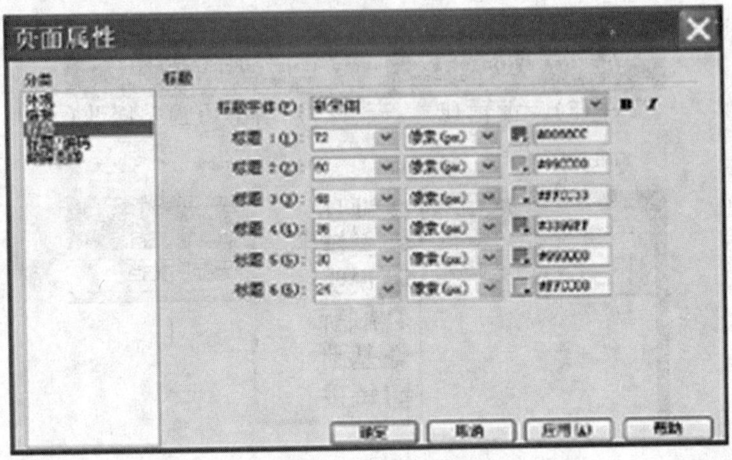

图1.9　标题设置

5. 网站表格设计

1)插入表格

在文档窗口中，将光标放在需要创建表格的位置，单击“常用”快捷栏中的表格按钮弹出的“表格”对话框，指定表格的属性后，在文档窗口中插入设置的表格，设置相关参数，如图11.10、图11.11所示。

图11.10　插入表格

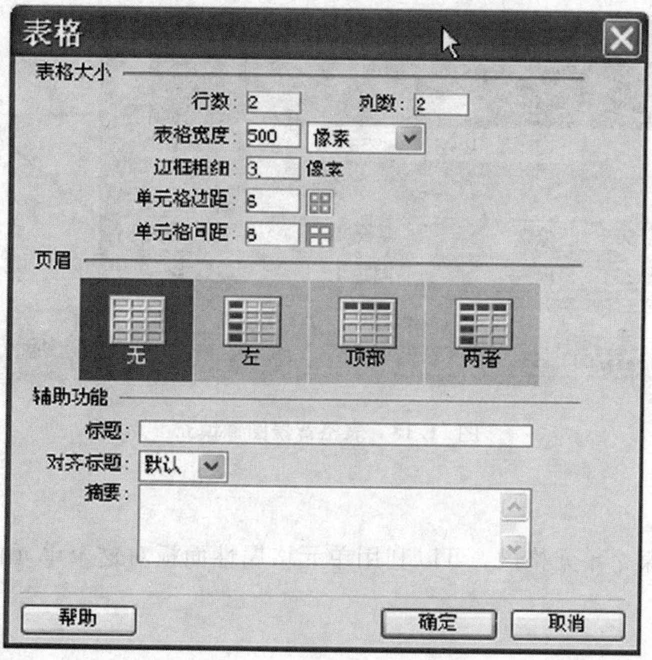

图 11.11　表格参数设置

2)设置表格属性

选中一个表格后，可以通过属性面板更改表格属性，如图 11.12 所示。

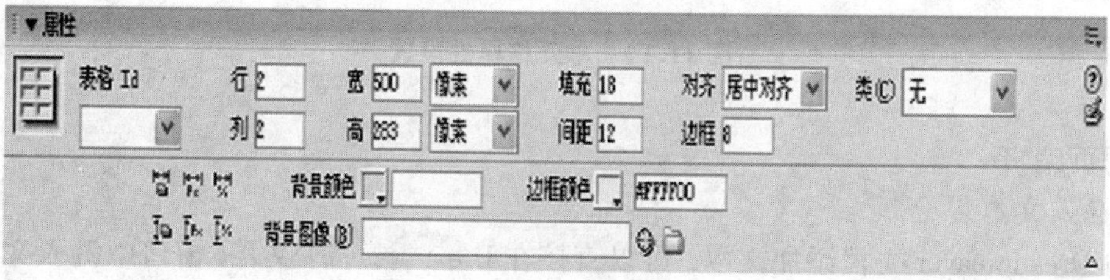

图 11.12　表格属性设置

“填充”文本框用来设置单元格边距，“间距”文本框用来设置单元格间距。

“对齐”下拉列表框用来设置表格的对齐方式，默认的对齐方式一般为左对齐。

“边框”文本框用来设置表格边框的宽度。

“背景颜色”文本框用来设置表格的背景颜色。

“边框颜色”用来设置表格边框的颜色。

在“背景图像”文本框填入表格背景图像的路径，可以给表格添加背景图像，也可以如下图所示给文本框加上链接路径，还可以单击文本框后的“浏览”按钮，查找图像文件。在“选择图像源”对话框中定位并选择要设置为背景的图片，单击“确认”按钮即可，如图 11.13 所示。

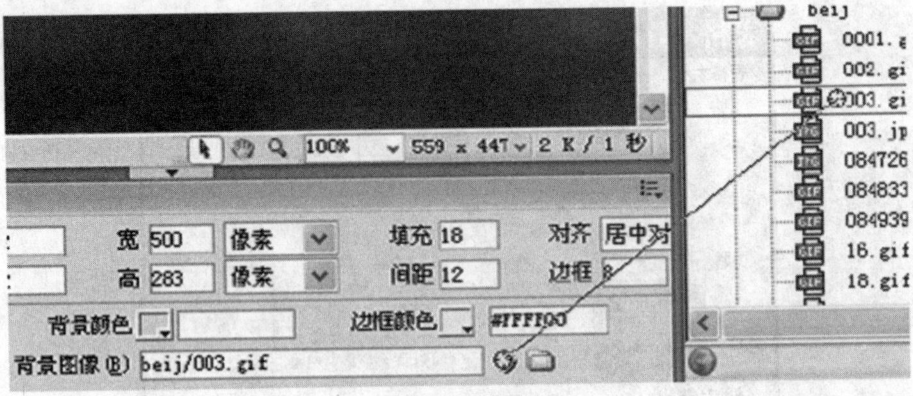

图 11.13　表格背景图像填充

3）单元格属性

把光标移动到某个单元格内，可以利用单元格属性面板对这个单元格的属性进行设置，如图 11.14 所示。

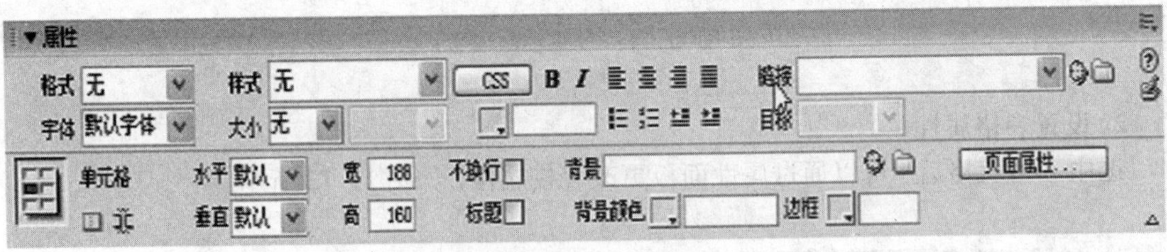

图 11.14　单元格属性设置

4）网页编辑

（1）插入文本

要向 Dreamweaver 文档添加文本，可以直接在 Dreamweaver“文档”窗口中键入文本，也可以剪切并粘贴，还可以从 word 文档导入文本。

用鼠标在文档编辑窗口的空白区域点一下，窗口中出现闪动的光标，提示文字的起始位置，将文字素材/粘贴进来。

编辑文本格式。网页的文本分为段落和标题两种格式。在文档编辑窗口中选中一段文本，在属性面板“格式”后的下拉列表框中选择“段落”把选中的文本设置成段落格式。“标题 1”到“标题 6”分别表示各级标题，应用于网页的标题部分。对应的字体由大到小，同时文字全部加粗。另外，在属性面板中可以定义文字的字号、颜色、加粗、加斜、水平对齐等内容。

（2）插入图像。

①插图图像时，将光标放置在文档窗口需要插入图像的位置，然后鼠标单击常用插入栏的“图像”按钮，如图 11.15 所示。

图 11.15　插入图像

弹出的“选择图像源文件”对话框，选择文件，单击“确定”按钮。

②设置图像属性。

选中图像后，在属性面板中显示出了图像的属性，如图 11.16 所示。

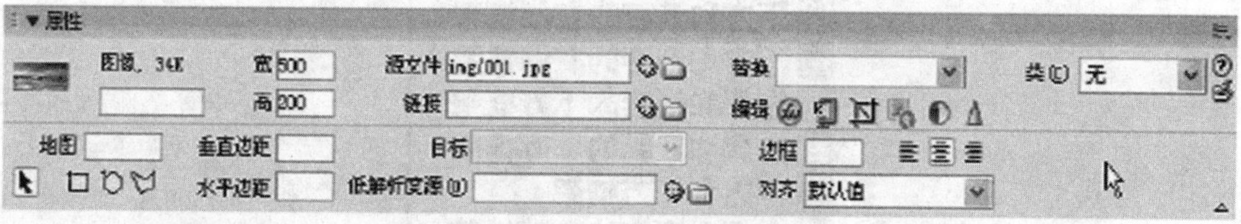

图 11.16　图像属性设置

在属性面板的左上角，显示当前图像的缩略图，同时显示图像的大小。在缩略图右侧有一个文本框，在其中可以输入图像标记的名称。

“水平边距”和“垂直边距”文本框用来设置图像左右和上下与其他页面元素的距离。

“边框”文本框时用来设置图像边框的宽度，默认的边框宽度为0。

“替代”文本框用来设置图像的替代文本，可以输入一段文字，当图像无法显示时，将显示这段文字。

单击属性面板中的  对齐按钮，可以分别将图像设置成浏览器居左对齐、居中对齐、居右对齐。

在属性面板中，“对齐”下拉列表框时设置图像与文本的相互对齐方式，共有 10 个选项。我们可以通过它将文字对齐到图像的上端、下端、左边和右边等，从而可以灵活地实现文字与图片的混排效果。

5）网站框架设计

框架：框架是浏览器窗口中的一个区域，它可以显示与浏览器窗口的其余部分中所显示内容无关的网页文件。

框架集：框架集也是一个网页文件，它将一个窗口通过行和列的方式分割成多个框架，框架的多少根据具体有多少网页来决定，每个框架中要显示的就是不同的网页文件。

（1）创建框架。

在创建框架集或使用框架前，通过选择“查看/可视化助理/框架边框”命令，使框架边框在文档窗口的设计视图中可见。

①新建一个 HTML 文件，在快捷工具栏选择“布局”，单击 “框架”按钮，在弹出的下拉菜

单中选择“顶部和嵌套的左侧框架”，如图 11.17 所示。

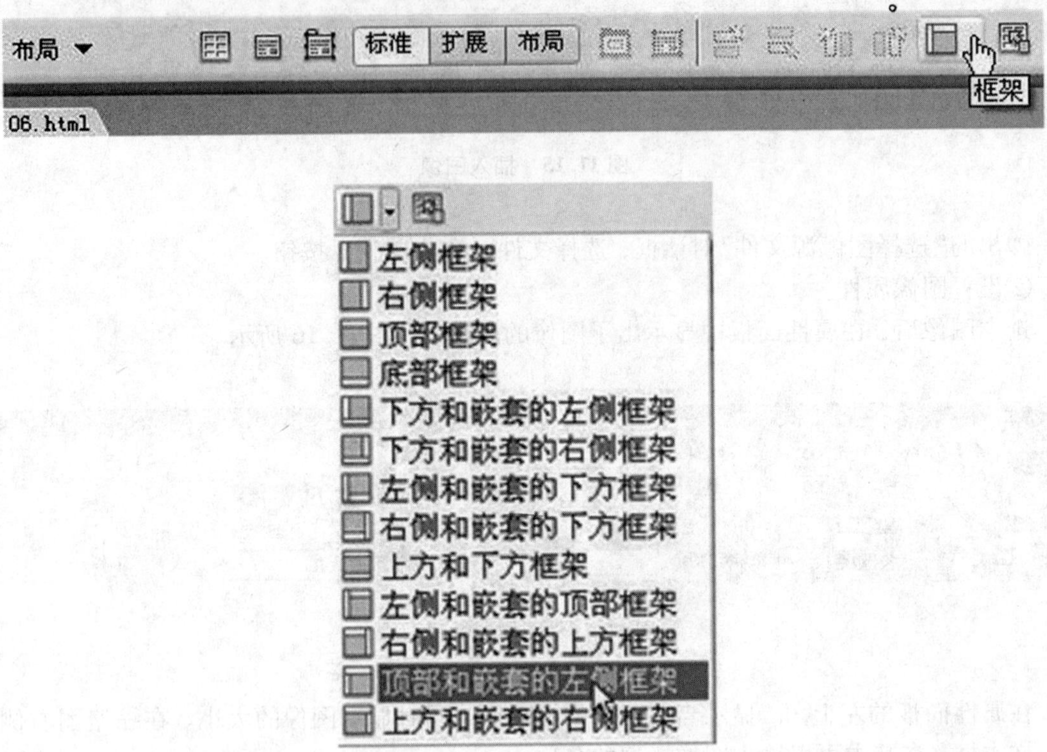

图 11.17　框架的选择

②使用鼠标直接从框架的左侧边缘和上边缘向中间拖动，直至合适的位置，这样顶部和嵌套的左侧框架就完成了。

(2)编辑框架式网页。

虽然框架式网页把屏幕分割成几个窗口，每个框架(窗口)中放置一个普通的网页，但是编辑框架式网页时，要把整个编辑窗口当作一个网页来编辑，插入的网页元素位于哪个框架，就保存在哪个框架的网页中。框架的大小可以随意修改。

①用鼠标拖拽框架边框可随意改变框架大小。

②用鼠标把框架边框拖拽到父框架的边框上，可删除框架。

③设置框架属性时，必须先选中框架。选择菜单栏 > 窗口 > 框架，打开框架面板，单击某个框架，即可选中该框架。选中框架，在属性面板上可以设置框架属性：框架名称、源文件、空白边距、滚动条、重置大小和边框属性等。

(3)制作框架页面。

①选择菜单栏 > 窗口 > 框架，打开框架面板，选中整个框架集，如图 11.18 所示。

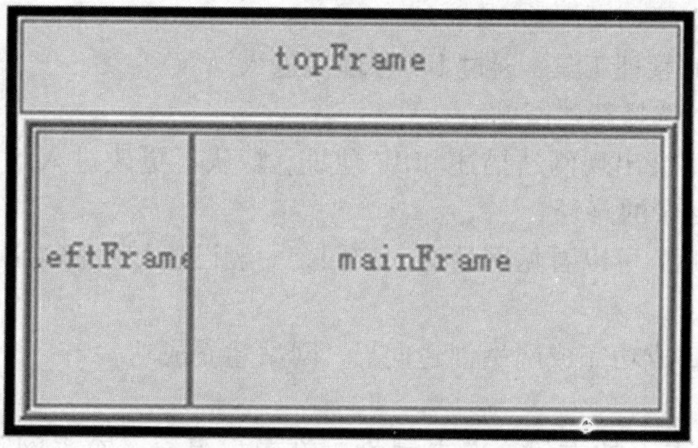

图 11.18　选中框架集

在属性面板中，设置相关参数，如图 11.19 所示。

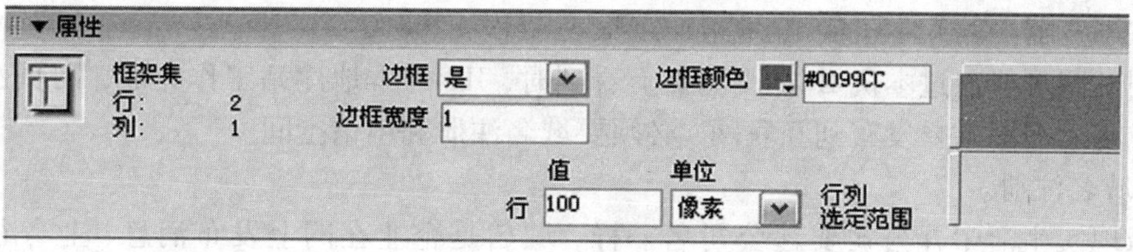

图 11.19　框架属性设置

②选择菜单栏—窗口—框架，打开框架面板，选中子框架集，在属性面板中，设置相关参数。

6）网站的建立与发布

（1）IIS 简介。

网页文件（html 类型）和其他文件（图像文件、flash 文件、多媒体文件等）构成了网站的组成文件，网站的发布就是把网站文件放到可以让客户浏览的服务器中。对于设计者来说，网页的建设发布首先要在本地进行。目前常用的网站发布方式有两种，一种是 UNIX 或 Linux 平台 + Apache 网站服务器，另一种就是最主流的 Windows + IIS。

对于 Windows 来说，IIS 就是标准的网站服务器。IIS 是一种服务，是 Windows 2003Server 系列的一个组件。不同于一般的应用程序，其像驱动程序一样是操作系统的一部分，具有在系统启动时被同时启动的服务功能 o IIS 6.0 是用于 Windows 2003 Server 系列服务器的网络和应用程序服务器，其为建立 Internet/Intranet 酌基本组件之一。

（2）IIS6 的安装。

①需在 Windows Server 2003 系统进行搭建。

②打开控制面板—选择添加删除程序。打开之后单击添加删除组件，弹出组件向导，双击选择应用程序服务器。

③确定下一步安装完成。

④安装后，控制面板的管理工具会出现 IIS 管理器。

(3) IIS 建立网站。

①打开控制面板的管理工具，通过 IIS 管理器进入。

②右键单击网站，选择新建网站。

③单击“下一步”，会出现网站描述和 IP 地址，默认不更改进入下一步。接下来会出现网站主目录，输入主目录的路径

④单击“下一步”后，可以看见网站访问权限，一般设置权限都为读取，为了安全其他不选择。

⑤单击“下一步”，成功完成网站创建向导，网站建立成功。

(4) 配置 IIS 站点。

①在默认 Web 站点上按右键，点击属性，单击主目录，输入网页文件所在的文件夹路径。

②继续单击属性的文档选项卡，配置本地网站的首页文件。

③测试网站是否开通，有以下两种方法。

ⓐ在浏览器中输入默认服务器名 Localhost。

ⓑ在浏览器中输入本机的 IP 地址，如 http://192.168.0.2。

当测试网页能通过本机 IP 在浏览器上看到时，IIS 的本地建站工作完成，网页已在局域网发布成功。而网站要发布到互联网，必须要域名注册和申请空间。

(5) 域名注册。

就像现实生活中开公司要起公司名一样，域名是企业在网上发布消息、业务往来的基础，是企业在互联网上的商标。全球任何一个互联网用户只要知道企业的域名，就可以立即访问该企业网站。很多域名注册通过域名注册代理商进行。

以阿里巴巴的万网为例，说明域名注册的过程。

ⓐ首先打开万网网站 http://www.net.cn/。

为了注册域名，可以先注册万网的会员，单击会员注册，填写相应表格，就可以得到一个会员号，如果不注册会员也可以继续申请域名。

ⓑ注册域名时先查询一下，要注册的域名是否已经被注册。

ⓒ如果域名没有被注册，就可以直接在线注册域名，非常方便，选择要注册的域名，单击加入购物车，然后去购物车结算。

ⓓ用支付宝结算购买完域名后，单击域名列表，可以查询已经注册的域名，完成域名注册，这时再查询域名是否被注册，其将显示已注册。

(6) 申请虚拟主机。

虚拟主机是指租用互联网服务提供商(ISP)服务器的硬盘空间，使用特殊的 Web 技术，把一台计算机主机服务器分成若干个虚拟的主机，每一台虚拟主机都有独立的域名和 IP 地址，具有完整的互联网服务功能。同一台服务器上的各个虚拟主机相对独立、互不干扰，可由用户自行管理，对访问者来说，虚拟主机和一台独立的主机服务器完全一样。

虚拟主机方式由于省去了全部硬件投资和软件平台投资，具有成本较低的优点，每年成本一般是数百元到数千元。但由于许多用户共享服务器，不能支持大量并发访问，另外网站维护也相对麻烦，这是其不足之处。虚拟主机方式适用于搭建小型网站，如现有的企业上网

工程就很适合。通常各个ISP提供的虚拟主机服务条件不完全一样，在选择时要充分比较，认真选择。

ⓐ和域名注册类似，虚拟主机也是要付费的，价格每年从数百元到数千元不等。申请方法也是在线填写相关表格。在万网首页中单击云虚拟主机，非会员单击免费注册，选择产品。

ⓑ选择服务期限，确认订单，单击立即结算。

ⓒ选择支付方式，单击“网上银行支付”或“线下支付”。

ⓓ支付成功，结算业务，完成购买，即可以进入会员区左侧万网主机管理查看产品信息。同时系统会发业务成功通知信，按照所收到的成功通知书中要求立即办理ICP备案。

11.5　课程实施

11.5.1　教学方法建议

在教学过程中，应立足于加强学生实际动手操作能力的培养，采用任务驱动法、情景教学法等教学方法，以工作任务引领提高学习兴趣，激发学生学习的热情，加强学生的表达沟通能力和创新能力；所设计汽车电子商务网站应重视行业实际，贴近企业。

11.5.2　教学条件及资源基本要求

1. 目标企业

学校和企业共建的实习、实践基地包括汽车企业，二手车营销服务企业和汽车售后服务企业，能提供汽车电子商务实践所需的主营业务和运行状况。

2. 主要设备和软件

主要设备和软件：电脑和Dreamweaver软件。

11.6　参考资料

1. 参考教材

[1]彭鹏，彭思喜. 汽车电子商务[M]. 北京：机械工业出版社，2016.

[2]郑喜昭. 汽车电子商务一体化项目教程[M]. 上海：上海交通大学出版社，2012.

[3]付蕾，韩慧. 电子商务综合实训[M]. 北京：清华大学出版社，2005.

[4] 王君学，郭亮. Dreamweaver 8中文版网页制作基础(第2版)[M]. 北京：人民邮电出版社，2013.

[5]李洋. 汽车电子商务[M]. 北京：人民交通出版社，2017.

[6]徐林海. 电子商务实验实训教程[M]. 湖南：东南大学出版社，2016.

2. 网络学习资源

[1]瓜子网：https：//www. guazi. com/

[2]汽车之家：https：//www. autohome. com. cn/
[3]上汽大众：https：//www. svw - volkswagen. com/

11.7 报告

实践报告中应包括以下主要内容。

一、目的、意义

二、计划及安排

三、汽车电子商务网站总体规划

四、汽车电子商务网站设计

五、网站的建立与发布

六、总结及收获

项目 12　汽车国际贸易实践

12.1　目的和基本要求

汽车国际贸易又称国际汽车贸易，是指国家(地区)与国家(地区)之间所进行的汽车商品和劳务的交换活动的总称。自加入世界贸易组织(WTO)以来，我国与其他国家(地区)间的汽车国际贸易活动日益频繁。随着我国市场经济的飞速发展和汽车制造业水平的迅速提升，我国每年对外出口汽车贸易量持续走高，同时国民消费水平的增长使得汽车进口需求不断攀升。因此，保证汽车国际贸易良好有序进行，则要求掌握汽车国际贸易过程中所涉及的基本知识与完整流程，并能熟练完成汽车国际贸易的各个环节。

本实践项目的目的是：在全面掌握汽车国际贸易基本理论知识的基础上，较系统地掌握汽车国际贸易的相关政策、法规和有关条例规定；通过对汽车国际贸易合同的谈判、签订和履行等环节的实践模拟，进一步体会国际贸易的运作模式，掌握汽车国际贸易的各个运作流程，熟悉汽车国际贸易合同等相关文件的制订，从而培养汽车服务工程专业学生的专业综合素质，提高综合实践技能。

12.2　学习目标

总体目标：

根据汽车服务工程专业人才培养目标、岗位(群)需求和前后续课程的衔接，统筹考虑和选取教学内容；根据汽车国际贸易领域和职业岗位(群)的任职要求，参照相关的职业资格标准，制订实践项目，使项目更加符合应用型工程技术教育的特点和规律。重视实践教学在高素质应用人才培养过程中的作用，体现教学过程的实践性、开放性和职业性。教学方法、手段运用上，基于行动导向的教学和工程技能实践的一体化；教学情景设计上，设计了汽车国际贸易的关键环节流程，注重学习与实际工作的一致性；教学组织实现了真正意义上的“理实一体化”教学。促使学生学会在实践中学习，增加学生的感性认识和亲身体会，为今后从事汽车国际贸易领域工作做好准备。

12.2.1 专业能力

(1)具有汽车国际贸易的基本理论知识和问题分析能力；

(2)具有汽车国际贸易领域基本业务能力，能熟练进行汽车国际贸易合同等相关文件的制订与撰写。

12.2.2 社会能力

(1)计划、组织和交流的能力，有效利用资源和信息，提高学习效率；

(2)遵守职业道德和规范，履行职责的能力。

12.2.3 方法能力

(1)运用所学知识发现、分析和解决问题的能力；

(2)运用现有条件完成汽车国际贸易相关业务的能力。

12.3 课题设计及内容

12.3.1 情景设计

假定我国某车企拟对外出口一批汽车整车，由两组学生分别担任虚拟买方和虚拟卖方，买卖双方按照相关政策、法规和有关条例规范，虚拟完成某汽车出口贸易合同(FOB 条款)编制。

12.3.2 课题内容

(1)设计一汽车出口贸易交易情景及交易流程；

(2)完成汽车出口贸易合同(FOB 条款)编制。

12.3.3 要求

(1)所设计的汽车出口贸易交易情景符合常见的汽车出口贸易交易模式，并满足相关规范文件的基本要求；

(2)阐述出口贸易程序，要求交易行为、交易资料符合国家相关规定；

(3)编写的汽车出口贸易合同应符合《2010 年国际贸易术语解释通则》等文件规范。

12.4 相关知识

12.4.1 汽车国际贸易合同中的价格

合同中的价格条款主要包括两项基本内容：商品的单价和商品的总值。单价由四部分组成：计量单位（如：辆）、单位价格金额（如：1000）、计价货币（如：人民币）以及价格术语（如FOB上海）。总值是单价和商品成交数量的乘积，是一笔交易的货款总额。在单价确定时，涉及价格术语的选用、计价货币的选择、佣金、折扣等诸多因素。因此，在确定单价时，应充分考虑各方面的因素，使单价比较合理，对己方比较有利。

12.4.2 汽车国际贸易合同装运条款

装运条款的主要内容包括装运时间、装运港、目的港等条款。

1. 装运时间

装运时间是指货物在装运港装船的时间，在FOB、CIF、CFR等价格术语下，货物的装运时间与交货时间一致，卖方在装运港将货物装上运输工具即为完成交货义务。在目的港交货如DES、DEQ及其他目的地交货的价格术语下，装运时间和货物的交货时间不同。在不同的价格术语下，双方货物交接过程中的责任也不相同。

2. 装运港和目的港

1）装运港

装运港是货物起始装运的港口。通常情况下，装运港只规定一个。在实际业务中，当货物数量较大时，也可规定两个或两个以上。在双方成交时不能确定具体装运港，或确定具体装运港有困难时，可以采用选择港。

2）目的港

目的港是指货物的卸货地点。通常情况下，目的港只规定一个。在实际业务中，根据需要也可规定两个或两个以上。在双方成交时不能确定目的港，或确定具体目的港有困难时，可以采用选择港，选择港可以确定两个或两个以上。

12.4.3 汽车国际贸易合同保险条款

保险条款是汽车国际贸易合同中涉及双方的利益的一项重要内容。在货物运输过程中，一旦出险，双方须根据保险条款的规定，具体同保险人办理索赔工作，因此合同中对保险条款要订立明确、合理。

1. 保险条款的内容

合同中保险条款的内容主要有：保险方、险别、金额、保险条款和生效期等。

1）保险方

在国际贸易中，保险方是根据合同所采用的价格术语确定办理保险的对象。以FOB或CFR价格术语成交的合同由买方办理保险，缴纳一定数额的保险金，承担货物在运输过程中灭失或损坏的风险；以CIF或CIP价格术语成交的合同由卖方办理货运保险，支付保险费用，运输中的风险由卖方承担。

2）险别

保险险别要根据具体商品的特性进行选择，同时加保合适的附加险。在中国汽车出口贸易以CIF或CIP条件成交时，保险办理按照中国人民保险公司现行的货物运输保险险别，结合运输途中海上风险的程度，由双方约定担保的具体险别。

3）金额

投保金额是保险人所应承担的最高赔偿金，通常由双方协商决定。在出口商品时，根据国外商人的要求，可另外增加一项“保险加成”。据国际保险市场的解释，“保险加成”是买卖人的预期利润，可在出险时获得一些收益。

4)保险条款

中国通常以中国人民保险公司1981年1月1日生效的《货物运输保险条款》为准。在实际业务中，如遇客户要求以英国伦敦保险业协会货物保险条款为准时可酌情接受。

2. 保险费和保险费率

保险费是指投保人在投保保险时向承保人所缴纳的费用，保险费率是计算保险费的比例。在承保人确定对所承保货物的收费比例时，要根据被保险货物的危险程度、损失率以及经营费用确定，因而不同商品、不同航程、不同险别情况下的保险费率不同。

12.4.4 汽车国际贸易合同包装条款

1. 包装条款的内容

国际贸易中，交易双方在洽商交易时，必须就包装的条件谈妥，因为包装条件涉及买卖双方的利益，要在合同中具体订明。包装条款一般包括包装材料、包装方式、包装规格、包装标志及包装费用的负担等内容。

2. 订立包装条款时应注意的事项

在订立包装条款时，为使合同能顺利履行，避免出现问题而发生纠纷，需要注意下列事项：

(1)根据商品的特点和运输方式的不同，确定具体的包装形式。在选用包装材料、包装规格和包装标志时，必须从商品在储运和销售过程中的实际出发，使包装科学化，在保证合理安全的同时，还要节省。

(2)对包装的规定要具体明确，不能笼统定义，不要采用“海运包装”和“习惯包装”之类的术语。因为此类术语含义模糊，解释不一，容易产生纠纷。

(3)对包装的费用负担要明确。包装由哪一方来供应，一般有三种情况：第一，由卖方供应包装，包装同商品一块交给买方。第二，由卖方供应包装，交货后，卖方将原包装收回，比如装运汽车配件的集装箱，卖方要收回。但关于原包装返给卖方的费用由何方负担，要作具体规定。第三，由买方供应包装或包装物料，此时要规定买方提供包装和包装物料的时间，以及包装和包装物料未能及时提供而影响发运时间买卖双方所负的责任，并要订明在合同中。关于包装费用，一般包括在物价之内而不另计收取，有时也规定由买方另外支付，具体由何方负担应在包装条款中订明。

12.4.5 汽车国际贸易合同支付条款

支付方式是指进口人支付合同货款给出口人所采用的具体方法。目前，支付方式主要有三种：汇付、托收和信用证。

1. 汇付

在国际贸易中，汇付是指付款人以一种支付工具，通过银行将货款直接寄交给出口人的行为，通常也被称为汇款。在贸易业务中，如果债务人将款项主动支付给债权人，支付工具的流动方向与支付方式的传递方向相同，则习惯上将这种支付方式叫做“顺汇”方式。

2. 托收

在国际贸易结算中，凭商业信用进行交易的结算方式还可采用托收。所谓托收，是指根据合同的规定，卖方在装货后开出汇票(有时随附提单等货运单据及其他单证)，委托当地银行通过买方所在地的分行或代理行向买方收取货款的支付方式。由于利用这种方式结算时支付工具的流动方向和支付方式的传递方向相反，所以托收方式属于“逆汇”的范畴。

3. 信用证

在国际贸易结算中，使用建立在商业信用基础上的付汇和托收方式，有时不能完全适应现代国际贸易发展的需要。例如出口人不信任进口人，担心在收到货款之前，如果将货物运单据交给对方，货款可能会落空。即使通过银行办理托收，也可能有遭受拒付的危险。同时，进口人也可能不信任出口人，在预付货款的情况下，如果对方不发货或者发出的货不符合合同的有关规定，会给买方带来不利。总之，双方都不愿意把钱和货先交给对方，存在着信用矛盾问题。在这种情况下，就出现了银行保证付款的信用结算方式——信用证支付方式，它在一定程度上解决了买卖双方之间的信用矛盾，同时也为进出口双方提供了资金融通的便利。信用证支付方式已成为国际贸易业务中的主要支付方式。

12.4.6　汽车国际贸易合同交货条款

(1)如果买卖双方没有商定另外的协议，所有合同车辆应按照《2010 年国际贸易术语解释通则》中规定的 FOB 术语构成逗上海港船上交货价要求进行交货。买方负责合同车辆从上海港到达目的地的运输任务。合同车辆的运费和保险费由买方承担。

(2)卖方应该按照合同规定的时间和港口习惯做法将合同车辆运到上海港。

(3)当买方按照合同条款支付了合同车辆货款的时候，合同车辆的所有权由卖方转移给了买方。

(4)由于晚发货、丢失车辆和发错货、多发货、少发货所造成的损失及由此引起的费用应该由卖方承担。

12.4.7　汽车国际贸易合同检验、索赔、不可抗力和仲裁条款

1. 合同中的检验条款

合同中的检验条款直接关系到买卖双方的权利，也关系着交易的成败、经济的得失。在订立检验条款时，既要体现中国对外贸易的方针政策，遵循中国《关于涉外经济合同法》，使合同由法律效果，同时也要运用有关的国际惯例，使合同中的商检条款有利于出口交货和进口收货的验收工作的顺利进行。

在出口合同中采用出口检验，货到目的港，由进口方复验的检验方法。中国对外出口贸易中，货物在装船前，由中国出口口岸商检局对货物进行检验，签发检验证书，作为向银行议付货款的单据。在货物运抵目的港之后，允许进口方有复验权，由进口方目的港所在地的检验机构对货物进行复验，以所签发的检验证书作为索赔的依据。

2. 合同中的索赔条款

合同中的索赔条款有两种规定方式：异议和索赔条款；罚金条款。在一般的商品买卖合同中，通常只订异议和索赔条款。只有在大宗买卖商品和机械设备的合同中，除异议和索赔条款外，还订有罚金条款。

1）异议与索赔条款

异议、索赔条款是合同中处理异议违约责任和索赔的规定条款，包括索赔依据、索赔期限、赔偿损失的办法和赔偿金额等内容。

索赔依据主要规定索赔必须具备的证据和出证机构，主要包括法律依据和事实依据。法律依据是指贸易合同和有关国家的法律规定；事实依据是指事实真相及其书面证明，以证明违约的真实性。在索赔时，证据不全、证据不足或不清，或出证机构不符合规定，都可能遭到对方的拒赔。在规定索赔的依据时，要与检验条款规定的内容相一致，不能相互矛盾。

索赔期限是指索赔方向违约方提出索赔的有效时限。超出此期限进行索赔，违约方可不予受理。关于索赔期限的规定要根据商品的具体情况，规定一个比较合理的期限，不能太长也不能太短。太长则出口方承担的责任较重，太短则进口方无法进行索赔。

有关处理索赔的办法中，除个别情况外，在合同中不能作出具体规定，只能笼统加以规定。实际业务中的违约情况比较复杂，难以预料，对违约时的索赔金额也难以确定，因而合同中对处理索赔的办法和索赔金额不作具体规定。

2）罚金条款

罚金条款是指一方未履约或未完全履约时，要向对方支付一定数量的约定罚金，以补偿对方的损失。罚金条款一般适应于出口方延期交货，或者进口方延迟开立信用证以及延期接货等。其数额以违约的时间而定，规定出最高限额。

3. 合同中的不可抗力条款

在汽车贸易中，当双方合同签定后，若发生了当事人双方无法控制的意外事故，该意外事故能否构成不可抗力或者是能否构成“合同落空”以及引起的法律后果，在国际上没有统一的解释。所以，双方当事人容易就此产生分歧，发生争议，产生纠纷。为了避免这样的情况发生，防止一方当事人扩大或缩小对不可抗力事故范围的解释，或是在不可抗力事故发生后，在履约方面提出不合理要求，不可抗力条款在合同中的订立尤为重要。

1）不可抗力的事故范围

在合同签订后，发生什么样的事故构成不可抗力，什么样的事故不能构成不可抗力，双方在磋商交易时要达成意见一致。在订立不可抗力条款时，要注意中国的有关政策，防止国外商人钻空子，趁机扩大不可抗力的范围，以推卸责任。不可抗力条款要订立得具体明确，防止笼统或含糊不清，造成双方对同一问题的不同解释引起争议。

在规定不可抗力的事故范围时，常用概括式规定、列举式规定和综合式规定三种方式。概括式规定方法是在合同中不具体订明哪些现象是不可抗力事故，只是笼统地指除不可抗力的原因为有不可抗力的具体内容；列举式规定方法是在合同中明确具体的规定出不可抗力事故范围；综合式规定方法是指同时采用概括式和列举式规定方法，取长补短。

概括式的规定比较含混，对于不可抗力事故范围的解释容易产生纠纷；列举式规定虽然比较明确具体对属于列举范围内的不可抗力双方有共同的解释，但是不可抗力事故远非列举出的几项，一旦发生列举范围外的意外事故，就失去了使用不可抗力的权利；综合式规定弥补了前两种方式的不足，既不像概括式那样抽象，也不像列举式那样死板，而是取长补短，除了所列举的事故，如果发生其他意外事故，可由双方通过协商明确所发生事故的性质是否属于不可抗力，以求得双方满意的解决方法。

2）证明文件及出证机构

在汽车国际贸易中，当双方的任何一方引援不可抗力条款要求免责时，都必须向对方提交一定机构出具的证明文件，以此作为发生不可抗力的证据。中国由中国经济贸易促进委员会出具，国外由当地的商会以及登记注册的公证机构出具。

3）不可抗力的后果

不可抗力事故发生后所引起的法律后果有两种：解除合同和终止活动合同或延期履行合同。具体是哪一种形式则要根据所发生的不可抗力事故的原因、性质、规模和对履行合同所产生的影响程度而定。如果不可抗力事故的发生只是暂时或在一定时期内阻碍合同的履行，那么就只能终止合同，不能解除有关当事人履行合同的义务。事故一旦解除，当事人仍必须履行合同。所发生的不可抗力从根本上影响履行合同的基础，已不可能履行合同，即可解除合同。这些内容必须明确规定在合同中，对双方都有约束力。

4）发生事故后通知对方的期限和形式

在汽车国际贸易中，按照国际惯例，发生不可抗力事故影响合同的履行时，当事人必须及时通知对方，对方也应于接到通知后及时答复，如果有异议也应及时提出。尽管如此，双方为明确责任起见，通常还在不可抗力条款中规定在不可抗力事故发生后通知对方的期限和方式。

4. 合同中的总裁条款

1）仲裁地点

仲裁地点是指双方的争议进行仲裁的地方，它是双方在商定仲裁条款时的主要内容之一。

因为仲裁地点不同，在仲裁时，仲裁地点和仲裁适应的法律有密切关系。在哪个国家仲裁就使用哪个国家的仲裁法规，不同国家的法规可能对双方当事人的权利与义务作出不同的解释，从而会得到不同的仲裁结果。所以，交易的双方对于仲裁地点的确定比较关注，都尽力使仲裁在自己比较了解和信任的地方，特别是尽力在本国仲裁。

在汽车国际贸易中，中国对于仲裁地点的规定有三种方式：力争在中国仲裁；根据具体情况和需要在被告国仲裁；规定在双方同意的第三国仲裁选择。在双方同意的第三国仲裁时，要注意选择与中国比较友好的国家，还应考虑仲裁法律是否允许双方当事人都不是本国公民的争议案，要了解该国的仲裁法律和程序法规，仲裁机构要具备一定的业务能力，态度公正，以利于解决争议。

2）仲裁机构

在汽车国际贸易中的仲裁机构有两种形式：常设的仲裁机构；临时仲裁。在选择仲裁机构时，可任选其中一种。

国际上常设的仲裁机构有两种：

（1）国际性的和地区性的仲裁组织，如国际商会仲裁院；

（2）全国性的仲裁机构，如中国国际经济贸易仲裁委员会、英国伦敦仲裁院、美国仲裁协会、瑞士苏黎世商会仲裁院等。后者是专业性的仲裁机构，设在特定的行业内。临时仲裁机构或临时仲裁庭是双方当事人指定的仲裁员所组成的仲裁机构，在所审理的案件处理完毕后自行解散。在采用临时仲裁机构解决双方争议时，当事人双方必须在合同的仲裁条款中就双方指定仲裁员的办法、人数、组成仲裁庭的成员以及是否需要首席仲裁员等问题作出明确的规定。

3）仲裁程序

在订立仲裁条款时要订立明确，在进行仲裁时，采用哪个国家仲裁机构的仲裁规则，在哪个国家进行仲裁，就采用哪个国家的仲裁规则。在法律上规定选择仲裁程序规定时，可根据双方当事人的约定，可采用仲裁地点的仲裁程序，也可采用仲裁地点以外其他国家（地区）的仲裁机构所制定的仲裁规则进行裁决。

在中国汽车国际贸易中，仲裁时采用中国的仲裁规则，即《中国国际经济贸易仲裁委员会仲裁规则》。当然其他国家的仲裁机构也都有自行的仲裁程序规则，由前述内容可知，仲裁程序规则与仲裁地点并非绝对一致，双方可协商具体订立。

4）仲裁效力

仲裁效力是指仲裁院所作出的裁决效力，对双方当事人是否具有约束力，是否为终局性的裁决，能否由一方自行向法院起诉要求变更的裁决。中国规定，凡是由中国国际经济贸易仲裁委员会所作出的裁决都是终局性的，对双方都具有约束力，双方都必须依照执行，任何一方都不许向法院起诉。在国外，有些国家规定，如果一方当事人对裁决结果不服可以上诉法院，法院受理后一般也只是审查程序而不审查实体。法院只审查仲裁裁决在法律手续上是否完备，而不去裁决本身是否正确。在法院审查时，若发现有违背法律程序的裁决，法院可宣布裁决无效，依法予以撤销。

5）仲裁费用

在合同的仲裁条款中，一般还要明确规定仲裁费用由谁负担。通常情况下都规定仲裁费由败诉一方承担，也可规定由仲裁机构裁决。

12.5 课程实施

12.5.1 教学方法建议

在教学过程中，应立足于加强学生实际动手操作能力的培养，采用小组讨论协作、任务驱动法、情景教学法等教学方法，以工作任务引领提高学习兴趣，激发学生学习的热情，并辅之以团队能力、表达沟通能力、职业规范等培养和教育；重视行业实际，贴近企业、贴近生产。

12.5.2 教学条件及资源基本要求

具备3款以上类型轿车的详细技术参数，以及最新发布实施/出版的汽车国际出口贸易相关规范资料。

12.6 参考资料

1. 参考教材

[1]薛伟，姚喜贵，马光. 汽车国际贸易[M]. 广州：中山大学出版社，2004.

[2]连有. 汽车国际贸易[M]. 北京：机械工业出版社，2009.
[3]韩亮. 现代汽车国际贸易实务[M]. 北京：人民交通出版社，2007.
[4]李江天. 汽车营销实务[M]. 北京：电子工业出版社，2005.
[5]严龙茂. 国际汽车贸易[M]. 合肥：合肥工业大学出版社，2013.
[6]苏水. 汽车贸易理论与实务[M]. 北京：机械工业出版社，2004.

2. 政策、法规和标准规范

[1]2010年国际贸易术语解释通则
[2]汽车贸易政策
[3]联合国国际货物销售合同公约
[4]关于涉外经济合同法
[5]中国国际经济贸易仲裁委员会仲裁规则

3. 网络学习资源

[1]北京汽车国际贸易有限公司：http://qichegj.yima88.com/
[2]大连金港联合汽车国际贸易有限公司：http://dlkpa.ezweb2-1.35.com/guanyuwomen-104616.html
[3]北京华晨远洋国际贸易有限责任公司：http://www.huachenyuanyang.com/
[4]国际贸易理论与实务：http://mooc1.chaoxing.com/course/201955025.html

12.7 报告

12.7.1 实践报告

《汽车国际贸易》实践报告模板如下：

汽车市场服务综合实践

《汽车国际贸易》实践报告

一、目的、意义
二、计划及安排
三、项目设计
1. 某汽车出口贸易交易场景设计
2. 某汽车出口贸易交易流程制订
四、汽车出口贸易合同(FOB条款)编制
五、总结及收获

12.7.2 汽车出口贸易合同

某国产轿车出口贸易合同模板如下。

______汽车出口贸易合同(FOB 条款)

合同编号(Contact No):________
合同标的(The object of the contract):________
签订地点(Sigh at):________
签订日期(Date):____年____月____日

买方(The Buyers):________
地址(Address):________
电话(Tel):________
传真(Fax):________
电子邮箱(E-mail):________
法定代表人:________

卖方(The Sellers):________
地址(Address):________
电话(Tel):________
传真(Fax):________
电子邮箱(E-mail):________
法定代表人:________

兹买卖双方遵循平等、自愿、互利、互惠原则协商并达成如下协议,共同信守。

第一条 商品名称(Name of Commodity)

(一)名称:________

(二)规格参数

表 12.1 基本参数

厂商	
级别	
能源类型	
上市时间	
最大功率(kw)	
最大扭矩(N·m)	
发动机	
变速箱	

厂商	
长×宽×高(mm)	
车身结构	
最高车速(km/h)	
官方0－100 km/h加速(s)	
综合油耗(L/100km)	
整车质保	

表12.2　车身参数

长度(mm)	
宽度(mm)	
高度(mm)	
轴距(mm)	
前轮距(mm)	
后轮距(mm)	
最小离地间隙(mm)	
车身结构	
车门数(个)	
座位数(个)	
油箱容积(L)	
行李箱容积(L)	
整备质量(kg)	

表12.3　发动机参数

发动机型号	
排量(mL)	
排量(L)	
进气形式	
气缸排列方式	
气缸数(个)	
每缸气门数(个)	
压缩比	
配气机构	
缸径(mm)	
冲程(mm)	

发动机型号	
最大马力(Ps)	
最大功率(kW)	
最大功率转速(rpm)	
最大扭矩(N·m)	
最大扭矩转速(N·m)	
发动机特有技术	
燃料形式	
燃油标号	
供油方式	
缸盖材料	
缸体材料	
环保标准	

表 12.4 变速箱参数

变速箱类型	
挡位个数	
最小传动比	
最大传动比	

表 12.5 底盘转向参数

驱动方式	
前悬架类型	
后悬架类型	
助力类型	
车体结构	

表 12.6 车轮制动参数

前制动器类型	
后制动器类型	
驻车制动类型	
前轮胎规格	
后轮胎规格	
备胎规格	

第二条 单价(Unit Price)

根据本合同所售出的货物价格以每辆计算，每辆________人民币 FOB ________，上述价格内包括给买方佣金_____%。

第三条　数量(Quantity)

________辆

第四条　合同总值(Total Value)

辆×_____元/辆=_______人民币

数量及总值均有_____%的增减由卖方决定

第五条　制造厂商(Manufacturer)

____

第六条　装运港(Port of Shipment)

____

第七条　目的港(Port of Destination)

____

第八条　装运条件(Terms of Shipment)

(一)_____年_____月_____日装运;

(二)货物经全部装船，卖方应将合同号、品名、数量、发票金额、船名和起航日起等立即以电报/信件通知买方，若因卖方通知不及时而使买方受损，卖方则承担全部损失。

第九条　包装(Packing)

(一)每辆车进行打蜡，包装费用已计入货价内;

(二)卖方须用不褪色油漆于每件包装上印刷包装编号、尺码、净重、提吊位置及“此端向上”“小心轻放”“切勿受潮”等字样，且要求字样醒目清楚、易于识别，颜色符合有关规定要求;

(三)由于包装不良而引起的货物损伤或由于防护措施不当而引起的货物损伤，卖方应赔偿由此造成的全部损失。

第十条　唛头(Shipping Marks)

目的地：_______

代号：_______

原产地：_______

第十一条　费用的划分(The Division of Relevent Expenses)

使用FOB吊钩下交货(FOB Linder Tackle)。

第十二条　保险(Insurance)

(一)由买方按发票金额_____%投保至_____年_____月____日，投保一切险。

(二)一切险以中国人民保险公司有关海洋运输货物条款为准。

(三)保险公司的保险责任是自被保险货物运离保险单所载明的启动地(港)发货人的仓库开始，包括正常运输过程中的各种运输方式，一直到被保险的货物到达保险单所载明的目的地(港)收货人的仓库时为止。

(四)当被保险货物已进入收货人的仓库，保险责任即告终止。

(五)当货物抵达目的港后，货物一是不能进入收货人的仓库，那么当货物从目的港卸离海轮时算起，满60天，无论被保险货物是否进入收货人的仓库，保险责任均告结束。

(六)当被保险的货物在运到保险单所载目的地前的某一仓库而发生分配、分派的情况，那么该用来分配或分派的仓库就作为被保险人的最后仓库，保险人的保险责任也从货物运抵该仓时结束。

第十三条　责任(Responsibility)

(一)卖方责任

1. 在合同规定的装运港和装运日期或期间内，将货物装上指定的船只，并给予买方充分的通知。

2. 负担货物在装运港越过船舷前的一切费用和风险。

3. 办理出口手续，取得出口许可证或其他官方批准文件，并办理货物出口所必需的一切海关手续。

4. 负责提供清洁已装船单据、商业发票以及其他合同规定的单据。

5. 卖方保证货物崭新，未曾使用，并在各方面与合同规定的质量、规格和性能相一致，在货物正确安装、正常操作和维修情况下，卖方对合同货物的正常使用给予30天的保证期，此保证期从货物到达目的港起开始计算。

6. 卖方须在一定期限内保证其商品的质量符合说明书所规定的指标，如在保证期内发现品质低于规定或零部件的制造工艺不良，或因材料的内部隐患而产生缺陷，买方有权提出索赔，卖方有义务消除缺陷或更换有缺陷的材料或商品，并承担由此引起的各项费用。

(二)买方责任

1. 负责租船订舱、支付运费、并将船期、船名、装船地点及时通知卖方。

2. 负责货物越过船舷后的其他责任诸如：进口许可证、办理货物入境手续等，同时要负担一切费用和风险。

3. 按照合同规定支付货款，并收取符合合同规定的货物和单据。

4. 办理进口手续，取得进口许可证或其他官方批准证件。

(三)在使用FOB时，如果买方指定了船只，而未能及时将船名、装货泊位及装船日期通知卖方，或者买方指派的船只未能按时到达，或者未能承运货物，或者在规定期限终了前截止装货，买房要承担由此产生的一切风险和损失。但前提是货物已经被清楚地分存或被指定为供应本合同之用。

第十四条　付款方式(Type of Payment)

(一)双方规定使用信用证作为支付工具

(二)买方须于合同签订后的15天内将保兑的、不可撤销的、可转让的、可分割的即期信用证开到卖方信用证议付有效期延至上列装运期后，30天后在中国到期。

(三)买方须于签约后即付定金______%。

(四)买方应于货物装船前十天，按合同买卖双方商定的装船数量及期限，通过双方同意的银行开出以出口方为受益人的、不可撤销的、可转让的、可分割的人民币信用证。

(五)该信用证凭受益人出具的以开证行为付款人的汇票以及本合同所规定各项单据，自提单日起三十天(包括提单日在内)，由开证行将货款电汇______银行。

(六)信用证金额应按双方商定的交货数量增开5%。

(七)信用证上须证明租船提单可以接受。

第十五条　检验条款(Inspection)

(一)货物在装船前，由我国出口口岸检验局对货物进行检验，并签发检验证书，作为向银行议付货款的单据。

（二）在货物抵达目的港之后，允许进口方有复验权，由进口方目的港所在地的有关检验机构，对货物进行复验，一切费用由买方负担。

（三）如果发现货物的品质、数量与合同不符，以他们所签发的检验证书作为索赔的依据，向卖方提出索赔，索赔期限为货到目的港 30 天内。

第十六条　交货（Delivery）

（一）交货时间：______年______月______日。

（二）交货条件：在 FOB 条件下，卖方在______年______月______日在中国______港将货物装在买方指定的船只上，并及时通知买方。

（三）卖方负担货物在装运港越过船舷前的一切费用和风险。

（四）卖方按照合同规定支付货款，并收取符合合同规定的货物和单据。

第十七条　索赔（Lodge a Claim）

（一）索赔

买方对于所交货物的任何异议或索赔，必须在货到达提单规定的目的地 45 天内提出，并要提供经卖方同意的公证机构所出具的检验报告。

（二）罚金

1. 如果出口方不能按期交货，每推迟 6 天进口方应收取______%的罚金，不足 6 天者以 6 天计算。

2. 如果延误 60 天，进口方有权撤销合同，并要求出口方交付延期交货罚金，罚金数额不得超过货物总金额的______%。

3. 在出口方交付罚金后不能解除履行合同的义务。

第十八条　不可抗力（Force Majeure Clause）

（一）如果由于战争、地震、洪水、灾害、暴风雪或其他不可抗力因素，导致出口方不能全部装运或延期装运货物，卖方对由于上述原因所造成的不能履约的责任概不负责。

（二）当交易双方的任何一方援引不可抗力条款要求免责时，都必须向对方提交一定机构出具的证明文件，以此作为发生不可抗力的证据。我国由中国经济贸易促进委员会出具。在国外则由当地的商会以及登记注册的公证机构出具。

（三）如果不可抗力事故的发生只是暂时或在一定时期内阻碍合同的履行，那么就只能中止合同，不能解除有关当事人履行合同的义务，事故一旦解除，有关当事人仍必须履行合同。

（四）如果所发生的不可抗力从根本上影响履行合同的基础，使合同的履行已不可能，即可解除合同。

（五）按照国际惯例，如果发生不可抗力事故而影响合同履行时，当事人必须及时通知对方，对方也应于接到通知后及时答复，如果有异议也应及时提出。尽管如此，一方遭受不可抗力事故以后，应以电报通知对方，并在 15 天内以航空挂号信提供事故所发生的详细情况，以及影响合同履行程度的证明文件。

第十九条　违约责任（Contract Breach Of）

除本合同所述不可抗力原因，卖方若不能按合同规定如期交货，按照卖方确认的罚金支付，买方可同意延期交货，付款银行相应减少议定的支付金额，但罚款不得超过迟交货物总额的 5%，卖方若逾期 10 个星期仍不能交货，买方有权撤销合同，尽管合同已撤销，但卖方仍应如期支付上述罚金。

第二十条　仲裁(Arbitration)

双方对执行合同时发生的一切争执均应通过友好协商解决，如果不能解决，按(1)项仲裁。

(1)提交中国国际经济贸易仲裁委员会，根据该会的仲裁程序进行仲裁。

(2)提交双方同意的第三国仲裁机构仲裁。

仲裁机构的裁决具有最终效力，双方必须遵照执行，仲裁费用由败诉方承担，除非仲裁机构另有裁定。

仲裁期间，双方须继续执行合同中争议部分之外的其他条款。

第二十一条　其他条款(Other Clause)

本合同一式两份，买卖双方各持一份为证。两份文本具有同更效力。自双方代表签字(盖章)之日起生效。

第二十二条　附加条款(an Additional Clause)

(一)本合同使用的FOB术语系根据国际商会《2010年国际贸易术语解释通则》。

(二)本合同上述条款与本附加条款相抵触时，以本附加条款为准。

(三)签署本合同后，所有双方在此之前的任何通信联系和口头协议均予作废。

备注(Remarks)

本合同由双方于______年______月______日在________签署。

合同签署后七天内由双方确认生效。

买方(盖章)：　　　　卖方(盖章)：

代表签字：　　　　代表签字：

年　月　日　　　　年　月　日

签订日期：　年　月　日

图书在版编目（CIP）数据

汽车市场服务综合实训 / 王志洪，刘纯志，田茂盛主编．—长沙：中南大学出版社，2019.7

ISBN 978-7-5487-3679-0

Ⅰ.①汽… Ⅱ.①王… ②刘… ③田… Ⅲ.①汽车—售后服务—高等学校—教材 Ⅳ.①F407.471.5

中国版本图书馆 CIP 数据核字(2019)第 143478 号

汽车市场服务综合实训

王志洪　刘纯志　田茂盛　主编

□责任编辑　刘　辉
□责任印制　易建国
□出版发行　中南大学出版社
　　社址：长沙市麓山南路　　邮编：410083
　　发行科电话：0731-88876770　　传真：0731-88710482
□印　　装　长沙德三印刷有限公司

□开　　本　787×1092　1/16　□印张 16　□字数 405 千字
□版　　次　2019 年 7 月第 1 版　□2019 年 7 月第 1 次印刷
□书　　号　ISBN 978-7-5487-3679-0
□定　　价　42.00 元